Anspannen und Fahren
B. v. Achenbach

Anspannen und Fahren

Arbeit mit der Doppellonge

sowie

Anhaltspunkte
für Beschirrung und Bespannung
bei Fahr-Preisbewerbungen

von

B. v. Achenbach

*der Deutschen
Reiterlichen Vereinigung GmbH
Warendorf*

Bibilografische Information der Deutschen Bibliothek
Die Deutsche Bibliothek verzeichnet diese Publikation in der Deutschen Nationalbibliografie; detaillierte bibliografische Daten sind im Internet über http://dnb.ddb.de abrufbar.

1. Auflage 1922
2. Auflage 1975
3. Auflage 1978
4. Auflage 1983
5. Auflage 1988
6. Auflage 1993
7. Auflage 1995
8. Auflage 1999

Alle Rechte, insbesondere das der Übersetzung, vorbehalten.

© by Dr. Rudolf Georgi GmbH & Co KG, Aachen
Printed in W.-Germany

© 2005 **FN**verlag der Deutschen Reiterlichen Vereinigung GmbH, Warendorf.

Das Werk ist urheberrechtlich geschützt. Die dadurch begründeten Rechte, insbesondere die der Übersetzung, des Nachdrucks, der Entnahme von Abbildungen, der Funksendung, der Wiedergabe auf fotomechanischem oder ähnlichem Wege und der Speicherung in Datenverarbeitungsanlagen bleiben, auch bei nur auszugsweiser Verwertung, vorbehalten. Die Vergütungsansprüche des § 54, Abs. 2, UrhG, werden durch die Verwertungsgesellschaft Wort wahrgenommen.

9. Auflage 2005

Umschlaggestaltung: **FN**verlag, Warendorf

Druck und Verarbeitung: Media-Print Informationstechnologie, Paderborn

ISBN 3-88542-502-5

Vorwort
ZUR 1. AUFLAGE

Meiner Frau widme ich das kleine Buch. Ohne ihre treue Hilfe wäre es erst — Gott weiß wann — fertig geworden. Vor dem Kriege mit großem Geschick schwierige Pferde im Tandem und an der Coach zu fahren, hat ihr besser gefallen, als meine Erfahrungen zu klappern. Aber es mußte gemacht sein, damit nicht alles Studium umsonst war. Die Fahrregeln, die Kenntnis verschiedener Anspannungen und deren Sinn zu erklären, um die Fahrkunst zu fördern, ist der Zweck des Buches. Es gibt nämlich eine Fahrkunst. Das ist jedenfalls vielen Lesern, besonders Reitern, neu. Kommen einige von ihnen durch das mir geschenkte Vertrauen auf den Geschmack, so würde mich das glücklich machen. Es wird mir der Vorwurf gemacht werden, nur das gelten zu lassen, was ich für gut finde. Darauf muß ich entgegnen, daß ich nicht alle erdenklichen Möglichkeiten behandeln, jedoch nur das empfehlen kann, was ich wirklich durch und durch gedacht und in rund 45 Jahren fleißigen, vergleichenden, praktischen Studiums gefunden und durchprobiert habe. Zum Schluß den Lesern aufrichtigsten Dank für viele Unterstützungen und Anregungen. Zwei neue Aufsätze befinden sich hinter S. 174 vor dem Sachregister.

B. v. Achenbach.

Phot. Perscheid, Wien

Hackneys des Herrn Geheimrat Vorster, Wien 1914. 1. Preis.
Neben dem Fahrer Se. Exzellenz Graf Clam Gallas.

Die linke Seite desselben Gespannes.

Phot. Perscheid, Wien

Zurücksetzen mit dem Sechserzuge, Fahrer Verfasser.

Arbeit roher und ungehorsamer Pferde mit der Doppellonge.

Der Zweck dieser Übungen ist, das junge Pferd möglichst schonlich und sicher als Wagen= und Reitpferd sachgemäß vorzubereiten, es vertraut und gehorsam zu machen.

Bei dieser Arbeit spart man Leute, Zeit, Verletzungen und Kleinholz, weil man auf einfache Weise ohne Strafe den Gehorsam erzielt.

Man übt ebensogut auf einem freien Sand= oder Rasenplatze wie in geschlossener Bahn. Dicke Trense, eher hoch= als tiefgelegt.

Um die unbedingt nötige Gewalt über das rohe Pferd zu haben und um die Lage der Zügel und deren Einwirkung möglichst der Lage und Richtung der Zügel des Reiters und der Leinen des Fahrers ähnlich zu machen, führe ich die Longen durch Kumtringe (Hebelwirkung), Abb. 1. Von hier gehen die Longen stark abwärts durch zwei tief angebrachte große Ringe am Gurt oder, noch einfacher, bei Anwendung eines halben Zweispännergeschirrs, durch die auf den Schlaggurt aufgestreiften Ringe (Hebelwirkung). Damit die Außenlonge niemals über den Rücken geraten kann, schnalle man die Oberblattstrupfen so lang wie möglich, den Schlaggurt ganz kurz. Ist dieser auch im letzten Loch noch lose, so schlage man einen Knoten hinein.

Abb. 1.

Hauptsache: Die auswendige Longe darf nicht über den Rücken geraten, weil es dadurch dem Pferde leicht wird, seinen Kopf durchzusetzen, gegen den Fahrer Front zu machen und zurückzukriechen. Das sind Fehler und Mißverständnisse, die nur zu oft beim einfachen Longieren vorkommen, die Verwirrung und Ungehorsam erzeugen. Ich umfasse und beherrsche das ganze Pferd und halte die Hinterhand unbedingt dadurch fest, daß die Außenlonge dauernd an der hinteren Kniescheibe vorbeiläuft. Wichtig für den sofortigen Gehorsam, besonders für Wagen=Vorderpferde, ist diese Gewöhnung an den Strang. Kommt trotz aller Vorsicht eine Longe über den Rücken, so muß der Führer sofort auf das Pferd zugehen, damit er es nicht hintenüber reißt.

Ist das Pferd kitzlig oder ungezogen, so wird es anfangen zu keilen. Man lasse deshalb sehr kitzlige Pferde die ersten Male hinten ohne Eisen gehen oder die vorhandenen in der Schmiede gut befestigen, nicht nur vom Stallmann prüfen. Schlimmstenfalls keilt das Pferd (nach meinen langjährigen Erfahrungen eine Viertelstunde) auf der einen Hand und vielleicht fünf Minuten nach dem Wechsel. Nach einigen Übungen meistens n i e wieder. D i e s e V o r ü b u n g l ö st j e d e S p a n n u n g. Jedes Pferd muß lernen, eine Longe a u ch z w i s ch e n den Hinterbeinen, zuerst im Halten, dann im Gange zu vertragen. Das Pferd kann weder sich noch Menschen verletzen. Alle Vorsicht mit guten Bandagen und Streichlappen halte ich für selbstverständlich, ebenso Eisen ohne Stollen.

Abb. 2 zeigt, daß man stehen oder fast stehen bleiben kann, wenn man auf dem Zirkel arbeitet, man aber s o g l e i ch mitlaufen muß, sobald man h i n t e r das Pferd kommt und zum Handwechsel übergehen will. Paßt man sich hierbei dem Tempo des Pferdes nicht aufmerksam an, so erhält es einen wüsten Ruck ins Maul.

Hat man keinen Gehilfen, so gehe man sofort auf den Zirkel.

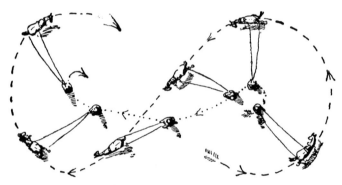

Handwechsel. Abb. 2.

Die Longe muß 16 bis 17 Meter lang sein, unbedingt aus e i n e m Stück. Dieses, weil die Außenlonge durch den großen Umweg um die Hinterhand stets sehr lang, die innere entsprechend kurz geführt wird. Nur zur Not bindet man zwei Longen in der Mitte zusammen, das erweist sich jedoch beim Handwechsel (Abb. 2) als sehr störend.

Ist der Stallmut nach der ersten halben Stunde beseitigt, sodaß das Pferd mit langen Zügeln freien Schritt geht, so kann man mit Hilfe leichten oder kräftigeren Longenschwingens und Zurufens, ohne die mindeste Störung im Maule, Schwung und Versammlung erzielen. Versuche, stehen zu bleiben, nach innen oder außen kehrt zu machen, erkennt jedes Pferd sofort als zwecklos. Die Peitsche ist in den ersten Stunden überhaupt völlig überflüssig, ich rate sogar von ihrem Gebrauch ab.

Für die weitere Arbeit empfehle ich eine leichte Longierpeitsche, keine Bogenpeitsche, weil man mit jener sicherer treffen kann, wenn es sein muß. Wird nämlich die über den Boden schleppende empfindliche Bogenpeitschenschnur feucht und schwer, so verdirbt dadurch der Bogen. Wären Bogenpeitschen für solche Arbeit die richtigen, so würden sie sicher längst in jedem Zirkus eingeführt worden sein.

Für Führer und Pferd ist ganz besonders der Handwechsel lehrreich. Muß man o h n e H e l f e r anfangen, so läßt man beim F ü h r e n aus dem Stall die rechte Longe nicht ums Hinterteil laufen, hält beide vielmehr in einigen Schleifen zusammengelegt in der linken Hand. Mit der rechten führt man das Pferd am Kopf. Man kann die Longe auch an der linken Seite des Kumts wie eine Tandemleine ordnungsmäßig befestigen.

Auf dem Longierplatz angekommen, klopft man das Pferd zum Vertrautmachen überall ab und gibt ein Stückchen Mohrrübe oder Zucker. Man löst dann die Doppellonge und legt zuerst, möglichst wie zum Aufsitzen beim Pferde stehend, mit der rechten Hand den rechten Teil als auswendigen Zügel allmählich über Kruppe und Schweif bis zu den Hosen. Die linke Hand verhindert, daß man geschlagen wird, indem sie den linken Zügel vorbeugend lose aber g u t f e s t h ä l t. Läßt sich das Pferd die Longe hinten ruhig gefallen, so führe man es, selbst rückwärts gehend, im großen Bogen links herum an und beobachte seine Hinterhand. Die wenigsten Pferde schlagen, gehen vielmehr nach einigen Minuten ganz vertraut vorwärts, heben den Schweif und gewöhnen sich sehr schnell an die Außenlonge. Will das Pferd sich losreißen und keilen, so lasse man die Doppellonge so durchgleiten, daß es links herum auf den Z i r k e l kommt und sich bockend austobt. Das ist bald vorbei und löst, wie gesagt, alle Spannung. (Man arbeite nie ohne dicke, weite Handschuhe.) Am Kopfe aber festhalten wollen, während das Tier keilt oder zurückkriecht, ist der große Fehler, den man immer und in allererster Linie vermeiden muß. In Ruhe und mit weicher Hand v o r w ä r t s !! u n t e r a l l e n U m s t ä n d e n.

Hat man ein Pferd, das das Zurückkriechen bereits in der Vollendung versteht, das herausbekommen hat, sich dem Willen des Fahrers zu entziehen, indem es stets mit Erfolg eine Wand oder Ecke annehmen konnte, so ist es jetzt schnell verbessert. Durch die A u ß e n l o n g e b e h e r r s c h t, kann es nur v o r w ä r t s o d e r r ü c k w ä r t s auf dem Z i r k e l bleiben. Das Zurückkriechen wird ihm nach wenigen Minuten langweilig, weil es n i c h t erreichen k a n n, was es wollte.

In der ersten Stunde kein R ü c k w ä r t s r i c h t e n, in der zweiten nur dann damit anfangen, wenn das Pferd z u s e h r auf die Hand geht.

Bei der Arbeit, besonders anfangs, müssen P f e r d e k o p f, S c h w e i f u n d L e h r e r e i n e n r e c h t e n W i n k e l bilden. Wird (Abb. 2) der Winkel stumpf, so reißt einen das Pferd leicht mit oder um. Wird der Winkel spitz, so kann es stehenbleiben und zurückkriechen. Er darf demnach erst dann e t w a s spitz werden (Schulter herein!), wenn das Pferd ganz s i c h e r v o r w ä r t s geht, nachdem es sich ü b e r z e u g t h a t, n i c h t k e h r t m a c h e n z u k ö n n e n. D a n n, n u r d a n n, kann man anfangen, auf zwei Hufschlägen zu arbeiten und zu versammeln. Das ist häufig schon gegen Ende der zweiten Unterrichtsstunde der Fall. Hierbei, näher am Pferde gehend, kann man auch eine Zweispänner=Bogenpeitsche verwenden, wobei die Schnur nicht über den Boden schleift.

— 8 —

Meistens kommt man mit der beschriebenen Zäumung aus. Ist der Fahrer jedoch schwächlich und zartbesaitet, so nimmt man anfangs einen Gehilfen mit **Kappzaum und einfacher Longe** hinzu, kann später an der Trense Rollen anbringen, Abb. 3, rechts und links je drei Meter Strick verwenden und als Mittelstück eine gewöhnliche einfache Longe. Die am Pferde befestigten Strick=Enden kann man gleich dem Schlaufzügel: 1. am Gurt zwischen den Vorderbeinen durch befestigen, 2. am Kammdeckel in Höhe der Strangschnalle, 3. am Aufsatzhaken, 4. an einer Seite hoch, an der anderen tief, wenn ständig ein Ohr höher steht als das andere.

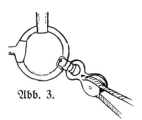
Abb. 3.

Eine der besten Übungen für Fahrer und Pferd ist der fließend schön gefahrene Handwechsel: angenommen, man ist auf der linken Hand, auf der ich stets anzufangen empfehle, und möchte wechseln. Man verkleinert zuerst den Zirkel (im Schritt), verkürzt allmählich die Doppellonge so, daß an der linken Hand eine Schleife bis fast zum Boden hängt. Dann stellt man beide Hände hoch, um nicht hineinzutreten (eine große Schleife gleitet glatter durch als zwei kleine) und führt das Pferd, besonders in kleinem Raum, nahe an die Wand heran. Die rechte Hand faßt nach der Ecke, etwa dreiviertel Meter auf der rechten Longe vor und, während das Pferd auf die Wechsellinie „durch die ganze Bahn" kommt, läßt die linke Hand ununterbrochen so lange durchgleiten, bis das Pferd vor einem her, richtig gestellt, auf die rechte Hand abgewendet hat. Um das später (d. h., wenn es der Fahrer nach 2 bis 3 Tagen, ohne das Pferd im mindesten zu stören, erlernt hat) gut und **fließend auch im Trabe** ausführen zu können, **muß die Doppellonge unbedingt aus einem Stück sein**; jedenfalls darf sie in der Mitte weder verknotet noch wie eine Tandemleine zusammengeschnallt sein.

Durch die das Pferd außen ganz einschließende Longe kann man auf **zwei Hufschlägen** arbeiten, die Hinterhand auch genau auf die Vorhand einrichten, nach einiger Übung auch im Galopp schulterhereinartig arbeiten. Das Einspringen über kleine Hindernisse geht mit der Doppellonge vorzüglich. Der Longenführer muß dabei in Schweifhöhe neben dem Pferde herlaufen. Das Rückwärtsrichten darf nur mit Geduld und Ruhe geübt werden. Weigert sich das Pferd hartnäckig, so muß die Reitpeitsche helfen und durch leichtes oder stärkeres Be=rühren der Fesseln einzelne Füße losmachen. Der Longen=führer muß den Augenblick schnell erfassen und eine energische Hilfe geben, die, einseitig gegeben, am stärksten wirkt, wenn man vorher bei anstehender Longe Kopfstellung nach der anderen Seite genommen hatte. Ist das Rückwärtsrichten erreicht, so befestigt man ein Tau als Aufhalter an Kumt oder Siele, an dem ein Mann gegenhält. Der große Vorteil der Doppellonge liegt darin, daß

Abb. 4.
Peitschenknopf mit stumpfem Spornersatz zur Arbeit an der Hand, zwecks Lösung der stei=fen Seite.

ihre Zügel vom ersten Augenblick an so **liegen** und **wirken** wie beim Reiten und Fahren, ferner daß man ein ungehorsames, steigendes Pferd — wenn es einmal sein muß — (auf weichem Boden!) umwerfen kann. Jedes Pferd lernt bei dieser Zügellage sofort zu **verstehen** und zu **folgen**. Jede andere Longe zieht den Kopf sinnlos nach innen, während die Ausbindezügel ihm nichts sagen, nur etwas Gymnastik machen. Das mit der Doppellonge, wie beschrieben 2 Stunden gearbeitete Pferd geht sogleich wie ein leidlich eingefahrenes vorne im Viererzuge oder Tandem. Die anders longierten sind stockdumm geblieben.

Zum Schluß jeder Stunde muß das Pferd an das ruhige und streichelnde Anlegen der Peitsche im Schritt gewöhnt werden. Ist volles Vertrauen erreicht, so übt man Peitschenknallen, Huppe, Sirene, Trommel, Knarre, Schlittengeläute; endlich an Strängen je eine kleine Kiste als Vorübung zum Einfahren ohne Scheuklappen, das nie vergessen werden darf, um Unglücke zu verhüten, sollte sich einmal ein angespanntes Pferd das Kopfstück abreißen.

Ueber Pilarenarbeit siehe B. H. v. Holleufer, Die Bearbeitung zwischen den Pilaren, Hahnsche Buchhandlung, Hannover 1896.

Zur Entwicklung der Schulter- und Armmuskeln und Erzielung schwungvolleren höheren Ganges sind als **ungefährliche** Mittel Schrotringe (aus weichem Leder mit Rehfell gefüttert, bis zu 1 kg Schrot enthaltend) oder Korallen (je 6 Holzkugeln von $4^1/_2$ cm Durchmesser), um jede Fessel geschnallt, desgleichen schwere Eisen geeignet.

Aufschirren: Nachdem Decke und Halfter abgenommen, wird das Pferd im Stande umgedreht. Der Kutscher nimmt den Kammdeckel über den linken Arm, faßt das Kumt mit beiden Händen, sodaß der weitere Teil aufwärts gerichtet ist, und stellt sich vor das Pferd, führt das Kumt vorsichtig über den Kopf, dreht es an der dünnsten Stelle des Halses in der Richtung mit der Mähne um und läßt es bis zur Schulter heruntergleiten. Bei Pferden mit sehr breitem oder empfindlichem Kopf schnalle man die Kumtbügel auf und lege das über einem Knie geweitete Kumt allein auf. Die Geschirre müssen so gut verpaßt sein, daß bei allen richtig, möglichst im mittleren Loch zugeschnallten Riemen, die Strupfen nicht weit aus den Schlaufen herausstehen. Jeder Kumtgürtel muß eine feste und zwei lose Schlaufen und 6—8 Löcher haben. Er wird zunächst am **inneren** Kumtbügel befestigt, dann durch **den äußeren einmal**, nicht mehrmals, gezogen und so eingeschnallt, daß er von außen angezogen werden kann und die Kumtgürtelspitze der Vorderleine beim Vierspänner nicht im Wege ist. Dann legt man den Kammdeckel über den Rücken, nimmt mit der linken Hand den Schweif und steckt ihn durch den Schweifriemen, wobei darauf zu achten ist, daß keine Haare eingeklemmt werden. Nun schnallt man den **Bauchgurt**, nachdem er durch den Sprungriemen durchgezogen ist, vorläufig (bis das Pferd aufgezäumt) ganz lose, ohne die Strupfe durch die Schlaufen zu ziehen. Angezogen wird der Gurt wegen Aufblähens und Schnappens erst nachdem das Kopfstück aufgelegt ist. Den kleinen Bauchgurt schnallt man lose ein, **ohne ihn durch den Sprung-**

riemen zu ziehen. Die Stränge werden dicht hinter dem Kamm=
deckel über den Rücken gelegt.

Das Kumt muß so groß sein, daß man mit Leichtigkeit die flache
Hand zwischen dem unteren Ende und der Luftröhre durchstecken kann.
Es soll richtige Anlehnung an der Schulter haben, muß deshalb dick
und gut gepolstert sein. Starkes, richtig gearbeitetes Polster verhütet
jedes Scheuern der S t r a n g s t u t z e n. Abb. 5 zeigt links fehlerhaftes,
rechts richtiges Kumt.

Strangstutzen. Die inneren sollen ohne blanken Beschlag an den
Zügen befestigt sein, um sie leicht von den äußeren unterscheiden zu
können. S. 127, Abb. 139.

Kammer und Kissen der Kammdeckel müssen, selbst wenn man
einmal im Sommer wegen wunder Schweifrübe den Schweifriemen weg=
lassen muß, so gearbeitet sein, daß kein Druck am Widerrist entstehen
kann. Rutschen Kammdeckel an den Seiten vor, so müssen sie im Schraub=
stock weitergestellt werden, weil sie sonst vor
den Oberblattstrupfen liegen und an den
Ellbogen scheuern. Es wäre falsch, in diesem
Fall die Strangstutzen kürzer machen zu
lassen. Gurte und Schlaggurte sollten an
beiden Seiten zu schnallen sein, an einer
zwei, an der anderen drei Schlaufen, da=
mit sie bei kleinen und großen Pferden
ordnungsmäßig verwendet werden können.

Abb. 5.

Der Umgang (das Hintergeschirr) ist
so einzuschnallen, daß man beide Hände
mit Leichtigkeit an den Keulen durchstecken
kann und er hinten e i n e Hand breit unter dem Sitzbein liegt, also so
hoch, daß er die freie Bewegung der Hinterbeine nicht stört.

Der **Schweifriemen** soll leicht an der Schweifrübe anstehen und
den Kammdeckel in seiner Lage erhalten. Der doppelt verschnallbare
Schweifriemen ist so zu verpassen, daß nur die Spitze des oberen
Riemens 1½ bis 2 cm aus der hinteren Schlaufe hervorsteht; der untere
darf nicht dubliert sein. S. 93, Abb. 108, XIII.

Oberblattstrupfen und die Strangträger der Kreuzriemen und
Umgänge dürfen die Richtung der Stränge nicht stören, müssen aber
so kurz sein, daß sie im Zuge nicht auf dem Strang ruhend, vom
Pferde abstehen. S. 69, Abb. 87.

Zäumen: Nachdem das Geschirr aufgelegt und befestigt ist, nimmt
der Kutscher den Zaum mit der linken Hand, den Aufsatzzügel über
den Arm zurückgeworfen, erhebt die linke Hand bis zur Pferdestirn,
legt mit der rechten Hand den Aufsatzzügel über den Hals, greift mit
dem rechten Arm unter dem Hals des Pferdes durch, nimmt den Zaum
am Kopfstück und hebt ihn bis zu den Ohren, während die linke Hand
das Gebiß am Mundstück erfaßt und ins Maul bringt, das durch
einen Druck des linken Daumens auf die Laden geöffnet wird. Die

rechte Hand zieht das Kopfstück über das rechte Ohr. Das linke wird behutsam mit der linken Hand durchgesteckt. Hierauf werden die Aufsatztrense ins Maul gelegt, die Kinnkette eingehakt, Kehl- und Nasenriemen zugeschnallt. Dieser soll das bequeme Durchstecken von zwei Fingern zulassen und muß so gearbeitet sein, daß er sich auf den Backenstücken beim Klein- und Großschnallen des Zaumes auf- und abwärts verschieben läßt.

Die richtige Lage des Zaumes erfordert, daß die Augen des Pferdes etwas höher stehen als die Mitte der Scheuklappen, andernfalls scheuert der obere Scheuklappenrand am Schläfenbein, weil der Zaum h a u p t s ä c h l i c h hier, a n s t a t t an der ganzen Backe anliegt. Die Blendriemen werden dadurch zu lang, die Scheuklappen stehen weit ab und drücken trotzdem, die Kehlriemen werden — um die Schnallen in gleiche Höhe mit denjenigen der Backenstücke zu bringen — zu kurz. Bei einem mittleren Pferdekopf paßt der Zaum meistens, wenn er oben an den Scheuklappen und unten am Gebiß auf die Mitte geschnallt wird. Würde man oben kurz und unten lang schnallen, so lägen die Scheuklappen zu hoch. Schnallt man unten kurz und oben lang, so liegen sie zu tief. Scheuert ein Zaum durch zu kurze Stirnriemen, so kann man sich im Augenblick dadurch helfen, daß man auf der Innenseite, wo keine Rosette sein soll, nur das Backenstück, nicht die Schnallstrupfe des Kehlriemens durch die Endschlaufe des Stirnriemens zieht. Stirnriemen für Ketten müssen vertieft sein, die Ketten nicht angenäht, sondern von zwei Biesen (Wulsten) gehalten.

Der Kehlriemen soll möglichst lose sein, jedoch müssen die Schnallen des Backenstückes und des Kehlriemens wenigstens auf der Außenseite in gleicher Höhe stehen. Blendriemen auf der Stirn nicht verschiebbar.

Bei den Vorauspferden können die Leinen, nachdem sie eingezogen und auswendig ins Gebiß geschnallt sind, folgendermaßen am äußeren Leinenauge befestigt werden: Die rechte Hand faßt die Leine oberhalb der Kreuzschnalle und gleitet auf ihr bis zu der ersten genähten Stelle vor, wo die Leinen angesetzt sind. Die linke Hand folgt der rechten bis auf eine Hand breit und hält diese Stelle fest. Die rechte Hand gleitet dem Leinen-Ende zu, weiter vor, bis zum nächsten Ansatz. Diese Stelle wird auf die erste gelegt, wodurch eine große Schleife in der linken Hand entsteht. Die rechte Hand legt jetzt eine ebenso große zweite Schleife in die linke Hand, wodurch links von den Nähstellen drei verhältnismäßig dünne Lagen biegsamen Leders in die Hand kommen. Die rechte Hand faltet die dreifache Leine an dieser Stelle und schiebt sie von unten in das Leinenauge des Kumts. Dann faßt die rechte Hand das letzte Ende der Leine unterhalb des Leinenauges, faltet es ebenfalls und steckt es oberhalb des Leinenauges durch die innerste der drei Lagen, sodaß die Leine jetzt gut befestigt und doch leicht loszunehmen ist (s. S. 116).

Die zweite, mir liebere Befestigungsart s. S. 34.

Das Gebiß soll einen Finger breit über dem Hakenzahn liegen oder der Stelle, wo dieser im Kiefer sitzen würde, bei weichmäuligen und empfindlichen Pferden etwas höher, bei hartmäuligen etwas tiefer.

Man hüte sich, ein fest ins Gebiß gehendes Pferd immer schärfer zu zäumen und zu schnallen, denn Ladendruck ist die unausbleibliche Folge. Das **heftige** Pferd muß in der Kreuzleine kürzer genommen werden, um es zu entlasten und **dadurch** zu beruhigen.

Ladendruck: Beim geringsten Ladendruck ist auf Trense oder gebrochenem Gebiß, das möglichst hoch oder tief zu legen ist, so lange zu fahren, bis der Ladendruck vollkommen verschwunden ist. Ein Ruhetag und täglich dreimaliges Betupfen der Druckstelle mit Myrrhentinktur sind zu empfehlen. Zur Entlastung der Laden und Verbesserung des Gefühls im Maul empfehle ich Gummitrense und Puller-Riemchen. (Abb. 6.)

Abb. 6.

Den Zaum lege man auf und schnalle die äußere Leine ein, bevor man die Gurten befestigt.

Die Kinnkette soll im allgemeinen so eingehakt werden, daß die Kandarenanzüge bei angenommenen Zügeln im halben rechten Winkel zur Maulspalte stehen.

Aufsatzzügel kann ich **nur bei der Bearbeitung** empfehlen. Beim Fahren garnicht anstehende hängen sich störend unter die Leinenaugen des Kumts, sind zwecklos und unschön. Sollen sie aufrichtend wirken, so müssen die Ohrbügelringe an sehr kurzen Riemchen, nicht an unpraktischen langen Ketten hängen, da mit diesen der Hals nur zusammengezogen wird. Die Schlaufe vor dem Aufsatzhaken sollte — entgegen alter Sitte — festgenäht sein, sodaß man auf eine Seite stärker einwirken kann. Aufgesetzte Pferde schlagen viel mit dem Kopf, um sich zu erholen. Bei Viererzug und Tandem werden dadurch die Vorderpferde ins Maul gerissen und zum Galoppieren verführt. Am meisten leiden die Pferde beim Aufsetzen mit Schlaufentrensen. Durch diesen Flaschenzug wird die Maulspalte grausam hinaufgezogen. Der Zwang läßt auch nicht nach, wenn das Pferd den Kopf höher nimmt, als der Zügel es erzwingt. Von der Hebelkraft beim Einhaken kann sich nur jemand einen Begriff machen, der ein schwer aufzurichtendes Pferd mit dem **einfachen** Aufsatzzügel vergeblich sehr hoch zu nehmen versuchte, es mit dem Flaschenzug aber ganz leicht erreicht.

Anspannung. Beim Anspannen müssen nicht ganz zuverlässige Pferde einzeln an die Deichsel gebracht werden.

Nachdem die Bremse fest angezogen ist, wird das linke Pferd zuerst an die Stange geführt. — Geht ein junges Pferd mit einem Schulmeister, dann dieser stets zuerst. — Man verhüte jede Berührung der Sprengwaage oder des Deichselkopfes.

Bei zuverlässigen Pferden kann man das rechte, mit seinem inwendigen Zügel am linken befestigt, durch vorsichtiges Zurücktretenlassen an die Deichsel bringen. Zuerst werden die Kreuzleinen eingeschnallt, wobei in der Regel die des empfindlicheren Pferdes unten sein soll. Dann werden die Aufhalter lang befestigt, hierauf die Stränge auf die Docken gestreift, bei englischer Anspannung (feste Sprengwaage) die a u s w e n d i g e n zuerst. Die Aufhalter werden jetzt angezogen, aber nie so fest, daß sich das Kumt im Stillhalten von den Schultern entfernt. Die Leine wird am Kammdeckel unter der Oberblattstrupfe des H a n d p f e r d e s befestigt, jedoch unter derjenigen des S a t t e l = p f e r d e s, wenn wegen des veralteten, nach vorne stehenden Bremshebels links aufgestiegen werden muß (s. S. 17).

Bei englischer Anspannung müssen Vorderstränge und Ortscheite die Schraubenköpfe aufwärts haben. Man sieht auf diese Weise leicht, ob sich eine Schraube gelockert hat (s. S. 173).

Beim Einschnallen der Stränge achte man genau darauf, daß die inneren Stränge stets wieder nach innen kommen, weil sie kürzer sind, außerdem durch unvermeidliches Reiben gegen die Stränge der Nebenpferde unansehnlich werden (s. S. 136).

Bei praktischen Geschirren werden die Spitzen der Innenstränge zum leichteren Erkennen abgestumpft. Außenhinterstrang 2—3 cm länger als der innere, Außenvorderstrang 5 cm länger als der innere.

Die Stränge. Die Anspannung soll zwar kurz, aber nie so kurz sein, daß die Pferde dem Bockbrett zu nahe kommen und im starken Trabe eine Berührung der Sprengwaage oder der Radreifen (auch bergab bei versagender Bremse) durch die Hinterbeine oder Hufe möglich wäre. Man achte genau darauf, ganz besonders bei einem unbekannten Wagen, an dem die Sprengwaage den Rädern sehr nahe ist. Ist fertig angespannt, so legt der Kutscher die Schürze in den Bockkasten, zieht Rock und Handschuhe an und setzt den Hut auf.

Bevor der Kutscher vorfährt, soll er sich noch einmal davon überzeugen, daß alle Geschirrteile richtig sitzen, die Leinen vorschriftsmäßig eingezogen und ausgedreht sind. Die d u r c h g e h e n d e Leine nach a u ß e n, die mit der Schnalle am Ende l i n k s.

Beim Ausspannen werden zuerst die Aufhalter lang geschnallt, um die Stränge abnehmen und über den Rücken legen zu können. Der Kutscher, langsam rückwärts gehend, führt die Pferde von der Deichsel weg, wenn sie gekoppelt sind. Er achte besonders darauf, daß kein Anstoßen oder Hängenbleiben an der Deichselbrille oder der Vorwaage stattfindet. Ist beim Vierspänner kein Bockdiener zugegen, um den Vorhang abzunehmen, so genügt es, bei englischer Anspannung, daß der Kutscher ein Seiten=Ortscheit abhängt und auf das Bockbrett legt. Die Vorderpferde d ü r f e n n i c h t w e g g e f ü h r t w e r d e n, bis die Stangenpferde auch dazu bereit sind. A u ß e n l e i n e n u n d B a u c h g u r t e w e r d e n e r s t i m S t a l l e l o s g e s c h n a l l t, um aus sich weggehende Pferde besser greifen zu können und zu verhindern, daß das Geschirr beim Schütteln der Pferde herunterrutscht, daß sie hineintreten, erschrecken, schlagen und alles zerreißen. Den Aufsatzzügel löse man bei geschlossenen Kandaren zuletzt.

Abschirren. In den Stall zurückgekehrt, werden die Pferde in den Stand geführt und wie folgt abgeschirrt: Außenleine, Kinnkette, Nasen= und Kehlriemen werden gelöst, hierauf der Zaum abgenommen, die Leine ganz aus dem Geschirr gezogen und ordnungsmäßig am Standpfeiler aufgehängt, die Stränge aufgeschlagen, die Bauchgurten aufgeschnallt, der Schweifriemen abgenommen, der Kammdeckel auf den linken Arm gehängt. Das Kumt wird mit beiden Händen bis zur dünnsten Stelle des Halses vorgezogen, umgedreht und behutsam über den Kopf gestreift. Bei Pferden mit breitem Kopf müssen die Kumtbügel aufgeschnallt, das Kumt später allein abgenommen werden, um Augenverletzungen zu verhüten.

Die Leinen. Die durchlaufende Außenleine soll an keiner Stelle „dubliert", sondern mit angenähten ledernen Hand=Enden versehen sein

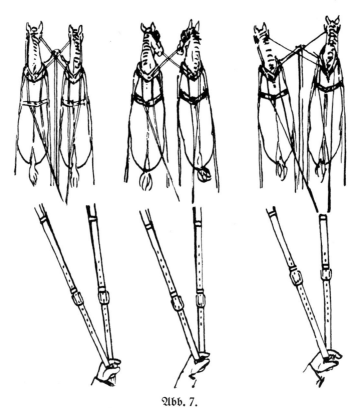

Abb. 7.

(keine angeschnallten Handstücke). Sie sollen je 11 ovale Löcher haben, die über 40 cm verteilt sind. Abb. 7. Befinden sich die Schnallen der Innenkreuze im m i t t l e r e n (6.) Loche, so muß die Innenleine bei Kumtgeschirren 12 cm länger sein als die äußere. Bei Pferden mit gleich langen Hälsen schnallt man auf die Mitte („normal"). Auf diese Weise geschnallte Leinen passen für mittlere Pferde, d. h. diese werden mit dem nötigen Zwischenraum geradeaus gehen, ihre Köpfe stehen weder nach innen noch nach außen. Ist die Summe der Löcher diesseits (Abb. 7) der Kreuzschnallen größer als 10, so gehen mittelgroße Pferde zu weit auseinander, hingegen werden die so geschnallten Leinen für sehr große breite Pferde paſſen. Bei kleinen, ſchmalen Pferden muß die Summe der Löcher diesſeits der Kreuzſchnallen etwa 8, ſelten 6 betragen.

Leinenſchnallen. Die Kreuzleine muß am Maule ſo geſchnallt werden, daß ſie möglichſt wenig ſtört. Hat ein Pferd die Angewohnheit, mit dem Kopf zu ſchlagen, ſo muß ſeine Leine unbedingt **über** der anderen liegen. Iſt ein Pferd empfindlich im Maule und trägt es **deshalb** den Kopf höher als das andere, ſo muß die Leine des **tiefer** gehenden Pferdes, jedenfalls, wenn auf Kandare gefahren wird, **unten** liegen. Der Kopf des empfindlichen läßt ſich durch Ueberſchnallen der anderen Leine nicht **herunterziehen**.

Beim Schnallen der Leine achte man darauf, daß die Pferde mit den Köpfen nicht zuſammengezogen werden, da ſie dadurch im geraden Gang behindert und zum Abdeichſeln angeregt werden. Die Pferde ſollen geradeaus gehen, die Köpfe eher ein wenig nach außen geſtellt. Man verhindert dadurch das Abdeichſeln und das Hineinwerfen in die Wendungen, ſofern dieſe, wie es richtig, **langſam** gefahren werden.

Bei Pferden verſchiedenen Temperaments muß das heftigere kürzer in den Leinen geſchnallt werden, ebenſo auch bei Pferden verſchiedener Halsſtellung das ſich mehr beizäumende. Man muß die Summe von 10 Löchern oberhalb der beiden Schnallen **dadurch** behalten, daß man die eine Schnalle immer um ſo viel Löcher heraufnimmt, wie man die andere geglaubt hat, herabſchnallen zu müſſen.

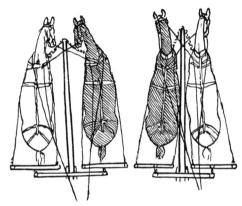

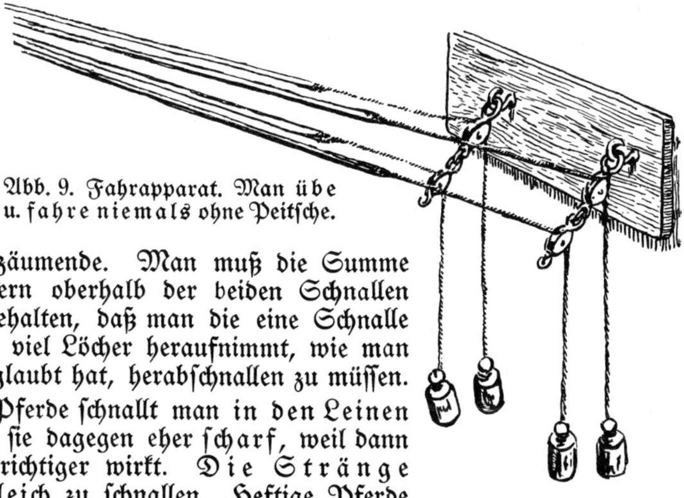

Abb. 8. Wirkung des Umſpannens, wenn Pferde abdeichſeln.

Abb. 9. Fahrapparat. Man übe u. fahre niemals ohne Peitſche.

Faule Pferde ſchnallt man in den Leinen lang, zäumt ſie dagegen eher ſcharf, weil dann die Peitſche richtiger wirkt. Die Stränge ſind ſtets gleich zu ſchnallen. Heftige Pferde ſind mit kurzen Leinen **möglichſt weich** geſchnallt ruhig zu führen.

Die Pferde ſind daran zu gewöhnen, auf beiden Seiten der Stange zu gehen, man kann ſie beſſer nach Bedarf verwenden und durcheinander spannen (deshalb alle Mähnen rechts), verhindert auch das manchmal bis zur Ungezogenheit ausartende Abdeichseln. Das Umspannen muß geschehen, bevor Abdeichseln oder Drängen zur Unart geworden sind.

Sitz und Verhalten des Kutschers auf dem Bock.

Bevor der Kutscher den Bock besteigt, nimmt er die Leinen, vorschriftsmäßig gemessen, auf. Nur wenn er darin ganz sicher ist, wird er mit Anstand auch vierspännig vom Hofe abfahren können.

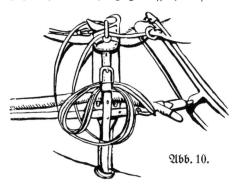

Abb. 10.

Rechts aufsteigen. Um die Leinen auf der rechten Seite aufzunehmen, holt sie die rechte Hand an der Endschnalle aus der Oberblattstrupfe oder dem Tragegurt (Abb. 10) und hängt sie an ihren kleinen Finger. Man stellt sich zwischen Kammdeckel und Hüfte dreiviertel Meter seitwärts des Handpferdes und bleibt dort ruhig stehen, bis man fertig gemessen hat. Die linke Hand faßt die linke Leine so, daß diese von oben nach unten durch die volle Hand läuft. Diese stellt eine so feine Verbindung mit den Pferden her,

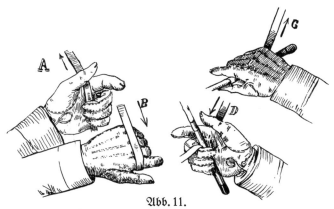

Abb. 11.
A zeigt das Nachgeben der linken Hand, B das Annehmen,
C das Nachgeben der rechten Hand, D das Annehmen.

daß sie nicht gestört werden. Dann gleitet die offene linke Hand auf der Leine hinab. Dabei darf der Messende weder links einknicken noch herunter sehen. Die so gefundene Stelle der Leine hält die linke Hand gut fest, geht der rechten entgegen und empfängt von ihr die rechte Leine zwischen Zeige- und Mittelfinger. Jetzt zieht die rechte Hand, an der Kreuzschnalle, beim Einspänner an der Ansatzstelle (Abb. 12), anfassend, diese Schnalle bis auf 5 cm an die linke hinauf, dann beide Leinen, je nach Entfernung der Pferde vom Wagen, 20 bis 30 cm aus der linken vor und schiebt ihren Mittelfinger zwischen sie. Steckt die Peische vorne am Spritzbrett, so nimmt

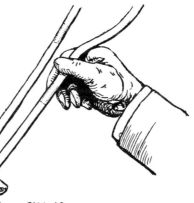

Abb. 12.

die rechte Hand sie beim Aufsteigen mit. Dieser Platz für die Peitschen ist bei allen Wagen unpraktisch, bei zweirädrigen gefährlich, weil ein müdes Pferd bergab durch das plötz= liche Vorneigen des Fahrers, zum Einstecken oder Nehmen der Peitsche, stolpern und hinfallen kann. Auf dem Bock angekommen, schiebt die linke Hand Zeige= und Mittelfinger dicht vor der rechten in die Leinen. Der Kutscher hängt das Leinen=Ende an den linken kleinen Finger, damit der Bockdiener beim Abspringen nicht hineintritt und hängen bleibt. Herr und Dame lassen es am linken Oberschenkel herab= hängen. (Abb. 13.)

Links Auf= und Ab=
steigen muß man, wenn es ein Druck=Bremshebel rechts unmöglich macht. Zugbrem= sen sind zu bevorzugen, weil sie stärker wirken und, a n = g e z o g e n , dem Fahrer das Auf= und Absteigen auch rechts ermöglichen.

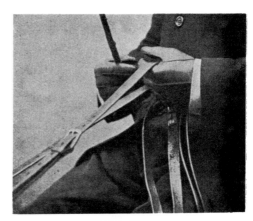

Abb. 13.

Am linken Kammdeckel stehend, faßt der Fahrer die rechte Leine zwischen Zeige= und Mittel= finger der rechten Hand, stellt eine leichte Verbindung mit den

Pferdemäulern her, gleitet dann auf dieser Leine hinunter bis der Arm senkrecht hängt und hält g e n a u d i e s e Stelle der Leine fest. (Abb. 14.)

Die Linke legt hierauf die linke Leine in die rechte Hand zwischen Daumen und Zeigefinger und schiebt die linke Kreuzschnalle 5 cm weiter hinauf als die der rechten Leine, sofern man rechtssitzend fährt.

Bleibt der Kutscher allein auf dem Bock und sitzt in der Mitte, so schiebt er die linke Schnalle bis in die Höhe der rechten.

Jetzt übergibt die rechte Hand der linken die Leinen, der linke Mittelfinger schiebt sich zwischen sie. Erst auf dem Bock sitzend, bringt man (weil es vierspännig so sein muß) den linken Zeigefinger unter die linke Leine, sodaß sie j e t z t durch Zeige= und Mittelfinger geteilt werden.

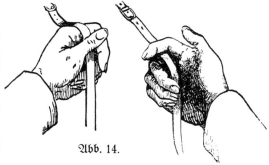

Abb. 14.

Der Fahrer soll sich auf dem Bock natürlich=gerade halten, die Ellbogen n i c h t a b s p e r r e n, aber noch weniger anklemmen. Ellbogen= und Schultergelenke müssen viel beweglicher sein als beim Reiten, ausgenommen Springen. Die meisten Fahrer sitzen fälschlich etwas halb links, die linke Hand links, a n s t a t t v o r d e r M i t t e; richtig steht die rechte etwas halbrechts davon. Die Füße sind rechts heranzustellen, linke Schulter und Hüfte sind vorzunehmen. Um sich einzudecken verlängert man die Leinen nach Bedarf, s. S. 19 unten.

Fahren mit zwei Händen.

Leinenführung. In der Regel wird mit beiden Händen gefahren, nie mit g e t e i l t e n L e i n e n (Kindermädchen), Zeige= und Mittelfinger der linken Hand teilen die Leinen so, daß die linke oben liegt.

Abb. 15. „Kindermädchen".

Die rechte Hand faßt die rechte Leine mit der vollen Hand, d. h. mit den drei unteren Fingern. Der kleine Finger hat weit über den Zügel zu fassen (Abb. 16), er liegt mit der Haarseite aufwärts, d i e F i n g e r s p i t z e n l e g e n s i c h v o n u n t e n g e g e n d i e F l e i s c h s e i t e. Legt sich die glatte Seite am kleinen Finger nach u n t e n, so steht die Hand „verdeckt".

Die nicht geschlossenen Daumen und Zeigefinger werden nicht nach vorn, sondern einander zugeneigt gehalten. Die Leinen liegen also an den F i n g e r a n s ä t z e n, dicht an den M i t t e l h a n d k n o c h e n.

Auf die rechte Hand ist besonders zu achten, die senkrecht etwa 5 cm halbrechts neben der linken steht. Sie wird oft — fälschlich — „verdeckt" (waagerecht) gehalten. (Abb. 18.)

Man muß sich darin üben, **die rechte Hand von der Leine zu nehmen, ohne dadurch eine unbeabsichtigte Richtungs- oder Tempoveränderung herbeizuführen.**

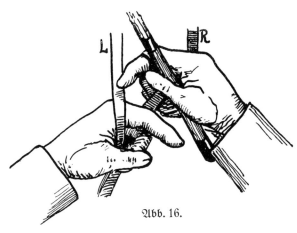

Abb. 16.

Bevor man die rechte Hand wegnimmt, muß sich die **linke** die zwischen den Händen befindlichen 5 cm **der rechten Leine holen**, indem sie die linke Leine mit Daumen und Zeigefinger **festhält**, im übrigen die Hand öffnet, an die rechte **herangleitet und dann schließt**. Die linke Hand kommt dadurch **wirklich vor die Leibesmitte**. Das ist beim Fahren mit einer Hand **wesentlich**, um ebenso stark nach rechts wie nach links einwirken zu können.

Die Leinen sollen niemals durch die Hand gleiten.

Ist es nötig, eine oder beide Leinen zu verkürzen oder zu verlängern, so **besorgt das die rechte Hand von vorne.**

Zum Verkürzen greift der Fahrer mit der rechten Hand **dicht** vor die linke. (Den rechten Zeigefinger über der linken Leine, die **volle rechte Hand**, wie immer, über der rechten Leine.)

Die linke Hand läßt die Leinen ganz los und greift **dicht** vor der rechten Hand wieder hinein. (Abb. 19.)

Abb. 17.

Diese Handbewegung muß, ohne die Pferde im geringsten zu stören, gemacht werden.

Das Verlängern geschieht, indem man die Leinen aus der linken Hand hervorzieht, ohne ihr Verhältnis zu einander zu ändern. Die Peitsche bleibt in der rechten Hand.

Zum Anfahren öffne man vor allen Dingen stets zuerst die Bremse. Dann bediene man sich des „Komm"; nur wenn nötig der Peitsche. Auch müssen alle Pferde lernen, auf eine sanfte seitlich wirkende Zügelhilfe anzugehen, da man nebenstehende Gespanne durch den Ruf oder die Peitsche beunruhigen und einsteigende Herrschaften in Gefahr bringen kann.

Träge Pferde stellt man mit der Peitsche möglichst gerade und gut an den Zügel und läßt die Hand durch Vorgehen eine leichte Verlängerung der Leinen hervorbringen. Die Pferde dürfen keinen Widerstand in der Hand finden, durch den das gleichmäßige ruhige Anziehen gestört werden könnte.

Abb. 18. Verdeckte Hand.

Es muß stets im Schritt angefahren werden. Bei unsicherem Ziehen mache man eine kleine Seitwärtswendung und gebe gehörig nach, wodurch die Pferde leichter und williger anziehen. Bei sehr verschiedenen Temperamenten bleibt das heftige am ruhigsten, wenn man ohne jeden Zuruf, nur durch geräuschlose Peitschenhilfe beim Faulen anklopft und dieses allein anziehen läßt; das Heftige geht dann aus sich sofort mit. Leises Lösen der Bremse.

Abb. 19.

Sobald die Pferde im Gange sind, ist gleichmäßiges Arbeiten anzustreben, ohne das kein ordentliches Fahren möglich ist.

Zum Uebergang in das stärkere Tempo muß man zuerst nachgeben, wodurch Pferde, die den Zügel aufzusuchen gelernt haben, fließend zulegen und ganz von selbst das Gebiß etwas mehr annehmen.

Beim Antreiben fauler Pferde muß man die Leinen verkürzt der linken Hand überlassen, die durch weiches aber wirkungsvolles Gegenhalten den Stoß auffängt, den das vorgetriebene Pferd macht. Dieser Stoß in die Hand ist um so geringer, je schärfer das Faultier gezäumt ist; je schwächer der Stoß, desto weniger Störung des heftigen Pferdes und der Wageninsassen durch begangene Fehler. —

Es darf niemals Dreischlag gefahren werden. Der Fahrer hat sich stets nach dem langsamsten Pferde zu richten, im Trabe wie im Schritt.

Die Pferde müssen in der Stadt munter treten, damit sie vorteilhaft aussehen, aber nicht durch schnelles Fahren auseinanderkommen. Fällt ein Pferd in Galopp, so ist es besser, es eine Strecke gehen zu lassen, als es sogleich zu parieren damit kein Aufenthalt entsteht und das Pferd am Zügel bleibt. Zum Bremsen und Grüßen übernimmt immer die linke Hand die Peitsche, ihre unteren Finger öffnen sich und holen vorher das Leinenzwischenstück dicht an der rechten Hand.

Zum Parieren darf man sich niemals hintenüberlegen. Man hat die Leinen zu verkürzen (wie vor jeder Rechtswendung in der Stadt), indem man die linke Hand aus den Leinen herausnimmt und vor der rechten wieder hineinführt. Abb. 19.

Zu einer ganz plötzlich notwendigen Parade — etwa um ein Unglück zu verhüten: Kräftiges Bremsen, vor dem die rechte Hand immer der linken die Peitsche übergibt. Darauf faßt die rechte Hand die Peitsche und beide Leinen 20 cm vor der linken. Die linke Hand macht zum jetzt notwendigen Annehmen der rechten durch Steigen Platz. (Abb. 21.) Vor jedem Parieren ist die Peitsche senkrecht zu halten und der Schlag wiederholt so stark zu drehen, daß er sich nicht um den Stock wickelt. Die rechte Hand bleibt dabei auf der rechten Leine.

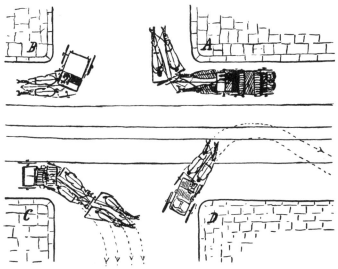

Abb. 20. A und B richtig, C und D falsch gefahrene Ecken.

Wendungen.

Den Wendungen, ganz besonders den Rechtswendungen, geht immer eine Verkürzung des Tempos vorher. Um auf dem glatten Asphalt **gut und sicher** zu wenden, fließend und ohne Anecken, muß man **vor der Wendung durchpariert** haben, sodaß man, um zu wenden, nicht am inwendigen Zügel zu **ziehen** braucht, wodurch das innere Pferd zurückgerissen, im Kumt hängen und am Aufhalter den Wagen herumzuholen versuchen würde. (Ausgleiten, Kronentritte!)

Man muß die Wendungen durch **Nachgeben des äußeren Zügels einleiten, sodaß das auswendige Pferd, das den größeren Weg zu beschreiben hat, ausschreiten und den Wagen an der Sprengwaage nach vorwärts herumholen kann.**

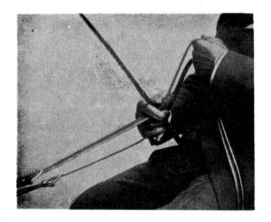

Abb. 21.

Pferde, die in den Wendungen **zurückhängen und sich herumwerfen**, tun das nur durch die abscheuliche Gewohnheit der Fahrer, **schnell und durch Ziehen am inwendigen Zügel zu wenden.**

Eine rechte Ecke sauber: mit durchparierten Pferden, die dadurch ganz leicht am Zügel stehen, bei geringster Raumbenutzung im kürzesten Trabe oder bei nassem Asphalt im **Schritt** genommen, ist sicher und schön. Diese rechte Ecke jedoch mit **Ausholen** (nach links), Anecken, Rucken und — nach der Ecke — Absein von der Bordschwelle im flotten Trabe, ist **entgegen der Polizeivorschrift**, außerdem unsicher und stümperhaft. (Abb. 20.)

Alle **Linkswendungen** sind so groß wie möglich zu fahren. 15 Meter vor jeder Linkswendung hat der Fahrer die Peitschenschnur, **ohne die Rechte aus den Leinen herauszunehmen**, hoch auf der linken Seite wiederholt im Kreise zu drehen, stark genug, daß sie sich nicht um den Stock wickeln kann. Entgegenkommende und **nachfolgende Fuhrwerke** erkennen daran, daß der Fahrer wenden will. Schnelles Eckenfahren ist stets unsicher und eines denkenden Fahrers unwürdig. Ein Ruck an der äußeren Leine und ein gleichzeitiger Schlag aufs innere Pferd sind den Wageninsassen fast ebenso unangenehme Stöße wie das Anecken selbst. Der Fahrer schiebe den Fehler nicht auf die Pferde!

Die rechte Hand darf bei den Linkswendungen niemals die linke Leine anfassen. Die Wendung geschieht durch Drehung der beiden Handoberflächen aufwärts. (Abb. 23.) Genügt diese Hilfe

Abb. 22. Links: schlechter Sitz des Fahrers infolge fehlerhaften Uebergreifens bei der Linksum-Kehrtwendung. Rechts: guter natürlicher Sitz bei der gleichen Kehrtwendung durch Hervorziehen der rechten Leine.

nicht, so hat die rechte Hand die rechte Leine nach Bedarf etwas aus der linken Hand hervorzuziehen und die Wendung durch Nachgeben mit diesem Zügel zu Ende zu führen. (Abb. 24.) Die rechte Hand zieht zwar das mehr oder weniger große Stück Leine hervor, gleitet aber sofort wieder zur linken Hand zurück, um entweder ein weiteres Stück hervorzuziehen, oder das hervorgeholte nach beendeter Wendung wieder hineinzuschieben. Dieses hervorgezogene Stück der rechten Leine

Abb. 23.

wird nach dem Kehrtmachen, wobei dieses Stück etwa 15 cm beträgt, nicht zurückgeschoben, sondern in der Weise wieder zurückgebracht, daß die rechte

Hand die rechte Leine ganz aus der linken Hand herausnimmt und, hinter die linke Hand gehend, die rechte Leine wieder zwischen den linken Mittel- und Ringfinger schiebt. (Abb. 25.)

Zum Linksumwenden: Aufmerksames Umsehen und deutliches frühzeitiges Peitschenzeichen. Schritt, Hervorziehen der rechten Leine: Schließlich Kehrtwendung mit der linken Hand allein. Nach beendeter Wendung nimmt die rechte Hand die rechte Leine dicht vor der linken Hand aus dieser (nach rechts) heraus, verkürzt sie (Abb. 25) nach Bedarf durch Eindrehen der rechten Hand unterhalb der linken. (Abb. 26.)

Sitzt der Fahrer rechts, so hat er vor der Linkswendung für lange Zügel zu sorgen, zur Rechtswendung für kurze.

Abb. 24.

Vor jeder Rechtswendung in der Stadt ist der Trab frühzeitig und allmählich bis zum Schritt zu verkürzen, nicht in der Wendung, sondern vorher, und zwar durch Verkürzen der Leinen, 20 Meter vor der Ecke. Durch keinen anderen Griff pariert man so sicher und so weich wie durch Verkürzen der Leinen. In der Wendung sollen die Pferde niemals den Wagen aufhalten. Nichts verdirbt mehr das Pferdematerial.

Ist der Weg nicht frei, so hat der Fahrer das frühzeitig zu sehen und vor dem Einleiten der Wendung ganz durchzuparieren.

Vor der Rechtswendung darf der Fahrer nicht nach links ausholen. Nach der Wendung nur dann in

Abb. 25.

das Gleis der elektrischen Bahn fahren, wenn zwischen diesem und rechtsstehendem oder schrittfahrendem Fuhrwerk ungenügender Raum zum Durchfahren vorhanden ist. Abb. 20. B.

Ein frühzeitiger Blick die neue Straße hinunter schafft sofort Klarheit, ob man in das Gleis auf halbe Spur hineinfahren muß. Ist dieses der Fall, dann aber auch **sofort**, nicht erst daran entlang hängen bleiben.

Niemals darf sich der Fahrer in der Rechtswendung nach dem Hinterrade umsehen, ob es wohl noch glatt herumkommt.

Des Kutschers Augen sind nach vorn zu richten, er soll fühlen, ob er gut herumkommt, ebenso wie der Reiter fühlen muß, ob sein Pferd rechts oder links galoppiert.

Zum Ausführen der Rechtswendung greift die rechte Hand 5 cm auf der rechten Leine vor, dann drehen sich beide Handoberflächen nach vorwärts=abwärts, je nach Bedarf (Abb. 28).

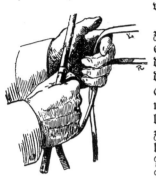

Abb. 26.

War die Hilfe zum Wenden zu früh oder zu stark gegeben oder werfen sich die Pferde etwas herum, weil sie links scheuen, so **bleibt die rechte Hand unter allen Umständen auf der rechten Leine und zieht sie nach vorn heraus**. (Abb. 24.) In solchen Augenblicken fährt man dann vollkommen mit zwei Händen, ähnlich dem Zuckerfahrer, sodaß eine etwa 20 cm zurückliegende Stelle der rechten Leine in der linken Hand bleibt. Man bringt in diesem Fall die rechte Leine wieder richtig an ihren Platz, wie nach der Linksumkehrtwendung. (Indem man die rechte Leine ganz heraus= nimmt, mit der rechten Hand hinter die linke geht und dieser den rechten Zügel (verkürzt) wiedergibt.) (Abb. 25 und 26.)

Zur Rechtsumkehrtwendung sind die Hilfen mit der rechten Leine genau umgekehrt wie zur Linksumkehrtwendung: Die rechte Leine wird aus der linken Hand ganz herausgenommen, die rechte Hand geht hinter die linke. Der linke Ring= und kleine Finger fassen 5 cm vor der rechten Hand die rechte Leine. Die rechte Hand faßt jetzt die rechte Leine 10 cm vor der linken Hand, beide Handoberflächen drehen sich nach vor= wärts=abwärts. (Der kleine Finger der rechten Hand in der Richtung auf die linke Hüfte.) Zu dieser Wendung — wenn nach dem Verkürzen der rechten Leine (Abb. 25) mit **einer** Hand gefahren — kann die **freie** rechte nötigenfalls auf der **rechten** Leine durch Verkürzen oder Ver= längern oder durch Vorgreifen und Eindrehen helfen (wie mit zwei Händen).

Nach beendeter Wendung zieht die rechte Hand das verkürzte Stück **langsam** wieder aus der linken Hand hervor. (Abb. 24.)

Beim **Einfahren** junger Pferde und Figurenfahren auf einem Uebungs= oder Turnierplatz kann das Zwischenstück, auf etwa 30 cm vergrößert, zwischen den nahe beisammenstehenden Händen hängen, bis wieder geradeaus gefahren wird, oder die rechte Hand Peitsche oder Bremse anwenden muß.

Fahren mit einer Hand.

Mit einer Hand muß gefahren werden, wenn die andere nicht frei ist.

Bremst der Fahrer, grüßt er, gebraucht er die Peitsche oder dergl.,

Abb. 27.

so muß er sicher und schön, ohne die Leinen im geringsten durchgleiten zu lassen, jede notwendige Tempo- und Richtungsänderung ausführen können. (Abb. 29.)

Um dieses wirklich zu können, muß er es häufig und mit Aufmerksamkeit und Fleiß üben.

Hierzu gehört zuerst das Heranholen des „Zwischenstückes" der rechten Leine, dann beider Leinen durch Einschieben der linken Hand vor die rechte, damit das Tempo dasselbe bleibt.

Soll rechts herangefahren werden, so kann man die rechte Leine (genau wie beim Viererzuge) über die Spitze des Zeigefingers legen. (Dieses ist bei nicht folgsamen Pferden zweckmäßig, um die Zügelfaust nicht weit nach links nehmen zu müssen.) (Abb. 30.)

Abb. 28.

Meistens genügt es, die linke Hand **etwas** links zu stellen, als ob man mit dem linken Daumen den linken Oberschenkel berühren wollte.

Hier bleibt die Hand so lange stehen, bis man in der **früheren** Entfernung von der Bordschwelle weiterfahren will. (Abb. 31.)

Abb. 29.

Rechtswendung: Sobald man durchpariert hat (spätestens 3 m vor dem Wenden), holt sich die linke Hand das zwischen den Händen befindliche Stück, „Zwischenstück", und stellt sich vor die Leibesmitte. Der lernende Fahrer muß geradeaus denken,

Abb. 30.

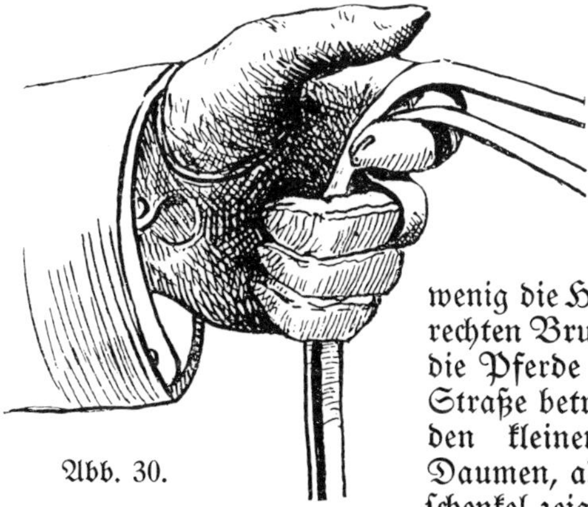

nicht an die Ecke; denn das überträgt sich mehr oder weniger auf die Pferde, die dann entweder ausholen oder zu früh abschwenken. Nimmt der Fahrer etwa 1 m Abstand von der Bordschwelle — im Augenblick vor der Wendungshilfe ganz wenig die Handoberfläche aufwärts und zur rechten Brustseite hingedreht — dann, wenn die Pferde mit den Vorderfüßen die neue Straße betreten, die Zügelhand nach links, den kleinen Finger nach hinten, den Daumen, als ob er mit ihm auf den Oberschenkel zeigen wollte, so folgen die Pferde bei einiger Geduld dieser ruhigen feinen Hilfe. (Ich meine hier eine Ecke in der Großstadt). Die Hand muß in der letzten Stellung so lange stehen bleiben, bis die Pferde möglichst bald in der gewünschten Entfernung zur Bordschwelle der neuen Straße gehen. Wir dürfen uns hier kein Vorbild an den Automobilen nehmen, die nach jeder rechten Ecke dort sind, wo sie nicht sein dürfen: in der Mitte oder sogar auf der linken Seite der Straße.

Zu einer rechten Ecke — in der Stadt — fährt man, um es richtig zu lernen, f r ü h z e i t i g S c h r i t t und w e n d e t etwa einen halben

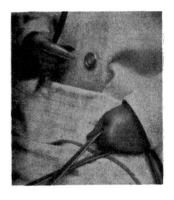 

Abb. 31.   Abb. 32.

Meter s p ä t e r ab als beim Fahren mit zwei Händen, damit man ganz sicher ist, nicht anzuecken. (Abb. 31.)

S o l l l i n k s h e r a n oder h e r u m g e f a h r e n w e r d e n (Peitschenzeichen!), so dreht die Zügelhand ihre Oberfläche aufwärts und

Abb. 33. Ausruhen der linken Hand.

geht, wenn nötig, vor die rechte Hüfte. S i e b l e i b t d o r t, ohne an den Zügeln zu ziehen, vielmehr n a c h g e b e n d, stehen. (Abb. 32.)

Linksum Kehrt mit einer Hand. Man fährt dazu zunächst s c h a r f r e c h t s heran und bleibt f a s t halten. In diesem Augenblick bringt man die linke Hand plötzlich, „die Handoberfläche aufwärts drehend", energisch nach rechts und läßt sie d o r t, ohne gegenzuhalten. (Abb. 32.)

Durch das scharfe Rechtsfahren, das Parieren bis fast zum Halten und die **plötzliche Hilfe nach links verstehen** die Pferde, daß der Fahrer umdrehen will, **sie folgen,** wenn der Fahrer sie jetzt **nicht hindert** und die Pferde darin richtig geübt hat.

Die häufigen Fehler beim Fahren mit einer Hand bestehen darin, daß zunächst das Tempo eiliger wird, der Fahrer sich dann hintenüber legt, der Wagen, an den Gleisen der Straßenbahn hängenbleibend, nach links von der gewollten Richtung abweicht, und der Fahrer schließlich — die Peitsche in der rechten Hand anstatt in der linken — bremsend das rechte Pferd noch obendrein berührt!

Hilflose Fahrer lassen als letzte Hoffnung die linke Leine durchgleiten; das Tempo wird **noch eiliger,** der Ruck, mit dem der Wagen in die Schienen springt, stärker, und sind die Pferde keine Schlafmützen, so haben wir eines oder beide im Galopp.

Hätte der **Fahrer,** wie vorgeschrieben, die rechte Leine um 5 cm, dann beide Leinen um 10 cm verkürzt, so wäre diese Unordnung **nicht** entstanden.

Es kommt im großen Verkehr häufig vor, daß der Fahrer einen bestimmten Bogen angelegt hat, in welchem er die betreffende Ecke nehmen will, an der geplanten Ausführung aber durch irgend eine Störung verhindert wird, sodaß er den **angefangenen Bogen anders ausfahren muß,** als er ihn angesetzt hatte. Die in der Kurve befindlichen Pferde neigen meistens dazu, sich — mit den Köpfen nach außen — in die Wendung zu werfen. Muß jetzt der Fahrer diesem Bestreben entgegenarbeiten, um den Bogen zu vergrößern, so soll er es nie mit dem Außenzügel durch den äußeren Aufhalter machen, er muß vielmehr **inwendig nachgeben** und das **innere Pferd vorlassen** oder, wenn nötig, vortreiben, damit es mit **seinen Strängen an der Sprengwaage** die Stange nach außen bringt und **dadurch** den Bogen vergrößert. **Nur durch starkes** Vorwärtsgehen des inneren Pferdes (beim Viererzug des **inneren Stangenpferdes**) erhält und behält man richtige Biegung und Kopfstellung der Pferde, durch **Ziehen** an den **Außenzügeln** aber wird alles falsch und: **dann „hängen"** die Pferde mehr oder weniger unfolgsam an den Außenzügeln anstatt richtig — in die Wendung gestellt — daran zu stehen. **Ich bin deshalb ein großer Feind der Peitschenhilfen beim auswendigen Pferd in Wendungen.**

Die schlechteste Angewohnheit und einen Hauptfehler vieler Fahrer findet man bei Leuten, „die früher schon mit Pferden **umgegangen"** sind. Sie haben die **abscheuliche** und verderbliche Angewohnheit, die Pferde durch Zupfen und Reißen **ins Maul, das meistens ununterbrochen sinn- und planlos fortgesetzt wird, fahren und antreiben zu wollen.**

Einzufahrenden Pferden ist nichts unverständlicher, als dieses dumm-rohe „Ins-Maul-Reißen",

es ist unerklärlich, daß Reiter, die solches Reißen bestimmt nicht anwenden würden, um ihr Reitpferd zu schnellerer Gangart anzuregen, so fahren.

Die meisten wegen „Nicht=Ziehens und Steigens" aus= gemusterten Pferde ziehen willig und nach einigen richtig geleiteten Uebungen sicher und ruhig an. Gibt man aber solchem Fahrer keine strenge Anweisung, die Hände voll=

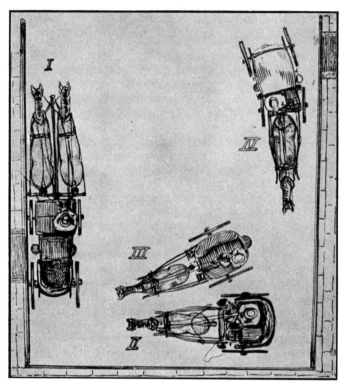

Abb. 34. I und II sind gut vorgefahren, III und IV schlecht.

kommen stillzuhalten und durchaus nicht zu stören, so zerrt und reißt er auch schon. Unmittelbare Folge: Die Pferde steigen oder kriechen zurück. Beruhigt man sie dann (eine Mohrrübe, etwas Brot oder Gras), schlägt den Wagen ein, fährt dann, die Leinen in fast offenen Händen, um jede Störung zu vermeiden mit dem als „Schulmeister" daneben gespannten zugfesten Pferde etwas seitwärts an, so hat man meistens gewonnen. Hat der Wagen eine Spielwaage, so muß diese beim Schulmeister mit starkem Tau oder Kette festgemacht werden, damit er das ängstliche Pferd nicht zurückreißt.

Wichtig ist zunächst, in Bewegung zu bleiben, sehr früh zu überlegen, woher und wohin man will, die Wendungen sehr früh anzudeuten, und zwar durch N a ch g e b e n der A u ß e n l e i n e, um Z i e h e n an der I n n e n l e i n e möglichst zu vermeiden.

So bleibt man am sichersten und ruhigsten in Bewegung, das stützige Pferd macht alsbald einen völlig vertrauten Eindruck.

Fehlerhaft und roh behandelte Pferde werden leicht ganz stützig und um so schneller und ausgeprägter, je temperamentvoller sie sind.

Zeigen sich Pferde vor und während des Anfahrens unruhig, so kommt das durch übergroßen Fleiß, s i e d ü r f e n n i e d a f ü r g e s t r a f t o d e r g a r i n s M a u l g e r i s s e n w e r d e n.

Gebrauch der Peitsche.

Bilden die Ober- und Unterarme einen rechten Winkel, s t e h e n d i e F ä u s t e s e n k r e ch t und n a h e b e i e i n a n d e r, so ergibt sich die richtige Peitschenhaltung nach h a l b l i n k s v o r w ä r t s ganz von selbst. Das dicke Ende des Peitschenstocks darf nicht mehr als 18 cm aus der rechten Hand herausstehen, weil man andernfalls damit hängen bleibt.

Zum Peitschen-G e b r a u ch muß der Fahrer unter a l l e n U m s t ä n d e n d i e r e ch t e L e i n e l o s l a s s e n, sich also das Leinen-Zwischenstück mit den etwas geöffneten Fingern der linken Hand holen.

Leichte Berührungen oder Hiebe müssen m ö g l i ch s t g e r ä u s ch l o s aus dem A r m, n i ch t z u r ü ck z u p f e n d, knallend aus dem Handgelenk, gegeben werden, auch n i ch t von unten nach oben s t r e i ch e n d o d e r d r e h e n d, weil diese Art mit der Viererpeitsche ganz unbrauchbar ist. Geräusche der Peitsche wirken n u r auf Fleißige!

F a l s ch e s soll man sich auch beim Fahren mit z w e i Pferden nicht angewöhnen.

Die Peitsche ersetzt den inwendigen Schenkel des Reiters und muß ähnlich wirken; den äußeren ersetzen: Deichsel, Gabel oder Strang. Soll ein Pferd leicht angetrieben werden, so hat der Peitschen s ch l a g, niemals der S t o ck, das Pferd auswendig, dicht hinter dem Kammdeckel zu berühren.

Verdient das Pferd eine stärkere Hilfe, so schlägt man, ohne den Körper vornüber zu nehmen, zwischen Kumt und Kammdeckel, unter das Seitenblatt nach der Brust.

Vortreibende Hilfen gibt man durch: 1. den Zuruf: „K o o o m m", 2. das N a ch g e b e n der Hand, 3. die Peitsche.

Versammelnde Hilfen entstehen durch Peitschengebrauch mit gleichzeitigem Verkürzen der Zügel und entsprechendem G e g e n h a l t e n. Der fühlende und denkende Fahrer wird in kurzer Zeit selbst herausfinden, wie stark er in jedem Falle gegenzuhalten und die Leinen vor dem Peitschengebrauch zu verkürzen hat, damit das Gespann in fließender Bewegung bleibt.

Der Naturtrieb der Pferde, vorwärts zu gehen, zeigt sich auch in der Arbeit. I h n z u b e n u t z e n u n d z u r e g e l n, ist Sache des

Fahrers. Temperamentvolle Pferde müssen sanft (mit verkürzter Kreuzleine) verhalten, faule mit langgeschnallter Kreuzleine in den Zug hineingelassen werden. Erst bei genügend langem Zügel des faulen Pferdes wirkt die Peitsche richtig vortreibend. (Bei ungenügend verlängertem Zügel wirkt sie nur versammelnd.)

Nimmt infolge richtiger Verschnallung das träge Pferd dem fleißigeren (schließlich ungeduldigen, manchmal aus Verzweiflung stehen bleibenden) die halbe Arbeit oder mehr ab, so beruhigt sich das heftige.

Einschlagen und Rückwärtsrichten.

Unter Einschlagen versteht man das zum Zurücksetzen oft nötige Schrägstellen der Vorder= zur Hinterachse.

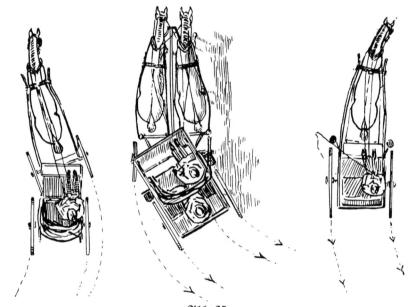

Abb. 35.

Beim Rückwärtsrichten oder Zurücksetzen ist mit besonderer Vorsicht und nach genauer Überlegung zu verfahren.

Sogenanntes Beweglichmachen der Hinterhand oder Vorbereiten zum Rückwärtstreten sind bei eingefahrenen Pferden ebenso unnötig wie Peitschenhilfen, die oft Kronentritte veranlassen.

Durch die Peitsche versucht der schlechte Fahrer nur die groben, fehlerhaften Hilfen der Hand zu verbessern und die Schuld schlechten Zurücksetzens auf die Pferde zu schieben.

Bevor man zurücksetzt, muß man sich überlegt haben, in welchem Winkel die Deichsel zur Hinterachse auf diesem Wege an den gleichen Stellen beim Vorwärtsfahren gestanden haben würde, den man jetzt rückwärts befahren will. Nur dann setzt man ohne einen unnützen Schritt und ohne Kronentritte zurück, wenn man nach richtigem Plan und größter Vorsicht verfährt. Als Vorübung empfehle ich, mit zwei- und vierräderigen leichten Wagen — ohne Pferde — selbständig auf dem Stallhof zu üben.

Richtiges Zurücksetzen erfolgt Schritt für Schritt, das soll heißen: ganz langsam, a b e r o h n e a b z u s e t z e n, also nicht mit abwechselndem Ziehen und Loslassen, sondern l a n g s a m   f l i e ß e n d.

Eilen die Pferde zurück, so hat man zu stark gezogen. Schlägt der Wagen nach einer Seite zuviel ein, so hatte man die E i g e n a r t d e r P f e r d e und des Wagens nicht erkannt. Je kürzer der Wagen, desto größer die Gefahr, daß er schon bei den ersten Tritten wie ein Taschenmesser zusammenklappt.

Die a u s g e d a c h t e einmal angenommene Winkelstellung der Deichsel zum Wagen beim Zurücksetzen genau innezuhalten, ist das W i c h t i g s t e, sobald man sich klar ist, was man will. Außer dem

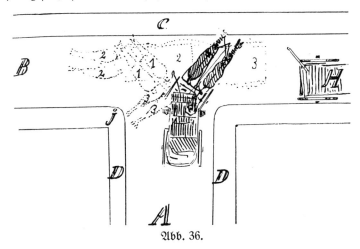

Abb. 36.

Innehalten der Richtung hat man genau zu beobachten, daß man weder gegen einen B e r g noch gegen einen G r a b e n zurücksetzt, so lange man es irgendwie anders einrichten kann. Beim Zurücksetzen ü b e man mit größter Geduld und Vorsicht. Die Pferde machen es m e i s t e n s besser als der Fahrer. Um zu vermeiden, daß die Pferde das Z u r ü c k - e i l e n l e r n e n, übe man mit großer Ruhe und vielen Pausen; wohlverstanden: P a u s e n nur beim E i n ü b e n.

Man gebe zur Pause die Zügel ganz hin und sage laut: „H—o—o—o". Hierauf richte man nicht weiter zurück, bis die Pferde sich v o l l k o m m e n b e r u h i g t und verstanden haben, daß nach dem „H—o—o—o" die Arbeit getan ist. Man richte stets rückwärts, als ob die Pferde scharfe Stollen hätten, gebe ganz langsam und mit größter Vorsicht die S e i t w ä r t s r i c h t u n g, die die Deichsel haben muß, und b e h a l t e sie mit dem auswendigen Zügel möglichst bei.

Die Richtung der Deichsel im Zurücksetzen zu ändern ist die größte Gefahr für Kronentritte.

Muß man bergab zurücksetzen, oder fürchtet man, bei zurückeilenden Pferden nicht ganz Herr der Lage zu sein, so wende man außer dem Nachgeben und dem „H - o o o" kräftig die Bremse an. Hauptsache bleibt aber das v o l l k o m m e n e N a c h g e b e n mit der Hand.

Die meisten Fahrer sind sich über Zweck, Wert und Ausführung des Zurücksetzens völlig im Unklaren. Das ist eine Schande, weil jeder Chauffeur es spielend macht. Wie es gemacht wird, wissen allenfalls Mörtel- und Postkutscher, aber es geht bei ihnen nicht ohne Roheit ab. Die Mörtelkutscher mißhandeln die Pferde, die Postkutscher die Wagen. Die Abb. 36 stellt eine gesperrte Straße dar, aus der man nur rückwärts heraus= kommen kann. Will man den Weg A zurückfahren, den man gekommen ist, so muß man in B gegen H zurücksetzen. Liegt das Hindernis H so nahe wie hier an der Ecke, daß man nicht so weit vorfahren kann, um nach B zurückzugehen, so muß man zunächst so weit rückwärts richten, daß man die Pferde bei C nach B herumführen kann. Hat man die punktierte Stellung 1 erreicht, so müssen Pferde und Wagen bis zur Stellung 2 vorgeleitet werden — keinen Zoll zu viel — dann richtet man zurück, bis der Wagen die Stellung 3 hat. Von hier ist es möglich, sie auch den Pferden im Halten bei 1 zu geben. Dann ist die Aufgabe gelöst.

Abb. 37.

Fahren mit vier Pferden vom Bock.

Anspannen des Viererzuges. Nach dem Aufschirren jedes Vorderpferdes ist seine Leine auf der Außenseite einzuschnallen. Die Innenleine wird am Nasenriemen befestigt, indem man die Schnall= strupfe nicht e i n s c h n a l l t, sondern nur ihre Spitze umgekehrt durch ihre Schlaufe steckt. Sie fällt dadurch beim Anspannen nicht auf die Erde. Man kann jetzt die 7,20 m lange Leine entweder in drei gleich großen Lagen im Leinenauge befestigen (Abb. 123), wie beim Ausspannen, oder was noch praktischer ist, s o r g s a m g l a t t (Abb. 37) einziehen. Es genügt dann, das äußerste Ende anzufassen und durch den am K e h l r i e m e n be= festigten Viererring und den Kammdeckel-Mittelschlüssel zu ziehen.

Beim Anspannen des Viererzuges sind die Leinen unter der Ober= blattstrupfe d e s r e c h t e n S t a n g e n p f e r d e s von vorn nach hinten durchzuziehen (w e n n wegen des fehlerhaften „Druck"= Bremshebels links aufgestiegen werden muß, l i n k s) Abb. 40, sodaß die Enden zu gleichen Teilen rechts und links an der Strangschnalle hervorhängen.

Leinenaufnehmen rechts beim Vierspänner. Die Bremshebel aller Wagen sollten zum Ziehen eingerichtet sein, sodaß der Fahrer bei angezogener Bremse **rechts** auf= und absteigen kann.

Abb. 38. Einziehen der Aufhalteketten.

Am rechten Stangenpferde stehend, etwas rückwärts vom Kamm= deckel, nimmt man mit der linken Hand die linke Vorderleine zwischen

Abb. 39. Sicherste Befestigung der Ketten wenn, wie hier, ganz doppelt.

Daumen und Zeigefinger, stellt sanft die Verbindung mit den Pferden her und gleitet auf dieser Leine bis zur Hosennaht herab. **Diese** Stelle der Leine hält man fest. Die rechte Hand legt jetzt die rechte Vorder= leine in die linke Hand zwischen Zeige= und Mittelfinger und schiebt die Ansatzstelle bis auf 10 cm zur linken hinauf. Die so abgemessenen Vorderleinen übernimmt die **rechte** Hand: der Mittelfinger teilt sie. Daumen und Zeigefinger der rechten Hand bleiben also frei.

Die linke Hand nimmt nun die **linke Hinterleine** zwischen Zeige= und Mittelfinger und mißt sie wie die linke Vorder= leine. Dann legt die rechte Hand die rechte Hinterleine zwischen Mittel= und Ringfinger in die linke Hand und zieht die rechte Kreuzschnalle bei annähernd normal geschnallten Leinen bis auf etwa

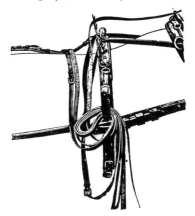

Abb. 40.

10 cm zur linken vor (Abb. 42). Hierauf gibt die rechte Hand die Vorder= leinen auf den linken Zeigefinger, sodaß sich die vier Leinen jetzt geordnet und gemessen in der linken Hand befinden.

Zum Aufsteigen endlich übernimmt sie die rechte Hand, um sie, auf dem Bocke, endgültig der linken Hand zu überlassen. (Abb. 43 und 44.) **Es soll keine Leine durchgleiten**, vor dem Abfahren darf man nichts mehr ändern. Um mit den Leinen=Enden nicht hängen zu bleiben, wirft man sie zum Aufsteigen über den rechten Arm. (Abb. 44.)

Das Vierspännigfahren wird sehr erleichtert, wenn die **linke Hand gelernt hat, mit den drei unteren Fingern die Leinen unter allen Umständen und ganz besonders in kritischen Augenblicken festzuhalten**. Die beste Vorübung dazu ist: **Daumen und Zeigefinger beim Zweispännigfahren immer offen zu haben**. Daumen und Zeigefinger **müssen** beim Vierspännigfahren eine verantwortungsvolle Arbeit leisten und gelernt haben, ganz **getrennt von den drei übrigen Fingern der linken Hand zu handeln**. Die rechte Hand muß die linke häufig unterstützen, damit sie ausgeruht ist, wenn man an eine Wendung kommt oder der Fahrer gezwungen ist, plötzlich zu halten. Hierbei kann sich vielerlei ereignen; die Pferde des vor uns fahrenden Wagens können zurückkriechen, **wir** aber haben vielleicht hinter uns keinen Platz dazu. Wir müssen also sofort seitwärts mit den Pferden hinausgehen; wenn es keinen anderen Ausweg gibt, auf den Bürgersteig. Damit alles in Ordnung bleibt, d. h. die Pferde genau hintereinander und im, für den betreffenden Boden, richtigen Abstand von der Vorderwaage, muß die linke Hand die vier Leinen festhalten, als ob sie zusammengeleimt wären. Nur wer das wirklich beherzigt, immer übt, niemals sudelt oder die Hände und Leinen wie ein rufsischer Kutscher teilt, wird ein zuverlässiger Fahrer. Mit der Zeit lernt der aufmerksame Fahrer den Wert des Festhaltens der Leinen in kritischen Augenblicken, weil er bald erkennen wird, daß man nur mit Klarheit und Ordnung vorwärts und wirklich sicher überall hingelangt, wohin man sich vorgenommen hat. Jeder Fahrer verabscheue die Schwäche mancher Kutscher, nur bequeme Straßen zu wählen; wer Lust und Liebe zur Fahrkunst hat, sucht sich ausgerechnet die belebtesten und winkligsten Straßen aus. Vergleiche den Abschnitt: Fahren in der Stadt S. 105 und Abb. 117, mit dem Sechserzug vom Jungfernbrückchen an der Schleuse kommend.

Ebenso wichtig wie zuverlässige Leinenführung ist die sichere Peitschenführung. So lange diese nicht geht, ist das Vierspännigfahren nichts als ein Durchpfuschen und das Bild ist jämmerlich, wenn die Vorderpferde auseinanderbummeln und nur auf dem Heimweg für einen Augenblick munter werden, ausschlagen oder herumspringen, wenn ein Auto pufft oder ein fremder Kutscher knallt.

Andererseits ist bei **heftigen Spitzenpferden** strengstens darauf zu achten, **daß sie nicht ziehen, wo nichts zu ziehen ist**.

Auf Asphalt müssen alle 8 Stränge in leichtem Bogen möglichst gleichmäßig hängen, also **lose Aufhalter**. **Das ist das sicherste**

— 37 —

Fahren und das richtige, weil nichts entzwei geht, wenn ein Pferd fällt.

Ziehen die Vorderpferde, wo nichts zu ziehen ist, so fallen die hilflosen Stangenpferde durch Ausgleiten sehr leicht hin. Geraten die Vorderpferde dagegen an den Vorhang, so können sie stehen bleiben und schlagen.

Leinenführung nach richtigem Aufnehmen.

Die linke Vorderleine liegt oben zwischen Daumen und Zeigefinger. Die rechte Vorderleine zwischen Zeige- und

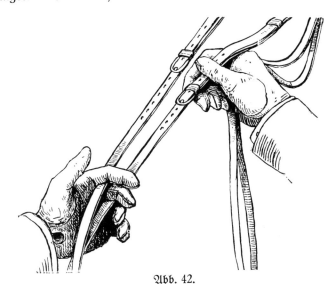

Abb. 42.

Mittelfinger. Unter dieser und zwischen denselben Fingern die linke Hinterleine. Die rechte Hinterleine zwischen Mittel- und Ringfinger. (Abb. 45).

Zum Aufnehmen der Leinen — links (wegen der fehlerhaften Druckbremse) — nimmt die rechte Hand zuerst die rechte Hinterleine, dann die linke, genau wie beim Zweispänner, gibt sie auch ebenso auf den Mittelfinger der linken Hand.

Die Vorderleinen werden in derselben Weise gemessen und dann durch den Zeigefinger der linken Hand geteilt. Stehen die Spitzenpferde stramm in den Strängen, so verkürze man ihre Leinen nach dem Messen um 10 cm, stehen sie dicht an den Ortscheiten, so verlängere man sie um 20 cm.

Um mit den aus der Hand herabhängenden Leinen-Enden nicht (an der Sprengwaage) hängen zu bleiben, nimmt man sie in die linke Hand oder wirft sie über den linken Arm.

An den einmal **richtig** abgemessenen Leinen darf auf dem Bock **nichts** geändert werden.

Die rechte Hand hat auf gerader Linie der linken viel mehr Unterstützung zu gewähren als bei zwei Pferden. Sie hat die Leinen zu regeln und **die linke Hand für die Wendungen frisch zu erhalten.** Die rechte Hand bringt (Gebrauchshaltung Abb. 46) ihren **Mittelfinger zwischen die beiden linken Leinen,** während sie die beiden **rechten Leinen** — wie eine — mit der vollen Hand hält, genau wie die rechte Leine des Zweispänners. Einzelne Leinen darf die rechte Hand **niemals** von hinten durchziehen, um sie zu verkürzen. Es kann

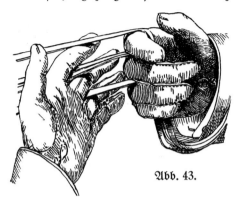

Abb. 43.

bei **Anfängern wie bei geübten Fahrern,** besonders bei kaltem Wetter, vorkommen, daß die zusammenliegenden Leinen („vorn rechts" und „hinten links") sich falsch übereinanderlegen. Wollte man dann von hinten verkürzen, so könnte sich das größte Unglück ereignen, weil man **anstatt der Vorderleinen beide linken Leinen** verkürzen und den Zug **scharf links** herüberreißen oder hinwerfen würde.

Von hinten darf man daher **nur alle vier Leinen auf einmal verkürzen.** Daumen und Zeigefinger der rechten Hand halten dabei die Peitsche, während **die drei unteren Finger** der rechten Hand alle vier Leinen greifen, sodaß die linke Hand auf ihnen vorgleiten kann. (Abb. 47.)

Man wendet diesen Griff nur an, wenn man die Leinen plötzlich um ein großes Stück verkürzen will.

Will man nur ein kleines Stück

Abb. 44.

verkürzen, so gleitet die rechte Hand vor der linken auf den Leinen um 5 cm vor — **nicht mehr.** Hier schließt sich die rechte, die linke gleitet, etwas geöffnet, zu ihr heran. Sind die Leinen noch zu lang, so wiederholt man diesen Griff nach Bedarf.

Wird es beim Fahren notwendig, die linke Vorder= oder rechte Hinterleine zu verlängern oder zu verkürzen, so tut dieses die rechte Hand vor der linken, sie **zieht** hervor oder **schiebt** zurück.

Man übe das Verlängern und Verkürzen der linken Vorderleine und rechten Hinterleine, **ohne die rechte Hand aus der „Gebrauchshaltung" herauszunehmen. Das zu können ist bei heftigen Pferden und kalten Fingern eine große Erleichterung.** Die „Zusammenliegenden" bleiben stets unberührt.

Zum Verkürzen der Vorderleinen greift die rechte Hand 5—10 cm vor der linken derart die Vorderleinen, daß der rechte Zeigefinger über die

Abb. 45.

linke, die volle rechte Hand über die rechte Leine fassen. — Dazu empfehle ich den linken Zeigefinger unter die rechte Vorderleine zu bringen, sodaß **beide Vorderleinen jetzt oben zusammenliegen.** Dann verkürzt man durch Hineinschieben sehr leicht (Abb. 48).

Anfahren. Um mit vier Pferden gut anfahren zu können, müssen alle vier Leinen genau abgemessen sein; deshalb rate ich dringend, es zu lernen, immer zu tun und nie davon abzugehen. Nur so ist es möglich, sicher und anständig loszufahren. Das klägliche Bild, erst nach 100 Metern mit Leinen,

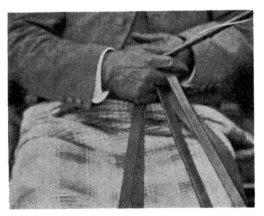

Abb. 46. Gebrauchshaltung.

Pferden und Peitsche einigermaßen in Ordnung zu sein, ist in **erster Linie zu vermeiden.** Nichts macht einen so hilflosen Eindruck, wie mit zu langen, unrichtig und ungenau aufgenommenen Leinen, anstatt im Schritt, sogleich im Stechtrab loszufahren, wenn die Vorauspferde **ziehen, wo nichts zu ziehen ist,** oder ihnen die Ortscheite auflaufen oder die Paare nicht, wie sie sollten, voreinander gehen.

Sollen die vier Pferde ohne „Komm" angehen, so kann man die Vorderpferde durch Annehmen einer Leine — als wollte man eine Schleife machen — zum Antreten veranlassen. Man muß dazu mit

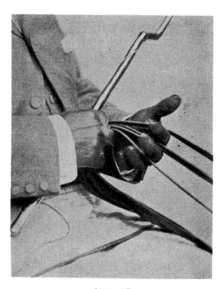

Abb. 47.

der Zügelhand gut nachgeben, damit sich die Spitzenpferde nicht am Gebiß stoßen. Unaufmerksamen Stangenpferden gibt man eine geräuschlose Peitschenhilfe, sobald die Vorderpferde antreten.

Alle Pferde müssen zweispännig ruhig im Schritt anzugehen gelernt haben, dann können und tun sie es auch, wenn man vier vor einen Wagen spannt.

Ein großer, immer wieder vorkommender Fehler ist, das Oeffnen der Bremse zu vergessen. Die Peitsche gehört dazu in die linke Hand.

Beim Rechts- oder Linksausweichen kommt es darauf an, daß hauptsächlich der Wagen zur Seite geht, die Pferde rempeln sich so leicht nicht, wohl aber Sprengwaage, Nabenbänder, Kotflügel und Laternen. Deshalb müssen ganz besonders die

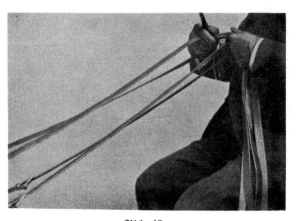

Abb. 48.

Stangenpferde seitwärts geführt werden, weil nur diese den Wagen scharf zur Seite leiten können. Um sicher und schnell auszuweichen, müssen Vorder- und Stangenpferde gleichzeitig „halbrechts" gehen (Abb. 56).

Weicht man mit allen vier Pferden gleichzeitig aus, so ist man schon bei I an der Bordschwelle; führt man zuerst die Vorläufer rechts heran, so macht man unnütze Griffe und kommt erst bei II dahin, wo man mit e i n e m Griff (Abb. 56) längst sein würde. Bevor man beide rechte Leinen wie eine mit der rechten Hand faßt, ist es vorteilhaft, zuerst die rechte

Abb. 49.   Abb. 50.   Abb. 51.

Hinterleine auf die Spitze des Zeigefingers zu hängen (Abb. 49), weil man dadurch auch beim Bremsen rechts heranbleiben kann (Abb. 54). Um schön links heran zu fahren oder Fuhrwerke zu überholen, verlängert

Abb. 52.   Abb. 54.

Abb. 53.

man die rechte Hinter-Leine um etwa 2 cm, ohne die rechte Hand von den Leinen zu lassen, dann faßt die rechte Hand beide linke Leinen — den Mittelfinger dazwischen — und stellt die linke Hand unter die rechte (Abb. 51). Will man diese frei halten, so hängt man die linken Leinen über den D a u m e n a n s a tz (Abb. 52) und geht mit der linken Hand etwas nach l i n k s hinüber, damit der Griff nicht zu stark wird; ist er

— was nur bei ganz faulen, schlecht gefahrenen Pferden vorkommt — nicht stark genug, so geht die linke Hand nach rechts, während die **Peitsche** das rechte Stangenpferd und **dadurch** den Wagen und die übrigen Pferde nach links bringt. — **Das Ausruhen der linken Hand** (Abb. 53) soll sehr oft geschehen, auch **bevor** sie müde ist; sie bleibt dann weicher und behält ihre Frische für den Fall, daß sie unerwartet angestrengt wird.

Unbeabsichtigte Abweichungen des Gespannes von der geraden Linie sind hauptsächlich durch die Stangenpferde zu verbessern, sie müssen den Wagen aus der schiefen Richtung bringen. Ist man auf der Chaussee gezwungen, Schlangenlinien zu fahren, so leite man die Vorauspferde fast geradeaus, während man mit den Stangenpferden den Steinen **möglichst früh** ausweicht. (Abb. 55, A richtig, B falsch.)

Beim Parieren verfährt man ganz ähnlich wie beim Anfahren. Man pariert die vier Pferde gleichzeitig; bergab und auf Asphalt mit geräuschlosem, weichem Anziehen der Bremse.

Zum plötzlichen Halten zieht man zuerst **die Bremse** fest an, dann greift die rechte Hand auf allen Leinen 30 cm weit vor. Die linke Hand macht darauf zu dem starken Anzuge der rechten aufwärts Platz. (Abb. 57.)

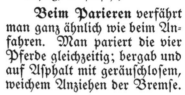
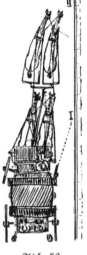

Abb. 55. Abb. 56.

Wendungen.
Zwei richtig gefahrene Ecken. (Abb. 58.)

Bei den Wendungen muß, nicht nur in der Stadt, die Polizeiverordnung genau befolgt werden. **Nur wer im Schritt die rechten Ecken zu fahren versteht**, braucht vor der Straßenbahn nicht halten zu bleiben, kann seinen Viererzug ebenso gut wie ein Paar fließend zwischen Bordschwelle und der Elektrischen weiterleiten.

Vor allen Wendungen muß das Tempo so **früh** allmählich verkürzt werden, daß der Fahrer beim Einleiten der Wendung schon wieder zulegen könnte, sich **niemals aber mehr im Durchparieren befinden darf**. Das lernen manche Fahrer leider nie.

— 43 —

Abb. 57.

Vor der Rechtswendung hat man zunächst darauf zu achten, daß die Stangenpferde g e n a u hinter den Spitzenpferden gehen, oder ein Atom l i n k s. Sollten die Stangenpferde näher rechts herangehen (Abb. 59), so muß man vor allen Dingen die rechte Hinterleine nach vorne etwas hervorziehen, d a s o n s t A n e c k e n u n v e r = m e i d l i c h sein würde.

Auf glatter Fahrstraße muß man vollkommen z u m S ch r i t t ü b e r g e g a n g e n sein, wenn die Vorauspferde auf etwa 2 Meter an die Ecke kommen Im Augenblick, wo die Vorderpferde mit den Vorderbeinen auf Höhe der Bord=
schwellenecke angekommen sind, legt die rechte Hand mit der rechten Vorderleine eine Schleife von 20 cm unter den linken Zeigefinger. Zu diesem G r i f f geht die linke Hand zunächst stets weit nach r e c h t s („in die Wendung"), wodurch die rechte Hinterleine lose wird, sodaß das inwendige Stangenpferd den Wagen gut durchbringen kann. (Abb. 61 und 62.)

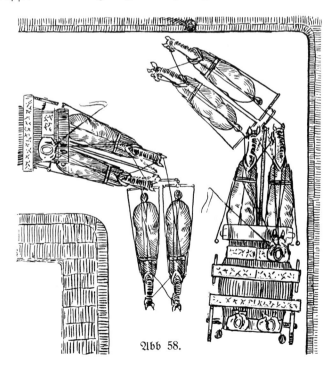

Abb 58.

Antreiben oder strafen darf man es nur, wenn es sich bei hängender rechter Hinterleine in die Wendung wirft. Genügt die Stellung der linken Hand vor der rechten Hüfte nicht, Anecken zu vermeiden, so faßt die rechte Hand — den rechten Mittelfinger zwischen beiden linken Leinen — diese 15 cm vor der linken Hand und hält auf diese Weise gegen. Die linke Hand gibt stark nach, indem sie unter die rechte geht, darf aber unter keinen Umständen die Schleife loslassen. (Abb. 63.) Erst wenn die Gefahr, anzuecken, vorüber ist und die Vorderpferde der neuen Bordschwelle parallel geworden sind, muß die Schleife durchgleiten. Durch Übung lernt man diesen Widerstand mit einer Hand auszuüben. Man kann die beiden linken Leinen um den linken Daumen legen. (Abb. 64.) Ich erwähne den Griff mehr der Vollständigkeit halber als aus praktischen Gründen, ich mache ihn nur dann, wenn ich das rechte Stangenpferd in scharfer Rechtswendung strafen muß, wenn es sich in die Wendung wirft.

Abb. 59.

Abb. 60.

Praktisch ist der Griff, wenn man bremsen und links halten will. (Abb. 52.)

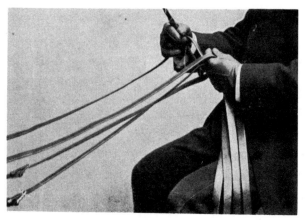

Abb. 61.

Im allgemeinen muß man die Schleife nach der **Rechtswendung früh** und ziemlich schnell loslassen, nach der **Linkswendung spät** und langsam.

— 45 —

Ein spitzer Winkel rechts wird nur insofern anders gefahren als ein rechter Winkel und ähnelt damit sehr dem Umdrehen in einer Straße, daß man statt einer Schleife deren zwei machen muß. Auf Asphalt oder Pflaster darf man, nur im Schritt, zwei Schleifen machen, weil die rechte Hand auf solchem Boden mit den beiden Außen=

Abb. 62.

leinen gegenhalten muß. Die zweite entsteht dadurch, daß man mit der rechten Hand dicht vor die linke faßt und soviel Leine heranholt, daß die Vorderpferde richtig rechts heran= kommen. Wir erhalten so eine große Schleife (aus 2 Teilen). Die linke Hand geht nur „in die Wendung" — d. h. vor die rechte Hüfte — bis die zweite Schleife gemacht ist, dann wird es meistens nötig sein, mit der vollen rechten Hand einen Druck auf beide rechte Zügel auszuüben. Dieser mit halboffener rechter Hand, sodaß die rechte Vorderschleife durchgleiten kann, während man mit den Fingerspitzen von unten auf die rechte Hinterleine wirkt. (Abb. 65.)

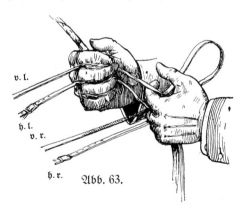

Abb. 63.

Man erreicht dadurch, daß das Gespann sogleich nach der Wen= dung der neuen rechten Bordschwelle nahe bleibt. Genau derselbe Griff kommt in Anwendung, wenn man in einem Torwege rechtswendend verhüten will, daß die Ortscheite links anstoßen.

Die **Linkswendung** muß mit dem Viererzug in ganz besonders großem Bogen gefahren werden. Man kann daher, sofern die Straße frei ist, im kurzen Trabe bleiben.

15 Meter, bevor man abschwenken will, sieht sich der Fahrer genau um und hebt die Peitsche, sodaß der zweite mitfahrende

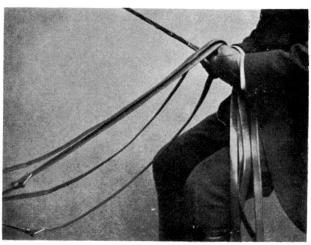

Abb. 64.

Kutscher durch Erheben der linken Hand das Zeichen gibt, daß nach links abgeschwenkt werden soll. Das Peitschenzeichen, wie zweispännig, wird dadurch erspart. Bei einigem Fleiß lernt man es auch mit der Viererpeitsche, indem man die doppelte Schnur zweimal rechts herum auf= und dann zweimal links herum wieder geräuschlos abwickelt.

Um von vornherein für einen großen Bogen zu sorgen und um die linke Hand nicht unnütz von der rechten (durch „Indiewendung halten") zu entfernen, hängt man die rechte Hinterleine auf die

Abb. 65.

Spitze des ausgestreckten linken Zeigefingers. Man nennt den Griff „Widerstand auf den Zeigefinger". (Abb. 54.) Es ist der Widerstand gegen das Werfen der Stangenpferde in die Wendung. Durch diesen Griff störe man die Stangenpferde möglichst wenig: indem der linke Zeigefinger sich unter die etwas vorgeholte rechte Hinterleine schiebt. Dann, wenn die Vorauspferde in die Höhe der Ecke des linksgelegenen Eckhauses (nicht der Bord= schwelle) kommen, gleitet die rechte Hand auf der linken Vorderleine

15 cm weit vor (die Leine zwischen Zeige- und Mittelfinger bei senkrecht gehaltener Hand, den Daumen aufwärts) und legt die Schleife, einige Sekunden „Druckpunkt nehmend", glatt unter den linken Daumen. (Abb. 67.) Niemals dürfen die äußeren Vorderstränge die Pferde schieben (wie Abb. 70).

Tritt dieses ein, so war die Schleife zu klein, der „Widerstand" zu gering. Zeigt sich, daß die Schleife zu klein ist, so mache man sie in Zukunft größer. Sofort eine zweite zu machen, ist gefährlich, weil der dazu notwendige „Widerstand" fehlt.

Möchte man die Wendung mit einer Hand zu Ende führen, so gehe man mit der Zügelhand mehr „in die Wendung",

Abb. 66. Meine Füchse im vollen Galopp. Wanderpreis zum III. mal.

andernfalls hält die rechte Hand mit beiden rechten Leinen, die sie — wie eine — mit der vollen Hand faßt, gegen (Abb. 69). Gleichzeitig gibt die linke Hand, ohne die Schleife loszulassen, nach.

Bei Pferden, die noch nie im Viererzuge zusammen gingen, ist zunächst kein „Widerstand" zu geben, weil die Stangenpferde den Vorderpferden noch nicht nacheilen, sie müssen vielmehr manchmal in die Wendung geführt werden und bedürfen erst des Widerstandes in der zweiten Hälfte der Wendung.

Die linke Schleife ist spät loszulassen, damit die Pferde nicht nach außen gestellt, am auswendigen Zügel „hängend", durch die Wendung gehen. Nichts macht die Vorderpferde so unaufmerksam und ungehorsam; zu kleine und zu früh losgelassene Schleifen tragen die Schuld, daß sich Vorderpferde in die Wendung werfen. Die Schleife war zu klein, wenn die äußeren Vorderstränge die Spitzenpferde an den Hinter= schenkeln in die Wendung schieben (siehe Seiten 50, 51).

Abb. 67.

Abb. 68.

Wenn ich beim Unterricht etwas entsetzt: „Schleife!" kommandierte und: „Warum machen Sie keine Schleife?" erhielt ich oft zur Antwort: „Es war ja nicht nötig, sie gingen von selbst." Das sind die Augen= blicke, in denen Anfänger den großen Fehler machen, die Pferde mit den Köpfen nach außen, „am äußeren Zügel hängend", bei herunterhängender innerer Vorderleine durch die Wendungen zu fahren; das Gespann geht dann fälschlich wie ein Schiff. Vergl. Abbildung (richtig und falsch gefahrene Ecken) Seiten 50, 51.

Das letzte Stück Schleife darf erst durchgleiten, wenn der Hinterwagen mit der neuen Straße parallel wird. Der Zeigefinger hält oder entläßt die „Widerstandhinterleine" nach Bedürfnis. Im allgemeinen nimmt man den Widerstand zuerst und entläßt ihn zuletzt. Hatte man keine Zeit, ihn vor der Schleife zu nehmen, so tue man dieses nachher. Keinesfalls mache man die Schleife deshalb verspätet und versäume dadurch den richtigen Augen-

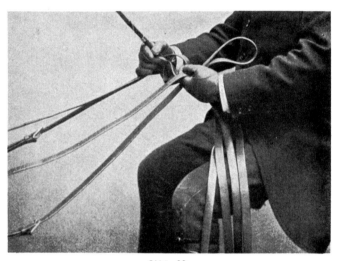

Abb. 69.

blick, man darf sie nie schnell legen, sodaß die Pferde dadurch zurückgezogen werden, den auswendigen Zügel — und damit den Halt — verlieren.

Die Schleife muß in der Linkswendung, weil im kurzen Trabe, so langsam herangeholt werden, daß man nicht die Pferde in die Wendung zieht, sondern daß die linke Vorderleine zuerst Druckpunkt nimmt, bis die Pferde verstanden haben und anfangen abzuschwenken. Dann erst kann und muß man die Schleife dreister legen. Durch das „Druckpunktnehmen" aufmerksam geworden, überlegen die Pferde, was nun kommen wird, und bereiten sich zum Abschwenken vor. Bei einiger Aufmerksamkeit und Uebung und mit dem festen Willen, jede Störung im Maule zu vermeiden, werden die empfindlichsten Pferde bald vertraut und gehen fließend und sicher, richtig gestellt, durch die Wendung.

Bei Langbaumwagen achte der Fahrer besonders vor Torwegen darauf, nicht zu spät abzuschwenken, weil er sonst nicht mehr hineinkommen würde, er versuche, die Stangenpferde möglichst auf der Spur

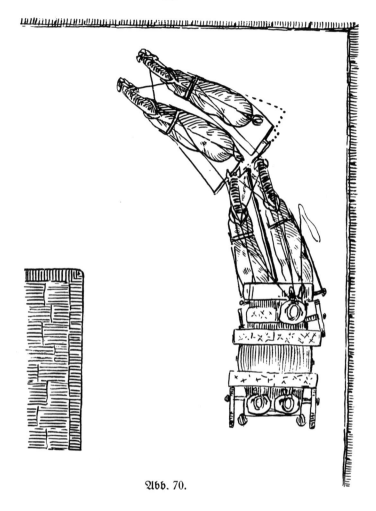

Abb. 70.

Schlecht gefahrene Ecke:

Schleife zu klein, deshalb gehen die Vorderpferde falsch gestellt und hängen am äußeren Zügel. Stangenpferde haben zu wenig Widerstandshilfe, d. h. innere Hinterleine ist zu kurz, folglich drücken Außenvorderstränge die Vorderpferde. Der Fahrer treibt das falsche Pferd an. Triebe er das innere Stangenpferd an, so würden Stränge und Vorwaage an die richtige punktierte Stelle gehen. Durch Anwendung der Peitsche auf der linken Seite des linken Stangenpferdes können alle vier Pferde richtig gestellt werden: Peitsche, Deichsel und die linken Vorderstränge würden die Pferde — wie innerer Schenkel — umstellen; die Vorauspferde, wenn man es will, sogar bis zu schulterhereinartigem Gang.

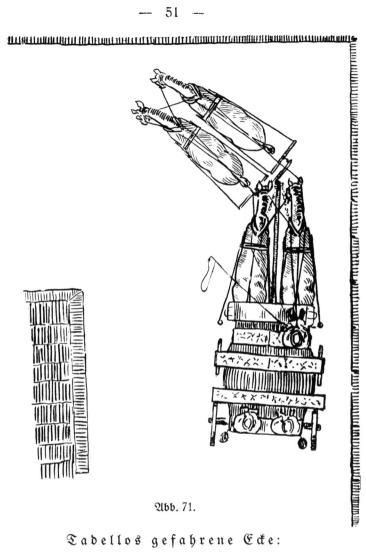

Abb. 71.

Tadellos gefahrene Ecke:

Schleife groß, daher Vorderpferde richtig gestellt und genau zwischen den Strängen gehend. Die Stangenpferde halten gut über. Würden sie sich in die Wendung werfen, dann die Peitsche beim linken Stangenpferd anlegen. Je besser dieses Deichsel und Waage nach außen drückt, desto größer kann die Schleife sein und desto besser nutzt der Fahrer den Raum aus. Ob die Peitsche auf e i n Pferd, auf zwei oder alle vier wirkt, hängt von der Art ihrer Anwendung in Verbindung mit der Zügelhand ab. Ein Hieb dem linken Stangenpferd, ohne aufmerksame entsprechende Gegenwirkung der Hand, bringt das ganze Gespann rechts heran, gleichgültig ob man geradeaus oder im Bogen fährt.

zu fahren, die er **z w e i s p ä n n i g** benutzen würde. Durch entsprechende Schleifen führt man die Vorderpferde genau den gleichen gedachten Weg. Der Langbaum hat den großen Vorteil, die Deichselspitze hochzuhalten, sodaß die Vorwaage nicht an den Stangenpferd=Hälsen hängt.

Da die **Deichseln** der **Langbaumwagen** nicht auf Federn, sondern darunter liegen, so rasselt der Vorhang mehr oder weniger, je nach Güte der Straße, vorausgesetzt, daß die Vorderpferde **n i c h t   z i e h e n.**

In der Dunkelheit ist **d i e s e s   R a s s e l n** das Erkennungszeichen, festzustellen, ob die Vorderpferde ziehen oder nicht. Das ist bergab, bergauf und auf dem Flachen **s e h r   w i c h t i g   z u   w i s s e n,** wenn man die Arbeit gerecht einteilen und den Pferden nicht schaden will. Bei Wagen ohne Langbaum ist die Arbeit der Vorderpferde zwar durch eine Bockbrettlaterne festzustellen, die aber bei wirklicher Dunkelheit, Nebel und dampfenden Pferden ein Unding ist. Ein um den rechten Strang des rechten Vorderpferdes, nahe dem Ortscheit geknotetes weißes Taschentuch wird durch seine verschiedenartige Bewegung, je nach dem Hängen oder Strafffein des Stranges, ein Helfer in der Not.

Der Kranz aller Langbaumwagen muß **v o r   j e d e r   F a h r t** und Rückfahrt, z. B. nach dem Rennen, gereinigt und frisch geschmiert werden. Der ältere Kutscher ist dafür verantwortlich. Putzwolle und Oel sind im Wagen **s t e t s** mitzuführen. (Kleine Fahrrad=Oelkanne.)

Arbeitseinteilung. Auf Asphalt kommt es hauptsächlich darauf an, daß die Spitzenpferde nicht ziehen, weil nichts zu ziehen ist. Hängen die Stränge im leichten Bogen und „tragen sie die Ortscheite", so genügt das einschließlich des Gewichtes, das die vier Pferde in die Hand legen, den Wagen in Bewegung zu erhalten. Kommt man auf Pflaster, Makadam, Sand, oder geht es bergauf, **s o   m ü s s e n** die Vorderpferde arbeiten, **w i e v i e l,** läßt sich auf größeren Fahrten leicht erlernen; man beobachte Pferde, Aufhalter und Stränge. Die Pferde, die zuviel arbeiten, werden bald schwitzen, die anderen trocken bleiben. Um von ebener Straße bergan abzuschwenken, macht man keine Schleife, weil die Vorderpferde **a u s** dem Zuge anstatt **h i n e i n** kommen würden. Man gibt vielmehr die **ä u ß e r e** Vorderleine 15 cm hinaus und verlängert nach der Ecke auch die innere.

Viele Fahrer wissen nicht, welches Pferd in die Hand drückt. Durch Beobachten der **i n n e r e n** Leinen zwischen Kumt und Maul findet man das leicht heraus. **F ü h l e n** kann man das nicht.

Vierer=Peitsche und ihr Gebrauch.

Da die Peitschen zum Antreiben oder Strafen eine Schnur haben, so soll man diese, niemals aber, wie ein Eseltreiber, den **S t o c k** benutzen. Ungeschickt gebrauchte Dornpeitschen brechen leicht, ungeschicktes Schlagen trifft die Stangenpferde am Kopf und verdirbt sie als solche oft vollständig. Wem es vergönnt ist, vierspännig zu fahren, dessen Schuldigkeit ist es, sich mit der Peitsche fleißig zu üben. **W e r L u s t   d a z u   h a t,   f i n d e t   d i e   Z e i t.** Wer nicht mit der Peitsche, wie sich das gehört, umgehen kann, d. h.: richtig fangen, geräuschlos treffen, sicher treffen und wieder richtig aufnehmen, der muß wirklich fleißig üben; die Peitsche hindert ihn sonst sein Leben lang.

Der Stock der Viererpeitsche soll steif und nicht länger sein als jede normale Zweispännerpeitsche (ohne Bogen gemessen etwa 1,50 m). Die Schnur mit Bogen etwa 3,70 m bis 80. Die kunstvollste Art, die lange Schnur richtig aufzuwerfen, ist folgende:

Das Aufwerfen der Peitschenschnur

ist schwer zu beschreiben, aber noch viel schwerer so gut zu lernen, daß es beim Fahren jedesmal sicher gelingt, ohne Mitfahrer und Pferde zu stören. Fleiß und große Geduld helfen diese Schwierigkeit beim Tandem- und Vierspännigfahren zu überwinden. Eine gebrauchte Dornpeitsche ist zum Üben am besten. Den Anfang der Übungen mache man o h n e Peitsche, male mit Kreide ein 60—70 cm großes S an die Wand, stelle sich vor, man hätte Kreide an die Spitze des rechten Daumens gestrichen und wollte dieses S von unten nach oben nachzeichnen. Man fängt dazu (ohne Peitsche!) mit dem Daumen bei A links an, geht dann g a n z l a n g s a m ein wenig abwärts nach rechts, dann aufwärts b i s B. Von hier s t e i g t der D a u m e n, während das H a n d g e l e n k zurückbleibt, in der Richtung auf C. Von B ab b e s c h l e u n i g t der Daumen seine Bewegung und endigt k u r z bei C. Dort bleibt er mehrere Sekunden stehen, damit sich beim späteren Fangen die gegen den Stock fliegende Schnur um ihn wickeln kann. Nachdem man diese Hand- und Armbewegung g e n a u — denn sonst hat die ganze Übung keinen Erfolg — nach dieser Vorschrift beherrscht und immer wieder nachprüft, ob sie g a n z g e n a u so, in Form und Tempo stimmt, kann man irgendeinen kurzen Stock o h n e S c h n u r zur Hand nehmen und damit die Bewegung üben, bis sie einem bei geschlossenen Augen in Fleisch und Blut über-

Abb. 72.

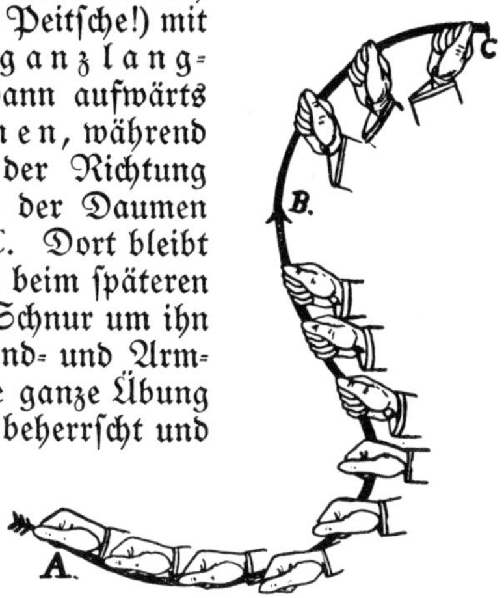

gegangen ist. Erst nachdem man einige Tage wieder holt, mindestens eine Viertelstunde lang, diese Geduldsarbeit ausgeführt hat, hat es einen Zweck, mit der Peitsche zu üben. Auch hierbei muß man die Augen schließen, um nicht der Versuchung zu unter liegen, mit dem Stock nach der Schnur zu schlagen, die Schnur muß vielmehr vorsichtig zum Stock hinaufgeworfen werden. Grundstellung dazu: Der linke Mittelfinger hakt sich in den Zwischenraum zwischen zwei Westenknöpfen und muß dort bleiben. Die rechte Hand vor dem Leibe, Unter- und Oberarm im rechten Winkel, die Hand im Handgelenk leicht abgerundet, sodaß der Daumen oben steht und nach links zeigt. Halbwegs, bei B, wird die Bewegung der Hand beschleunigt, als ob man mit einem leichten Ruck die Handoberfläche rechts seitwärts, die Fingernägel der geschlossenen Hand aufwärts bringen wollte. Bei C ankommend, muß sich die rechte Hand fest um den Stock schließen, die Muskeln des ganzen Armes müssen sich im letzten Augenblick spannen, sodaß der Stock plötzlich in seiner Halb= rechts=aufwärts=Stellung stehenbleibt. Will man das Aufwerfen der Schnur gut lernen, um beim Fahren Freude davon zu haben, so muß man v o r dem täglichen Peitschenüben 10 Minuten opfern, um sich, g e n a u n a c h d e r V o r s c h r i f t, b e i g e s c h l o s s e n e n A u g e n, m i t d e r H a n d a l l e i n, r i c h t i g e i n z u a r b e i t e n. Übt der Anfänger sogleich mit der Peitsche und sieht dabei nach der Schnur, so freut er sich, wenn sie irgendwie irgendwo auf dem Stock hängen bleibt, das ist dann n u r Z u f a l l, ein Zufall, von dem man n i c h t s lernen kann, vor dem ich d r i n g e n d warne. Das richtige Fangen darf niemals „g l ü c k e n", es muß, wenn man es braucht, unbedingt sicher sein. Im anderen Fall macht man Gäste, Pferde und sich selbst nervös. Hat man sich nicht gewöhnt, s e h r l a n g = s a m u n d g e r ä u s c h l o s zu üben, so bleibt man beim Fahren mit der Mitte der Schnur links am Bockbrett oder an den Leinen hängen, man kann sogar dabei den Stock zerbrechen. Ist man nach fleißigem, streng vorschriftsmäßigem Üben g a n z s i c h e r, a l l e P u n k t e d e r Anweisung genau befolgt zu haben (richtige Grundstellung, geschlossene Augen, l a n g s a m e s, g e r ä u s c h l o s e s A n f a n g e n, Zulegen bei B mit Umdrehung der Hand und plötzlichem Endigen der Bewegung bei C), so nehme man eine richtige Peitsche aus echtem Dorn oder, wenn nicht zu haben, aus möglichst steifem Holz (Stocklänge bei Bogen= peitschen bis zum Bogenansatz nicht über 160 cm) mit wirklich weicher, gefetteter Schnur (Lanolin oder Wachssalbe). Man fasse den Stock nicht am Ende, weil das unnütz müde macht, sondern lasse, bis es j e d e s m a l geht, das Stock=Ende etwa 25 cm rechts aus der Hand

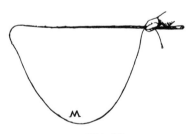

Abb. 73.   Abb. 74.

hervorstehen, während die S p i t z e d e r S c h n u r n u r e t w a 10 cm aus der rechten Hand herabhängen soll. D i e V o r ü b u n g e n m ü s s e n s o e i n g e h e n d g e w e s e n s e i n, d a ß m a n s i c h j e t z t d u r c h d i e S c h n u r i n k e i n e r W e i s e v e r l e i t e n l ä ß t, m i t d e m S t o c k n a c h i h r z u s c h l a g e n, die Schnur muß gegen den Stock fliegen und sich um ihn herumlegen. Mit der Peitsche in der Hand ist der Geschäftsgang jetzt folgender: Die Mitte der Schnur

M wird durch die l a n g ſ a m e Bewegung der Hand nach halbrechts=auf=
wärts fliegen, als ob man einem Gegenüberſtehenden mit M unter die
Naſe ſchlagen wollte. Da jetzt die Mitte der Schnur halbrechts=auf=
wärts fliegt, von B aus in dieſem Beſtreben noch durch das Zulegen
gut unterſtützt wird, ſo fliegt die Mitte der Schnur gegen den bei C
plötzlich haltenden Stock und wickelt ſich hier um ihn. Das iſt zunächſt
das Aufwerfen. Der Stock ſteht alſo jetzt zum Schluß halbrechts=auf=
wärts, die Schnur fliegt, v o n u n t e n kommend, gegen ihn, voraus=
geſetzt, daß man den Stock hier ſtill= und feſtgehalten hat. Die Mitte
der Schnur wickelt ſich, durch den Stock behindert weiterzufliegen,
drei= bis viermal in zwei verſchiedenen Gewinden um ihn herum. Da=
durch entſteht oben ein Rechtsgewinde, unten ein Linksgewinde. Das
obere muß erhalten bleiben, weshalb man jetzt ſehr vorſichtig die Peitſche
faſt waagerecht in die Grundſtellung zurückbringt, hier f a ß t die linke
Hand mit Daumen und Zeigefinger den Mittelbogen der Schnur, n a h e
dem unteren Gewinde, und zieht die Spitze der Schnur, o h n e d a s
o b e r e G e w i n d e z u v e r l e t z e n, aus der rechten Hand hervor.
Da beim Fahren die linke Hand vor der Leibesmitte ſtehenbleiben
muß — wenn ſie keine Richtungsveränderung veranlaſſen will — ſo
darf ſich nicht die l i n k e Hand mit der S c h n u r nach l i n k s e n t =
f e r n e n, vielmehr muß die r e c h t e Hand mit dem Peitſchen ſt o c k nach
r e c h t s weggehen, um dadurch das untere Gewinde der Schnur vom
Stock zu nehmen. Liegt jetzt die Schnur oben am
Bogen nicht recht feſt, etwa nur zwei= oder drei=
mal um den Stock, ſo behält die linke Hand noch
das Ende der Schnur, während die rechte den
Stock m i t ſ a m t d e m B o g e n dreimal rechts=
herum werfen kann (vergleiche die Zeichnung des
Spazierſtocks). Genau wie man den Stock herum=
werfen (drehen) kann, macht man es mit der
Peitſche, ſo daß ſich die Schnur noch einige Male
um den Stock legt. Dann übergibt die rechte Hand
der linken die Peitſche, die rechte faßt die Schnur=
ſpitze und wickelt ſie dreimal — ohne hinzuſehen —
öfter iſt unnütz, ganz loſe „rückwärts", alſo als
Fortſetzung des oberen Gewindes um das Stock=
Ende. Hält man den Stock dabei nicht leicht,

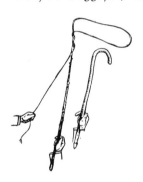

Abb. 75.

ſondern feſt, ſo gerät die ſchön gefangene Peitſche in Unordnung, noch
bevor man das Ende der Schnur zurechtgelegt hat. Verſteht man die
Peitſche richtig zu fangen, bringt ſie aber bei ſtarkem Wind und pullenden
Pferden nur bis auf den halben Stock, ſo verſuche man niemals, ſie
durch Umwickeln feſt und hinauf zu legen, man verdirbt ſich dadurch
alles, weil mit dieſem Verſuch das doppelte Gewinde ſofort zerſtört
iſt. Man muß ſich mit der h a l b m a ſt gefangenen Peitſche zu=
nächſt begnügen, das untere Gewinde, wie beſchrieben, ordnen, dann
erſt, wenn man Zeit und Kraft hat, die halbgefangene Schnur, e t w a s
k r ä f t i g e r u n d k ü r z e r a l s ſ o n ſ t, ſ e n k r e c h t n o c h =
m a l s a u f w e r f e n. Entſtehen mehrere Kringel in der Schnur,

so ist sie in sich stark verdreht und es bleibt nichts anderes übrig, als sie ganz abzuwickeln und ausbaumeln zu lassen, ohne ein Pferd zu berühren und ohne daß sie unter ein Rad gerät.

Die Viererpeitsche im Gebrauch.

Die durch das Aufwerfen erzielte „Doppelschnur" wird wie die Zweispännerpeitsche ohne jedes Pinseln mehr oder weniger stark zwischen Hüfte und Kammdeckel „hingelegt"; zu stärkerer Wirkung an den Oberarm unter die Strangstutzen. Der Gebrauch der abgewickelten Viererpeitsche ist am besten vom unbespannten Wagen an vier Stühlen zu lernen. Ueberlegen, was, wie und wo zu treffen ist; wie und wo man nicht hängenbleiben darf. Daß man nichts höre und die Schnur nicht unter die Räder, beim Aufwerfen nicht unter die Füße, den Schweif des Hinter= Sattelpferdes oder gar einen Sonnenschirm gerät. Die meisten deut= schen Fahrer können garnicht mit der Viererpeitsche umge= hen. Vierzehn Tage stramm geübt, dann kann ein leidlich geschickter

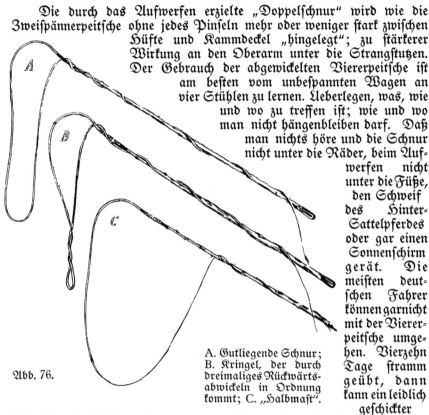

Abb. 76.

A. Gutliegende Schnur;
B. Kringel, der durch dreimaliges Rückwärts= abwickeln in Ordnung kommt; C. „Halbmast".

Mensch die Peitschenführung fürs Leben. Um ein Vorderpferd zu treffen, muß sie zunächst rechts geräuschlos abgewickelt werden (möglichst wenig hinsehen!). Hat die rechte Hand die Spitze losgelassen, so schleppt die Schnur rechts neben dem Wagen. Um das rechte Vorderpferd zu treffen, führt man die Peitsche in einem großen Kreis in entgegen= gesetzter Bewegung der Räder und wirft die Schnur dicht an der Erde nach vorn, als ob man einen Gegenstand treffen wollte, der einen **Meter halbrechts=vorwärts von den Vorderbeinen** des rechten Vorderpferdes stände. Man kann nie zu weit treffen. Man schlage ebenfalls mit der Vierspännerpeitsche ruhig und aus dem langen Arm, nie zurückzupfend. Um das linke Vorderpferd zu treffen, wird die Peitsche, wie beschrieben, auf der rechten Seite abgewickelt, dann faßt man den Stock durch Aufstoßen auf den rechten Schenkel am

Ende, wirft die Schnur im großen Bogen vorsichtig über den Pferden her auf die linke Seite und macht dort ebenfalls den Kreis in ent= gegengesetzter Bewegung zu den Rädern und sucht die ent= sprechende Stelle links neben dem Vorderpferd zu treffen. Die Peitsche muß einen Augenblick links gehalten werden, bis die Stangenpferde an der herunterhängenden Schnur vorbei sind. Dann bringt man diese vorsichtig auf die rechte Seite zurück mit einer Bewegung, als wollte man das rechte Hinterrad treffen, jedoch gleich= zeitig den Peitschenbogen langsam nach links nehmend; dadurch fällt die Schnur auf den rechten Ober= schenkel oder, wie Herr von Tiegel es macht, unter den rechten Arm, wo man sie leicht, ohne hinzusehen, findet. Die rechte Hand bringt nun die Stelle der Schnur, die sie mit dem Stock vereint hält, dem linken Daumen möglichst nahe. Dieser

Abb. 77.

faßt sie dicht an der rechten Hand. Die Rechte öffnet sich ein wenig, geht mit dem Stock soweit nach rechts, wie der Arm reicht, wobei die Schnur, vom linken Daumen festgehalten, aus der rechten Hand herausgezogen wird. Derselbe Griff wird noch ein= mal wiederholt, wodurch das Ende der Schnur in die rechte Hand kommt. Die Peitsche ist jetzt zum Aufwerfen der Schnur hergerichtet. Zur Tandempeitsche empfehle ich einen etwas längeren Stock als 1,45 m, um die Doppelschnur vor Berührungen mit dem hohen Rade der Cart zu bewahren. Der scharfe Radreifen wetzt die kostspielige Schnur leicht durch. Zum Ansetzen einer Spitze schneidet man die Lederteile verschieden lang ab. Oben anfangend und festknotend, umwickelt man die Schnur mit starkem gewachstem Zwirn, zuerst in 5—6 Umdrehungen abwärts, dann dicht und fest gewickelt aufwärts, hier wird der Faden befestigt, indem man das Ende nach dem Verknoten mit einer Nadel zweimal durch die Schnur zieht und abschneidet (Abb. 77).

Abb. 78 A.

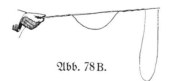

Abb. 78 B.

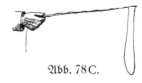

Abb. 78 C.

Einfaches aber unschönes Aufwerfen: Man faßt die Spitze der Schnur mit dem Stock in die Hand. (Abb. A.) Der Stock ist etwas über die Waagerechte zu heben, dann — rechts neben dem rechten Stangenpferd — abwärts ein Halbkreis zu beschreiben, sodaß hierdurch der Stock die herabhängende Schnur trifft. Dadurch wickelt sich diese stark verkürzt um den Stock und ist schnell wieder zum Gebrauch bei den Vorderpferden fertig. (Abb. B.) Bei flotten Vorderpferden, bei

denen man die lange Schnur nur selten gebraucht, wird das untere Ge=
winde der Schnur abgewickelt und als Fortsetzung des oberen um den
Stock gelegt. Dadurch ist die Schnur jetzt nur in einer Richtung ge=
wickelt und die „Doppelschnur" ist ganz so anzuwenden wie die einfache
der Zweispännerpeitsche. (Abb. C.) Auf diese Weise kann man auch die
Zuckerpeitschen fangen, vorausgesetzt, daß der Stock ziemlich steif, die
Schnur aber weich ist (gefettet), nicht umgekehrt, wie man es oft findet.
Uebung gehört natürlich auch dazu.

Sind die Vorderpferde faul und eins oder beide
Stangenpferde heftig, so ist es jämmerlich, die faulen durch Anrufen
in Schwung bringen zu wollen, das glückt vielleicht ein= oder zweimal;
die Stangenpferde hören den Zuruf deutlicher und werden heftig und hart.

Ganz sicher aber bummeln die Vorderpferde dauernd und machen
ein ganz elendes Bild, wenn ein Fahrer, dem die Peitsche nur im
Wege ist, denselben Viererzug mehrere Tage nach=
einander fährt. Er geht dann täglich schlechter anstatt besser. Die
wenigsten Fahrer wissen, wie lotterig ein Viererzug aussieht, dessen
Spitzenpferde mit hängenden Leinen, halb schlafend, dahinzotteln. Es
ist notwendig, um schön zu fahren, daß die Vorderpferde gelernt
haben, den Zügel aufzusuchen, d. h.: sie müssen wie aus der
Pistole vorwärts gehen, wenn der Fahrer ohne Zuruf, ohne Gebrauch
der Peitsche, nur durch Nachgeben aus dem Arm dazu auf=
fordert. Am schnellsten und sichersten lernen das die Pferde, wenn man
recht langsam durch die Ecken fährt und nach jeder Ecke ohne Zuruf,
nur durch Nachgeben, frisch lostrabt.

Natürlich muß die abgewickelte Peitsche pünktlich zur Stelle sein,
bis der Faulste weiß und tut, was er soll.

Beim Gebrauch der Viererpeitsche sorge der Fahrer dafür, daß der
Schlag geschmeidig sei; dazu muß er öfter mit einem fetthaltigen Lappen
abgerieben werden. Der Bogen selbst, d. h. der Ansatz des Schlages
am Stock, sowie der daran anschließende 1 Meter lange dickere Teil des
Schlages soll nicht gefettet, dagegen sorgsam nach dem Gebrauch auf
die Rolle gehängt werden, der lange Schlag lang und glatt, nicht
um den Stock gerollt bleiben.

Peitschen dürfen niemals getont werden.

Durch mangelhaftes Fangen des Schlages und zu häufiges Um=
wickeln der Schnur entstehen beim Fahren allerlei Kringel in ihr, die
besonders bei feuchtem Wetter zu vermeiden sind. Die Schnur bricht
an diesen Stellen sehr leicht. Bei einem Fahrer, der Anspruch
macht, als Viererzugfahrer zu gelten, darf man das niemals sehen.
Das richtige Umgehen mit der Peitsche gehört zu
den Anfangsgründen! Beim Gebrauch der Peitsche hüte man
die Schnur vor dem Darauftreten der Pferde und vor den Vorderrädern.
Eine Gefahr für die Peitschenschnur ist aber nicht nur unten zu suchen,
Laternen, Torwege, Aeste usw. dürfen dem Auge des Fahrers nicht
entgehen, und wenn die Viererpeitsche hängen bleiben sollte, so lasse er
sie umgehend los, nur so ist sie zu retten.

Der begleitende Kutscher

beim **Selbstfahrer** befestigt nach dem Anspannen die Leinen, ob zwei= oder vierspännig, auf der **rechten** Seite an der Oberblattstrupfe. **Niemals** dürfen die Leinen am Bock, an der Peitsche oder dem Brems= hebel befestigt werden, die Pferde könnten sie dort mit den Schweifen herunterziehen und zu schlagen anfangen (s. S. 16, 35 und 37).

Am Kammdeckel sind sie den Schweifen **fern** und man hat sie schnell zur Hand. Hinter den Pferden heruntergefallene Leinen kommen unter die Hufe und sind oft nur mit Gefahr hervorzuholen.

Am Stall erwartet der Kutscher beim Zweispänner den Herrn vor den Pferden stehend, nachdem er noch einmal die Zäumung und Lage der Leinen in den Schlüsseln nachgesehen hat, sodaß verdrehte oder sogar falsch eingezogene Leinen nicht vorkommen können.

Nähert sich der Herr dem Wagen, so grüßt der Kutscher durch Anlegen der Hand an die Hutkrempe. Ist der Herr auf den Bock ge= stiegen, so wirft der Kutscher noch einen Blick auf die Leinen und Leinen= augen des rechten, dann des linken Pferdes und legt nötigenfalls schnell beides zurecht.

Erst auf ein **Zeichen des Fahrers** tritt er auf die linke Seite des Gespannes, während er durch Anfassen der Hutkrempe dem Herrn zeigt, daß er dessen Wink verstanden hat. Im Vorbeigehen legt er, wenn nötig, den linken Zügel und das Leinenauge glatt.

Steigt der Herr unterwegs ab, so darf der Kutscher niemals hinten **im Wagen stehend**, umher= oder nach Hause fahren. Er über= nimmt vielmehr die Leinen vom Herrn und setzt sich auf den linken Sitz, um schrittfahrend zu warten. Ebenso holt er einen Herrn mit dem Selbstfahrer ab und übergibt ihm in gleicher Weise die Leinen. Hat er einen größeren Weg zurückzulegen, auf dem ihm auch zu traben gestattet ist, so nimmt er auf dem Fahrkissen Platz, von wo er die Bremse benutzen kann. Auf Vierspännerwagen oder Tandem sitzt er stets auf dem Fahrkissen. Setzt sich der Kutscher auf einen der vorderen Sitze, so muß er durch eine kleine Decke verhüten, daß das Kissen durch getonte weiße Hosen staubig wird.

Sofern es tunlich ist, soll der Kutscher durch Umherfahren vermeiden daß die Pferde kalt werden und sich durch Langeweile beim Warten Unarten angewöhnen, wie Beißen an Deichsel, Aufhaltern und Leinen. Auch ist die Gefahr, mit den Gebissen hängen zu bleiben, beim Fahren geringer. Steht er hinten im Wagen, so ist er ganz hilflos.

Fährt nur **ein** begleitender Kutscher mit, so sitzt er auf dem Dienersitz, auf vierrädrigem Wagen immer in der Mitte; bei Dog= und Tandemcarts nur dann, wenn vorne zwei Personen sitzen, andernfalls diagonal zum Fahrer oder neben ihm in dienstlicher Haltung, die Rock= schöße ordnungsmäßig, so daß sie hinten über der weißen Lederhose glatt übereinander liegen. Die **Hände ruhen auf den Ober= schenkeln**, die Fingerspitzen einander zugeneigt.

Fährt eine Dame mit dem Herrn auf dem Selbstfahrer, so bleibt der Kutscher vor den Pferden stehen, wenn der Herr der Dame beim

Aufsteigen behilflich ist. Muß jedoch die Leiter angesetzt werden, so wartet der Kutscher, bis der Herr mit den Leinen aufgestiegen ist und hilft dann, indem er mit der linken Hand die Leiter hält. Steigen Dame und Herr ab, so hilft der Kutscher der Dame wiederum mit der Leiter. Steigt die Dame ohne Leiter ab und hilft ihr der Herr, so muß der Kutscher von rechts aufsteigen, weil der Herr dort die Leinen befestigt hatte. Sind die Pferde unruhig, so wird der Herr so lange vor die Pferde treten, bis der Kutscher aufgestiegen ist.

Bei Vierspännern steht der ältere Kutscher beim rechten Stangenpferde, der jüngere vor den Vorderpferden. Die Pferde müssen lernen zu stehen, ohne gehalten zu werden. Sind sie noch nicht sicher darin, so hält man sie an den Backenstücken niemals an den Zügeln, weil der Fahrer die Leinen durch die Verbindung mit dem Maule messen muß. Auf das Zeichen oder den Zuruf des Fahrers fassen beide Kutscher an die Hutkrempe, damit der Fahrer ganz sicher ist, keinen Kutscher zu überfahren. Der vor den Vorderpferden stehende Mann geht zum linken Stangenpferde. Beide Kutscher ordnen im Vorbeigehen die etwa verdreht in den Schlüsseln liegenden Leinen, sie haben besonders darauf zu achten, daß die Stangenpferde mit den Kandaren nicht über die Vorderleine geraten und daß die Vorderleine sich nicht unter das Leinenauge des Kumts beim Stangenpferde festsetzt. Beide Leute gehen dann nach hinten zum Aufsteigen, wobei sich der Jüngere nach dem Aelteren zu richten hat, damit das Aufsteigen ordentlich und gleichmäßig erfolgt und zwar mit der inwendigen Hand und dem auswendigen Fuße anfangend.

Beim Auf- und ganz besonders beim Absteigen müssen die Leute heruntersehen, wo sich die Tritte befinden, niemals, mit den Fußspitzen suchend, den Wagenkasten verkratzen. Das Absteigen erfolgt ebenfalls mit dem auswendigen Fuße zuerst. Fährt der Kutscher einen Viererzug an einem Herrenwagen (Coach, Char-à-bancs, Phaeton), so hat der zweite Kutscher stets hinten links zu sitzen, unter keinen Umständen neben dem Fahrer, weil er von dort während der Fahrt nur schlecht absteigen, gar nicht aufsteigen kann. Hält der Herr mit dem Viererzug, so gehen die Kutscher flink auf ihre Plätze (vor die Spitzenpferde und zum rechten Stangenpferde).

Kutscher und Diener grüßen nur auf unbesetzten Wagen, und zwar nur durch Anfassen der Hutkrempe. (Also weder durch militärisches Stillsitzen noch durch Abnehmen des Hutes.)

Herren grüßen, wenn sie es irgend können, durch Abnehmen des Hutes; können sie es nicht, so sollten sie es bei jeder Gelegenheit üben; es ist eine der besten Uebungen, sich im Fahren mit einer Hand besonders für die Augenblicke zu vervollkommnen, in welchen man in der Stadt die rechte Hand zum Grüßen oder Bremsen frei haben muß. Jeder Fahrer (oder Reiter), der den Hut nicht abnehmen kann, ist wie der Greis auf dem Dache.

Zurücksetzen.

Um in einer zum Kehrtmachen zu engen Straße mit dem Viererzug umzudrehen, muß man, wie es die Autos machen, zurücksetzen. Dazu fährt man scharf rechts heran, bleibt halten und stellt die Pferde und Deichsel halb links (Abb. 79) in die Richtung HI. Hierauf fährt man nach I vor,

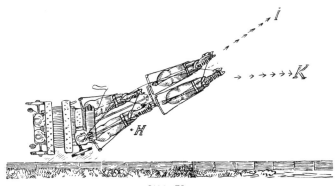

Abb. 79.

bis das rechte Hinterrad, beim Langbaumwagen 3 m, bei anderen 2 m von der Bordschwelle entfernt ist (etwa H). Jetzt stellt man die vier Pferde — ohne daß sich der Wagen vorwärts oder rückwärts bewegt, in die Richtung nach K. Dann setzt man bei Langbaumwagen zurück, vorsichtig, daß sich die Deichsel nicht biegt; bei anderen Wagen darf höchstens im halben

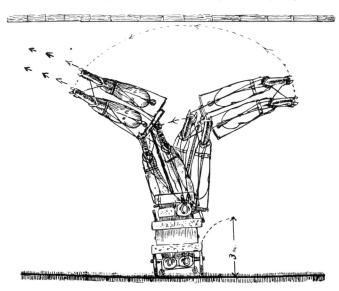

Abb. 80.

rechten Winkel eingeschlagen werden. Den Vorderpferden gibt man eine kleine Schleife rechts, damit sie möglichst ohne „Übertreten" zurück= gehen. Ist der Wagen quer zur Straße, rückwärts an der rechten Bord= schwelle angekommen, so ist es bei Langbaumwagen ideal, wenn das linke Hinterrad weiter zurücksteht als das rechte, weil dann der Wagen schon ein wenig in der neuen Richtung steht, in der wir jetzt fahren wollen. Man ist dadurch ganz sicher, herumzukommen. Nun läßt man die kleine Schleife los, die linke Hand hält alle Pferde so fest, daß der Wagen bestimmt stehen bleibt. Dann faßt die rechte Hand die linke Vorder= leine und deutet o h n e Z u r u f (weil der W a g e n s t e h e n b l e i b e n m u ß, bis die Pferde nach links herumgetreten sind) ganz sanft, mit kleinen weichen Anzügen eine Schleife bildend, den Vorder= pferden an, daß sie links herumkommen sollen. Ist das (wegen der

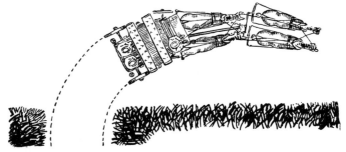

Abb. 81.

Kronentritte) sehr vorsichtig geschehen, so legt man die Schleife unter den Daumen und fährt, weil es sich so gehört, auch unter Umständen wegen des Langbaumes, scharf rechts bleibend in der neuen Richtung an. Dieselbe Art, zurückzusetzen, benutzt man, wenn man auf einer zum Zurücksetzen zu schmalen Straße (weniger als 9 Meter) kehrtmachen will. Man muß dazu eine Querstraße oder einen Feldweg wählen, in den man hinein, wie Abb. 81, zurücksetzt. Für den Haltepunkt des inneren Hinterrades vor dem Rückwärtsrichten genügen bei Langbaum= wagen 160 cm (Abb. 82), weil man nicht mit dem Hinterwagen, wie Abb. 80, auf der Straße bleibt, sondern in die Querstraße zurückgeht. Hier ist es für den Lernenden ganz besonders wichtig, das Augenmaß zu bilden, er wird daher unmöglich die ersten Male so ansetzen können, wie es sein muß. Fährt er unter diesen Umständen zu wenig oder zu viel vor, stellt er den Wagen nicht schräg genug über die Straße, so wird er nie in den Feldweg hineinsetzen können. Er muß sich deshalb seine Arbeit in Ruhe genau einteilen, denn wenn die e r s t e Stellung nicht richtig ist, kann es die zweite nicht werden. Wir müssen lernen, einen bestimmten Punkt zu treffen, damit wir uns an jeder Stelle (enge Querstraße) helfen

können. Wir müssen zuerst scharf rechts mit dem Fußbrett am Quer=
wege halten, besonders das rechte Hinterrad nahe heranbringen. Hat
man viel Platz, so ist das ganze Zurücksetzen keine Kunst, wohl aber
das Herauskommen mit Anstand, ohne Kronentritte, wo sehr w e n i g
Raum ist. Der Fahrer muß jetzt das Gespann im halben rechten
Winkel über die Straße stellen und so halten bleiben, daß der W a g e n
wie auf Abb. 81, die Pferde genau in seiner Richtung bis an den
gegenüberliegenden Straßenrand stehen. Dann werden Vorder= und

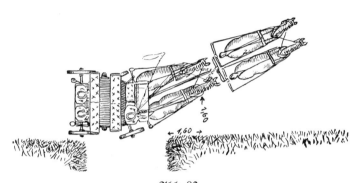

Abb. 82.

Stangenpferde zum Einschlagen rechts hinübergeführt, wobei der Wagen
keinen Z o l l vorrücken darf (Abb. 81). Schließlich muß der Wagen so
weit in den Querweg zurückgesetzt werden, bis man die Pferde, w i e
z u A n f a n g b e s c h r i e b e n, in der Hauptstraße nach links herum=
nehmen kann. Denkende Fahrer vermeiden es, wenn möglich, b e r g a u f
zurückzusetzen, b e r g a b benutzen sie lieber zu viel als zu wenig die Bremse.

Abb. 83. Nach dem Zurücksetzen in die Sackgasse.
1. Preis Kunstfahren Köln 1901.
Die herrlichen Füchse des Herrn Max v. Guilleaume.

England, Howlett: Was ich anders mache und warum.

Uebereinstimmend ist bei den drei Fahrarten **ein- und zweispännig** die Leinenhaltung in der linken Hand, ferner, daß die **volle rechte** Hand über die rechte Leine greift. **England verlangt** — siehe alle guten englischen Bücher — das Fahren mit **einer Hand, das Steuern** mit der anderen. Rechtsherum ist der Wendungsgriff durch die Leinenhaltung gegeben. **Linksherum aber,** und zum Linksausweichen, schreiben die **englischen Bücher den Uebergriff** der rechten Hand auf die linke Leine vor. Das hat, wo wenig Raum ist, z. B. in langer enger Durchfahrt oder in belebter Straße zur Folge, daß die **rechte Hand von einer zur andern Leine hüpft und hin und her zupft.** Howlett und meine Wenigkeit halten das für sehr schlecht, erreichen vielmehr Richtungsänderungen und Wendungen durch **Drehungen** der Hände und nötigenfalls durch Hervorziehen oder Zurücknehmen der rechten Leine. Howlett lehrte im **Gegensatz zu England** ein- und zweispännig ausnahmslos mit **zwei** Händen zu fahren, und zwar folgendermaßen: Die rechte Hand zieht die rechte Leine 40 cm aus der linken hervor (überflüssig und unschön), dann gleitet die rechte Hand auf der rechten Leine so weit zurück, bis beide Hände genau nebeneinander stehen. **Ich halte dieses lange Stück Leine zwischen den Händen für zwecklos,** weil man gar nichts damit anfangen kann. Muß man plötzlich bremsen, halten, die Peitsche gebrauchen oder grüßen, so kann sich die linke Hand sehr viel leichter 5—10 cm Zwischenstück wieder holen als 30—40, ganz besonders von nassen weichen Leinen mit kalten Fingern. Gehen Pferde stramm heran, so muß der Fahrer dauernd die **linke Hand rechts** herüberdrücken, die **rechte Hand links hinüber,** damit sie nicht, wie beim Russen, einigen Traberfahrern und Kindermädchen, weit auseinander stehen. **Meine Methode besteht darin, die rechte Hand mit etwa 5 cm Zwischenraum halbrechts neben die linke zu stellen.** Sie hat dadurch die Möglichkeit, erstens das 5-cm-Zwischenstück zum Bremsen usw. blitzschnell verschwinden zu lassen, zweitens an diesem Stück — **sich anlehnend** — die Hände nahe beieinander zu halten, drittens durch Legen des rechten Zeigefingers über die linke Leine sofort beide verlängern, verkürzen und in Ordnung haben zu können. Das **Howlettsche große Zwischenstück ist ein- und zweispännig ebenso sinnlos, wie es vierspännig oder beim Tandem sein würde,** wobei er es selbstredend strengstens verwarf. Mein Tollpunkt ist ein-, zwei-, drei-, vier-, sechsspännig und beim Tandem die **linken Leinen niemals anders anzufassen als mit dem rechten Zeigefinger darüber, die rechten Leinen nie anders als mit der vollen Hand.** Jeder Fahrer könnte ja die Leinen anfassen wie es ihm „am besten liegt"; das ist aber ein großer Fehler, weil eine gewaltige Täuschung. Uebt nämlich **jemand einen scheinbar unbequemen Griff an zwei Tagen je eine** halbe Stunde, so ist er auch schon zur Gewohnheit geworden. Der unschätzbare Wert, nur die ausgeprobt besten Griffe zu üben, geben eine ungeheure Sicherheit in schwierigen Augenblicken sowie bei Nacht und Nebel. Hinzukommt, daß es im Grunde überhaupt nur zwei sind! Diese große Einfachheit fehlt bei Howlett.

Im Gegensatz zu England, das auch vierspännig das Fahren mit einer Hand als das Alleinseligmachende hinstellt, empfehle ich genau das Gegenteil, d. h. auf gerader Straße immer die rechte Hand als Unterstützung der linken, in der „Gebrauchshaltung" vor ihr in den Leinen zu haben. Nur dadurch bleibt die linke Hand frisch und fähig, nötigenfalls allein zu arbeiten.

Vollkommen einig sind England, Howlett und ich darin, daß niemals etwas absichtlich oder unabsichtlich durchrutschen darf, denn das ist und bleibt Judelei und Unsicherheit, weil Leinen und Pferde stets verschieden sind und sich das Durchrutschen deshalb nicht nach Wunsch, sondern nach der Glätte, der Klebrigkeit oder dem Herangehen der Pferde ganz unbestimmbar vollzieht. Vierspännig fahren die Engländer zweifellos besser als irgendein anderes Volk auf dem Planeten, aber sie fahren doch etwas mit der Ungenauigkeit und dem Mangel wirklicher Durchbildung, die sie noch mehr beim Reiten zeigen. Beim Vierspännigfahren kleben sie in einer Weise am »style« (Stil), daß sie jede Neuerung, wenn auch große Verbesserung, von oben herab belächeln. Sie verlangen tiefe Hand nah am Leibe, trotzdem man mit ihr nie ordentlich nachgeben kann, wenn man — wie dort allgemein üblich — vierspännig von hohem Wagen fährt. Howlett stellt den Widerstand gegen das Werfen der Stangenpferde in die Wendungen durch Verkürzen der äußeren Hinterleine her, wodurch er gezwungen wird, vor jeder Wendung mit Tandem oder Viererzug das oder die Vorderpferde 10 cm zu verkürzen. Das ist auf meine Art niemals nötig. Ich sagte oben, für wie wertvoll ich es wegen eines solchen Widerstandes hielte, wenn der Fahrer die Leinen immer genau auf ein und dieselbe Art faßt und hält. Dazu hatte sich Howlett in seinem Alter nicht mehr durchringen können. Er faßte die Vorderleinen zum Legen der Schleifen wie eine Priese Schnupftabak. Das ist erstens falsch, weil man hinsehen muß, zweitens, weil der Griff bei herangehenden Pferden und bei kalten Fingern ganz unsicher ist, drittens, weil man in der Rechtswendung das linke Stangenpferd sehr leicht mit der Peitsche berührt und dieses dadurch den Wagen zum Anecken bringt. Howletts „Widerstand auf den Daumen" ist ein schlechter Griff, weil er zu grob ist und die Stangenpferde zurückreißt. Den rechten Widerstand auf den Zeigefinger ließ er mir zwar gelten, wollte aber auf seinen alten Tag weiter nichts von ihm wissen. Prinzipiell unterscheide ich mich darin von Howlett, daß er einem zuerst „leichte" Griffe beibrachte, später die schwierigeren. Das ist grundfalsch. Ich habe es in meiner Marstallzeit an Hunderten von Schülern feststellen können: schwierig ist nur das Umlernen. Dann bekommt man Antworten wie: „Der Griff liegt mir nicht!" Wer wirklich lernen will, übt mit Ungeduld bis er „liegt"! Die rechte Schleife unter den Daumen zu legen, wie es die meisten Engländer machen und wie es mich Howlett anfangs lehrte, ist durchaus falsch. Bitte versuchen.

Also: Linke Leine, in welchem Anspann es auch sei, mit dem rechten Zeigefinger heranholen, wie man ihn ja immer in der Gebrauchshaltung hält. Die rechte Leine immer mit der vollen Hand, die nie verdeckt stehen darf.

Howlett nimmt die Vorderleinen, um sie zu verkürzen, nach rechts rückwärts ganz aus der linken heraus, geht dann mit der rechten hinter die linke und gibt die so verkürzten Vorderleinen dem linken Zeigefinger wieder; das ist besonders bei kaltem Wetter und etwas herangehenden Pferden ein schwieriger, nicht zu empfehlender Griff. Vergl. meine Art (S. 40, Abb. 48). Howletts Schleifen waren meistens zu klein. Darum sind seine Vorderpferde auf allen N a t u r aufnahmen in seinem Buche falsch gestellt und hängen am äußeren Zügel. Auf den g e z e i c h n e t e n Bildern aus der Vogelperspektive ist die Stellung richtig!

Tandem.

Abb. 84. Tandem des Herrn F. v. Friedlaender-Fuld.
1. Preis Berlin 1900. Fahrer Verfasser.

Abb. 84a. Hackneys des Herrn Geheimrat Vorster. 1. Preis. Wien 1914.
Fahrer Verfasser.
Phot. Perschei

Es ist oft darüber gestritten worden, was schwieriger sei, Tandem oder vierspännig zu fahren. Leidlich gehende Zucker mit **richtig ge= schnallten** ungarischen Leinen ist für jeden, der zweispännig fahren kann, in einer Stunde gelernt. Peitschenführung natürlich ausgeschlossen. Vergleichen kann man also nur das **Tandem und Viere mit vier einzelnen Leinen**, weil da die Kunst anfängt. Da die Pferde keine Maschinen sind, so ist ein Tandem mit sicheren Pferden natürlich viel leichter zu fahren als ein Viererzug mit schwierigen, und umgekehrt. Nimmt man aber beide als gut und sicher gehend an, so ist beim Tandemfahren die Arbeitseinteilung ein Kinderspiel gegen die des Viererzuges, z. B. an der Coach oder dem vollbesetzten Char-à-bancs. Ich hatte häufig Vierspännig= fahrer ausgebildet, die nach einigen Wen= dungen unter Aufsicht sofort gut mit dem Tandem fertig wurden. Die Tandemfahrer waren aber alle, mehr oder weniger, von der Masse des großen langen Wagens und den vielen Pferden überwältigt und zunächst, besonders in den Wendungen, ganz unsicher.

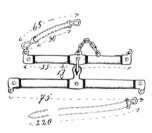

Tandem= Doppel=Ortscheit.

Die **Leinenführung** ist bei beiden Fahrarten **gleich**. Beim Tandem bleibt stets eine Gefahr: die vor der Hand **sehr nahe zusammenliegenden Leinen**. Man muß meistens nach dem Legen der Schleifen mit den beiden Außenleinen wie bei vier Pferden gegenhalten; sie sind **hier viel schwerer zu fassen**, als beim Vierzug; ganz besonders für den Anfänger, der noch unverständig führt, nämlich zu lose, **und die Hand nicht in die Wendung hält**, sodaß die Leinen des Gabelpferdes

5*

herunterhängen. Die zweite Gefahr ist — wenn man nicht mit Doppel=
Ortscheit, sondern mit langen Strängen fährt — daß das Vorderpferd
den Wagen gegen die Ecke zieht. Das zu vermeiden muß man immer
aufmerksam bei der Hand sein: die Vorderleinen anstehend,
beide Vorderstränge aber hängend. Der Außen=Hinter=
strang gibt in der Wendung etwas nach, wenn an einem Ortscheit an=
gespannt ist, das nur in seiner Mitte am Querholz (Travers) hängt
und an Ketten von der Achse zieht. (Abb. 84.) Ist das bei der Tandem=
cart nicht der Fall, so benutzt man das Doppelortscheit, sofern man nicht
nur über Land geradeaus fährt. Es hat die Nachteile, dem Gabelpferd
mehr oder weniger am Halse zu
hängen und ihm bergab an die Kniee
zu geraten. Ich ziehe beim Vorder=
pferd die Siele dem Kumt vor,
erstens, weil sehr wenig zu ziehen
ist, zweitens, weil die Stränge tiefer
liegen und drittens, weil das Brust=
blatt in den Wendungen dem
Außenstrang etwas nachgibt. Wer
Tandem fährt, sollte eine hohe Cart
haben oder es bleiben lassen. Die
häufigen Lichtbilder von Turnieren,
von zwei, ja von drei Pferden
(Random) voreinander, wirken
betrübend, wenn magere, ganglose,
haltungslose Tiere an niedrigstem,

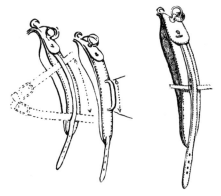

Abb. 85.

hinten tief herunterhängendem Wägelchen dahinschleichen. Wozu der Unsinn?
(Lieber das bessere der zwei, oder beste der drei Pferde anständig ein=
spännig zeigen.) Steckt noch eine fürchterliche Peitsche im Köcher und sieht
man in jeder Hand zwei oder drei Leinen, so hat das wirklich keinen Sinn.

Die Sellette des Vorderpferdes ist am praktischsten so einzurichten,
wie auf Abb. 85, rechts, weil bei den anderen die Stränge in den
Wendungen leicht über
den Rücken gleiten.
(Abb. 86.) In jeder
Beziehung tadellose
Tandemcarts bauen
Kühlstein, Neuß
und Zimmermann.
Bei diesen Wagen ist
der ganze Kasten wäh=
rend des Fahrens ver=
stellbar und vollkom=
menes Gleichgewicht
durch einige Kurbel=
drehungen zu erreichen.
Die Sicherheit wird
durch die vorzügliche

Abb. 86.

Bremse erhöht. Den besten Vorderpferd=Schweifriemen zeigt Abb. 87. Fehlerhaft ist der nebenbei gezeichnete Strangträger, an dem sich die Vorderleine festhakt, sobald Spitzpferd oder Fahrer Fehler machen. Der Kreuzriemen, dicht vor der Hüfte, soll im Rücken= riemen zusammen= gesetzt und fest= genäht sein. Der Tandemfahrer muß sich mit Wagen, Geschirr und Anspann vertraut machen, weil auch der beste Kutscher etwas vergessen kann.

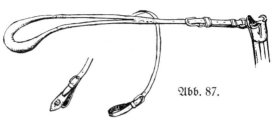

Abb. 87.

Ich warne vor eingeschraubten, verstellbaren Stiften an den Scherbäumen, die sich lösen, wenn sie es nicht sollen, und Mann und Maus in Lebens= gefahr bringen, weil die Cart beim Parieren oder Bergabfahren dem Gabelpferd erbarmungslos in die Schokoladenseite läuft. Abb. 88, oben falsch, unten richtig. In etwas bergiger Gegend ist Hintergeschirr, stets Bremse zu empfehlen, man hat dann immer noch eines, wenn das andere

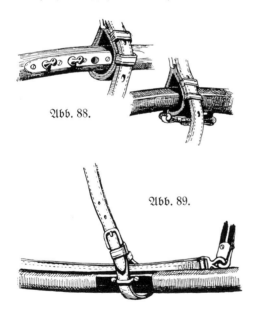

Abb. 88.

Abb. 89.

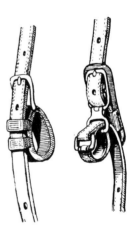

Abb. 90. Trageösen, links für zweiräderige, rechts für vierräderige Wagen.

versagen sollte. Die Schnallen des Schlagriemens müssen aus der Hand geschmiedet, dann plattiert sein, Voll= Messing= oder Neusilber= Schnallen geben beim ersten Ausschlagen nach. (Abb. 89.) Da die Tandem= Cart für vier Personen und Gepäck gedacht, bequemes Sitzen und Fahren, auch in dicken Wintermänteln erwünscht ist, so müssen die Bänke breit sein, folglich auch die Spur. Scherbäume aus bestem Lanzenholz, sehr stark und so weit, daß ein fallendes Gabelpferd zwischen die Bäume zu liegen kommt. Alle Vierspänner=Griffe sind auch beim Tandem richtig und gut, doch gibt es zwei besondere, deren An=wendung in einigen Fällen empfehlenswert, die aber den Fahrer leicht bei den korrekten Vierergriffen verbummeln lassen, sodaß er die Leinen nicht immer so geordnet hat, um die rechte Hand jeden Augenblick frei machen zu können. Diese beiden Griffe haben bei Nacht und Nebel den Vorteil, die **rechten** und **linken** Leinen trotz dem **Nahezusammen=liegen** nie suchen zu müssen. Der erste Griff besteht im Vorgleiten der rechten Hand um 10 cm und Festhalten der beiden rechten Leinen. Dabei läßt die **rechte** Hand **die beiden linken Leinen los**, um zur Linkswendung mit Daumen und Zeigefinger die **linke** Vorder=leine zur Schleife heranzuholen. Diese Schleife wird nach Bedarf aus mehreren kleinen Griffen hergestellt, wobei der **linke Daumen nicht vor den rechten** greifen soll. Um einen **Bogen rechts herum** zu fahren, muß das Vorderpferd **wirklich lose Stränge haben, also verkürzt sein.** Die rechte Hand gleitet auf allen vier Leinen etwa 15 cm vor und läßt die linke Vorderleine los, hält dagegen die linke Hinterleine mit dem Mittelfinger besonders aufmerk=sam fest. (Abb. 91.) Beide Hände stehen dabei rechts! Dreht sich die **linke Hand** etwas vor=wärts=abwärts, so wird die **linke** Vorderleine länger, das Vorderpferd schwenkt nach rechts. Da es nicht durch eine Schleife **kürzer** genommen, sondern durch **Verlängern der linken Vorderleine**, mehr als es eigentlich sollte, in den Zug kommt, so mußte der Fahrer **vor diesem** Griff beide Vorderleinen verkürzt haben. Die

Abb. 91.

Cart muß immer gut im Gleichgewicht sein, der Schnalldorn des Trage=gurts spielen. Bergauf niemals **Hintergewicht**, bergab niemals **Vordergewicht.** Jede Cart fährt sich am besten, wenn sie vorne und hinten besetzt, wie eine Krämerwaage, im Gleichgewicht ist (Abb. 84a).

Sitzen nur vorne 2 Personen, so hat man Vordergewicht sobald es bergab geht; Hintergewicht wenn man bergan fährt; weil nicht, wie in den Schalen der Krämerwaage verteilt, sondern das Gewicht gleich=sam auf **der Zunge** angeordnet ist. Das Aufnehmen der Leinen ist genau wie beim Viererzug. Zum Anspannen befestigt man am besten die Leinen, wie beim vierspännigen angegeben (Seite 35), **un=verdreht!** Soll ein unsicheres Vorderpferd angeführt werden, so darf das nur am Backenstück geschehen, niemals an der Leine, da sie dem Fahrer nur aus der Hand gezogen würde und, plötzlich losgelassen, so viel zu lang wäre, daß das Vorderpferd kehrt machen würde. Zum Einfahren des Vorderpferdes rate ich dringend zu weicher Trense, ganz besonders, wenn der Fahrer noch unsicher ist. Beim Tandem ist das **genaueste Aufnehmen der Leinen noch wichtiger als beim Viererzug.** Auf dem Fahrersitz muß man sofort Herr der Lage sein, nicht **oben erst anfangen, herumzusuchen und zu wursteln**, das würde junge Pferde nur aufregen.

Abb. 92. Hackneys des Herrn v. Friedlaender-Fuld, 1. Pr. Berlin 1900.
Fahrer Verfasser.

Steigt der Herr vom Tandem ab und läßt den K u t s c h e r w a r t e n , so stellt sich dieser, am Kopf zum Stangenpferde, auf diejenige Seite, auf der der Herr die Leinen-Enden befestigt hat. Er hält das Hinterpferd mit der diesem zunächstbefindlichen Hand am Backenstück, die andere hält die etwas vorgezogenen Vorderleinen vor dem Kopf des Gabelpferdes.

Phot. M. Rosenberg, Berlin

Abb. 93. Tandem der Frau C. F. von Siemens.
Ein ideales Vorderpferd.

Einhorn.

Drei Pferde als „Einhorn" zu fahren, benutzt man das Mittelortscheit englischer Form und eine Tandemleine. Die Viererringe (Ohrbügelringe) werden hierbei an den Innenseiten der Stangenpferde eingeschnallt. Da die Vorderstränge, um die nötige Länge zu erreichen, ins erste Loch geschnallt werden müßten, was unschön aussieht und die Stränge entstellt, verlängert man die Anspannung durch einen starken Ring und ebensolchen Riemen (in der Stärke eines Aufhalters) Abb. 108. Beim Tandem und „Einhorn" muß der begleitende Kutscher besonders achtsam und flink am Vorderpferde sein, sobald gehalten wird. Das Vorderpferd dreht dann leicht um, wenn ein Hinterpferd mit einem Kandarenanzuge auf die Vorderleine stößt. Zum Einhorngespann empfehle ich zwei Leute mitzunehmen.

Abb. 94. Random, Lilienhof 1897. Fahrer Verfasser.

Drei Pferde hintereinandergespannt heißt Random. Die leider schlechte Aufnahme zeigt vorne die ostpreußische Stute Fuchsia, in der Mitte die russische Mutterstute Lichatschka, in der Gabel die anglonorm. Mutterstute Dornröschen. Leinenführung wie sechsspännig.

Phot. Haymann, München
Abb. 95. Hackneys des Herrn Geheimrat Vorster.
1. Preis Frankfurt 1910, München 1913, Wien 1914.

— 73 —

Phot. Menzendorf
Abb. 96. Sechserzug Holsteiner und Hannoveraner des Kgl. Marstalls.
Fahrer Verfasser.

Sechsspännig vom Bock.

Sechsspännig zu fahren ist durchaus kein Kunststück, wenn man richtig vierspännig fahren kann. Es ist eine wunderliche Eitelkeit der amerikanischen und deutschen Fahrer, darüber zu schreiben und sogar eine Leinenführung bildlich darzustellen, die einer mehr oder weniger dem anderen abschrieb, mit der man aber weder geradeaus noch irgendeine Ecke fahren kann. Sowohl Fairman Rogers, wie Francis Ware und Frank Swales nippen wie die Katz' am heißen Brei, schreiben vorsichtig, aber trotzdem Unsinn. Dasselbe gilt von R. Schön beck und Graf Wrangel. Alle diese Herren konnten unmöglich selbst sechsspännig fahren, denn sie empfehlen einstimmig, die rechte Hinterleine mit dem kleinen Finger zu halten. Wer ernstlich über den Fall nachgedacht hätte, müßte ebensogut wie ich auf den Gedanken gekommen sein, die sechs Leinen so zu halten, wie Abb. 97 zeigt. Ich habe allerdings eine halbe Nacht gebrütet, bis das Ei gelegt war, aber die Stunden war es auch wert. Vor 3 Jahren haben die Herren Rittmeister Buchheister und Rittmeister Pape in Hannover die sechs Leinen nach meiner Angabe in die Hand genommen und konnten mit Sechsen sofort alle Ecken ebenso nehmen wie mit Vieren. Selbstredend geht das nur, wenn man, ohne zu wursteln, die Leinen richtig angeordnet, in der linken Hand hat, die von der rechten unterstützt wird. Alles spielt sich ab wie beim Vierspänner. Die Schleifen, höchst einfach: Für einen rechten Winkel, zuerst eine Schleife von 15 cm mit der betreffenden Vorderleine, dann Vorder- und Mittelleine (Abb. 97) wie eine gefaßt und damit eine Schleife gelegt. Die vordere Schleife wird dadurch doppelt so groß wie die mittlere. Das lange Gespann geht jetzt tadellos herum, die Peitsche muß nur bereit sein, das inwendige Stangenpferd anzurühren, sobald die Pferde etwas zu eilig in die Wendung treten sollten. Das ist aber gerade sechsspännig (Mitteldeichsel Abb. 98 vorausgesetzt) weniger zu befürchten, als vierspännig, weil die Mittelpferde etwas gegen die Spitze der Hauptdeichsel drücken, sodaß dadurch ein **wertvoller "Widerstand"** gegen das Werfen des ganzen Gespannes in die Wendung entsteht. Die Abb. 95, 96 zeigen deutlich, wie Sechsspänner geradeaus und in Wendungen gehen sollen und können, wenn man die Kunst auf einem wirklich praktischen System aufbaut. Einen besseren Beweis als die Naturaufnahmen kann es nicht geben, jedes Pferd — sogar im Schritt — richtig am Zügel, alle Stränge sind genau im richtigen Verhältnis: sie tragen die Ortscheite, ohne zu ziehen. Das linke Stangenpferd ist dagegen bei loser Kette stramm im Zuge, holt Stange und Vorderräder herum. Bemerkenswert

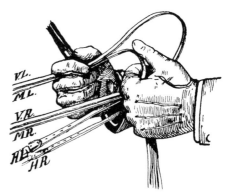

Abb. 97.

ist an den Hälsen und Köpfen die **sichere Lage** der Außenleinen, durch die die Wendungen auf den Zoll bestimmt werden. Obgleich die Gefahr bei einem so langen Gespann nahezuliegen scheint, mit dem inneren Hinterrade anzuecken, kann ich durch richtig abgemessene Schleifen die Vorderpferde durch die **Mitte** der Einfahrt gehen lassen. Jedes folgende Paar muß soviel überhalten, als sollte sich sein inneres Pferd zwischen die beiden vor ihm gehenden einschieben. Die Wendung wäre schlecht angelegt, würde das linke Vorderpferd dicht an den linken Torpfeiler gefahren, um Anecken mit dem rechten Hinterrade

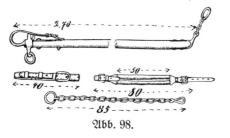

Abb. 98.

vorzubeugen. Abb. 98 zeigt die Mitteldeichsel, einen Aufhalter dazu 100 cm; geschnallt 40 cm, oder Aufhaltekette 80 cm, endlich eine **elastische** Verbindung aus zwei Gummischläuchen mit Schnallstrupfen, die, von einer inneren Strangschnalle zur anderen, helfen soll, die Mitteldeichsel zu tragen. Die Sechsspännerleine muß 10 m lang sein, das Handstück nicht schmaler, eher 1 mm breiter als die anderen.

Abb. 99. Reservepeitsche.

Ungarische
(sogen. Wiener) und englische Leine.

Die deutsche Leine ist sehr unpraktisch, weil man sie wegen des doppelten Leders, der wenigen runden Löcher und der kurzen Schnallen nur mit größter Mühe am Kreuz verpassen kann. Vierspännig ist sie gefährlich, weil sich die Spitze des Vorderhandstücks bei scharfer Wendung im Viererring am Kopf der Stangenpferde festhakt, wodurch schwere Unglücke entstehen können. Die sogenannte Wiener-Leine mit weit zurückgeschnalltem Frosch (in der Mitte), sollte, wie die englische, auf einer Seite eine Schnalle, auf der anderen eine Spitze haben, damit

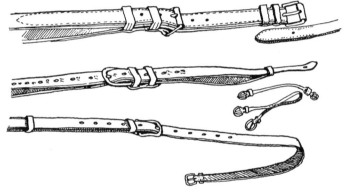

Abb. 100. Oben deutsche, Mitte Wiener, unten englische Kreuzleine.

man rechte und linke Hälfte unterscheiden kann. Werfen wir zunächst einen Blick in die deutschen Fahrbücher: 1. Richard Schönbeck, 2. Wilhelm Ahlers, 3. Berthold Schönbeck, 4. Friedrich Hamelmann, 5. Leopold von Heydebrand, 6. Graf C. G. Wrangel. — I. Richard Schönbeck, reiner Theoretiker, beschreibt und illustriert fleißig, kommt aber nie zu einem „Werturteil". Er sagt: „Obwohl die gebräuchlichste aller Fahrleinen (engl. Kreuz-L.) dadurch praktisch ist, daß sie beiden Pferden zugleich die Hilfe zur Wendung gibt, so hat sie den Nachteil, daß man mit derselben nicht auf jedes Pferd einzeln einwirken kann und ferner, daß die Lage des Gebisses im Maul eine unruhige (?) ist und auf die äußere Seite des Maules eine stärker belastende Wirkung ausübt (?). Um diesem Uebelstand abzuhelfen (?), welcher z. B. bei Pferden mit ungleichem Temperament scharf in die Erscheinung tritt, hat man drei verschiedene Leinen konstruiert, bei welchen man, ohne daß die Kreuzwirkung aufgehoben wird, auf jedes Pferd einzeln wirken kann. Hierher gehört 1. die Wiener Leine, bei welcher die Gabelung so dicht vor der Hand bzw. auch in der Hand liegt, daß man evtl. mit der rechten Hand nur vor und in die Gabelung zu greifen braucht, um auf jedes Pferd einzeln damit zu wirken. 2. Die deutsche Leine (?!). Dies ist eigentlich eine doppelte Leine, bei welcher die Schnalle etwa 20 cm hinter der Zügelhand sich befindet, der Kutscher also tatsächlich vier Zügel in der Hand führt. Sie erscheint als die praktischste, und ihr Gebrauch, der in der Hand verständnisvoller (!) Fahrer durchaus rationell ist, kommt mehr und mehr in Aufnahme, obwohl ihre Führung eine besondere Vorübung erfordert."

Im Gegensatz zu Richard Schönbeck bin ich der Ansicht, daß die deutsche Leine nicht aus vier einzelnen Zügeln besteht, daß sie vielmehr eine Kreuzleine ist, wie sie bis jetzt der Train und alle mir bekannten deutschen Landfuhrwerke benutzten (Abb. oben). II. Wilhelm Ahlers, bekannter passionierter Fahrer, schreibt in „Der Fahrsport", S. 95: „Durch das Schnallen der Kreuzleine regulieren wir also die Zügel, und durch Verlängern der Kreuzleine, fast bis zur Hand des Fahrers, sind wir auf die sogenannte Wiener Leine abgekommen, bei welcher die Schnallstücke (?) nur einige Zentimeter vor der Zügelfaust liegen. Auf diese Weise ist der Fahrer in der Lage, sich die Leinen während des Fahrens selber zu schnallen und zu regulieren, was namentlich beim Einfahren von Pferden von Wert ist. Wir können aber durch ver= ständiges Verschnallen der Außenzügel der Kreuzleine die Wiener Leine ersetzen, denn wir sind sehr wohl imstande, dem einen Pferde die Wirkung des äußeren Zügels fühlbar zu machen, ohne daß das andere Pferd irgendwie dadurch in Mitleidenschaft gezogen wird, wenn der betreffende äußere Zügel entsprechend kürzer, der Verbindungszügel aber dem= entsprechend länger geschnallt ist . . . . ." III. Berthold Schönbeck, Stallmeister des Fürsten von Schwarzburg=Sondershausen „Fahrhand= buch", Dresden, 1889, erwähnt die Wiener Leine weder bei Fig. 69, Zuckergespann, noch S. 108 und 109, auf welchen er sich über „Leinen" verbreitet. IV. Friedrich Hamelmann, Stallmeister des Fürsten von Hohenzollern, sagt in „Die Fahrkunst", Leipzig, 1885, S. 75: „Wir bedienen uns in Deutschland fast ausschließlich der englischen Leitung (Leinen), welche, von ihrem Kreuzzügel ausgehend, in zwei Handzügel ausläuft. Diese beiden Zügelteile gehen in die linke Hand zu nehmen, und zwar der linke Zügel zwischen den Daumen und Zeigefinger und der rechte zwischen die beiden langen — den dritten und vierten — Finger, so daß der Zeigefinger und der darauf folgende lange Finger zwischen beide Zügel zu liegen kommen . . . ." V. Leopold von Heyde= brand schreibt in seinem „Handbuch des Fahrsport", Wien, 1883, S. 186: „Beim einspännigen wie beim zweispännigen Fahren hat man immer zwei Zügel in der Hand, denn auch die Kreuzleinen endigen in einfachen Handzügeln. Diese beiden Zügel nimmt man in der Regel derartig in die linke Hand, daß man den linken zwischen Daumen und Zeigefinger und den rechten zwischen den dritten und vierten Finger legt, so daß die Zügel also durch zwei zwischen ihnen liegende Finger getrennt sind . . . ." (Die Abbildungen dazu sind genaue Verkleinerungen aus Sidneys „Book of the Horse".) VI. Graf C. G. Wrangel, „Das Buch vom Pferde", Stuttgart, 5. Aufl., schreibt S. 483: „Die Kreuz=

zügel sollen so geschnallt sein, daß die Pferde geradeaus gestellt bleiben . . .", S. 475: „Nachdem die Einwirkung des Kutschers auf die Pferde ausschließlich (?) auf der Beschaffenheit der Leitseile beruht, kann Sorgfalt bei der Anschaffung dieser Bestandteile des Geschirrs nicht genug empfohlen werden." Von den hier erwähnten Autoren äußern sich demnach nur Richard Schönbeck und Wilhelm Ahlers über die Wiener Leine, ohne jedoch die Wirkung auf jedes einzelne Pferd irgendwie verständlich darzustellen. Alle übrigen, einschließlich der Hofstallmeister F. v. Rauch, in der „Instruktion über Anspannen und Fahren", Berlin 1866, erwähnen die Wiener Leine überhaupt nicht. Nach der Rauch'schen Marstall-Instruktion wurden die Leinen schon 1866 durch Zeige- und Mittelfinger der linken Hand wie heute geteilt (das interessiert vielleicht einige M e c k l e n b u r g e r F a h r e r)! Ich habe im Laufe langer Jahre alle käuflichen englischen, französischen und italienischen Bücher über Fahren erworben, aber, was mir noch wichtiger erscheint, in keinem dieser Länder, in denen ich, um zu lernen, viel selbst fuhr und beobachtete, eine Wiener Leine gesehen. Edwin Howlett, der berühmteste Fahrlehrer, den es je gegeben hat, schreibt in seinem 1893 erschienenen Buche „Driving Lessons" und in der französischen Ausgabe „Leçons de Guides", S. 48: „Viele Liebhaber-Fahrer in Paris fahren ein oder zwei Pferde mit vier Leinen; sie sollen aber nicht denken, daß sie das zum Vierspännigfahren vorbereite. Im Gegenteil, ich habe beobachtet, daß diese wirklichen Liebhaber die größten Schwierigkeiten haben, sich die richtige Methode anzueignen, indem sie die Angewohnheit haben, die Leinen d u r c h d i e F i n g e r g l e i t e n z u l a s s e n und s i e a b w e c h s e l n d f e s t o d e r l o s e z u h a b e n, u m i n d e r L a g e z u s e i n — w i e s i e s a g e n — m i t d e m P f e r d e m a u l z u s p i e l e n." Es geht aus dem weiteren Text hervor, daß Howlett hier Hilfsleinen meint; im übrigen sagt er noch: „Der Fahrer, der ein Pferd mit 4 Zügeln fährt, glaubt sich über den Durchschnitt erhaben . . . sehr oft ist nicht eine Leine in Verbindung mit dem Pferdemaul, es wäre sehr belustigend, einen dieser Kutscher vier Pferde mit 8 Zügeln fahren zu sehen." Howlett ist also der Ueberzeugung gewesen, daß die einfache englische Leine — die einzige übrigens, die er und seine Söhne zu Kandaren anwandten — die beste sei. Diese Ansicht teile ich und will die Richtigkeit zu beweisen versuchen. Es handelt sich nun um die Beantwortung folgender Fragen: 1. Worin bestehen bei der Wiener Leine die besonderen Einwirkungen auf jedes Pferd? Alle Antworten, die ich erhielt, sagen mehr oder weniger verblümt: Einseitige Paraden, auf deutsch: „Insterburger". Jedenfalls ist das die Antwort, die ich erwartet hatte. Für Fahrer nach meinem System handelt es sich aber nicht um m o m e n t a n e Verstellungen des Kopfes nach innen, sondern um d a u e r n d e. Die momentane ist sofort ausgeglichen, wenn ich auf einen Augenblick ordentlich nachgebe, denn dadurch hört der Schmerz auf, der das Verwerfen veranlaßte. Das Nachgeben kann ich aber mindestens ebensogut mit der ungarischen Leine, wie sie in ihrer Heimat gebraucht wird, d. h. mit den „Fröscheln" i n o d e r d i c h t h i n t e r d e r H a n d, als mit ganz zurückgeschobenen. 2. Warum ist die Lage des

Gebiſſes im Maule bei der engliſchen Leine „eine unruhige"?! 3. Wa=
rum übt die Lage des Gebiſſes bei der engliſchen Leine eine ſtärker
belaſtende Wirkung auf die äußere Seite des Maules aus? 4. Wo
ſollen die Fröſchl ſein? Vor, in oder hinter der Hand?

Um mich an Ort und Stelle über ungariſches Fahren zu belehren,
fuhr ich 1914 nach dem Wiener Turnier in glänzender Stimmung und
bei ſchönſtem Wetter nach Budapeſt; denn was ich in Wien ſah, war

Abb. 101. Ungariſche Anſpannung.

meiſt juckeriſch=amerikaniſcher Gulyas. In Ungarn hatten alle Fahrer
die Fröſchl im Schritt etwa 10 cm vor, im Trabe in oder dicht hinter
der Hand. Ich ſah keinen Fahrer, ob Bauer, Fiaker oder herrſchaft=
lichen mit den Fröſchln weit hinter der Hand, ſelten einen, bei dem ſich
die Leinen in der Linken kreuzten. Waren die Pferde leicht zu halten,
ſo lagen die linken vereinigten meiſtens zwiſchen Zeige= und Ringfinger,
die rechten beim Peitſchengebrauch von oben nach unten in der vollen
linken Hand, im übrigen ſteckten meiſtens Mittel= und Ringfinger oder
Mittel=, Ring= und kleiner Finger dazwiſchen. Der Fiaker, der mich
zum Hotel fuhr und deſſen „weiße Tauben" wohl hin und wieder tüchtig
abdeichſelten, wurden durch einen automatiſch wirkenden Zwang an ihrem
Vergnügen gehindert. Ein ſchmaler ſtarker Riemen war dicht hinter
dem Kammdeckel des einen Schimmels befeſtigt, lief von da unter beiden
Bäuchen, oberhalb der Innenſtränge und Deichſel her, um beim anderen
Schimmel an der gleichen Stelle zu endigen. Etwas unter den äußeren
Strängen, durch deren Dicke von der Haut abgehalten, befanden ſich je

eine Strangbürste, aber nicht aus Borsten, sondern aus spitzen Stiften, deren Wirkung sie bergab und beim Parieren auf die Sekunde quittierten, indem sie sogleich an die Deichsel herantraten. Bei einigen gewaltig herangehenden Zuckern sah ich auch Pullernetze. Ich kann den Leser versichern, daß deren Fahrer die Fröschl in der Hand hatten, man sah auf den ersten Blick, daß kein Gott solche Temperamente mit vier einzelnen Zügeln hätte bremsen können. Das schildert mir auch die Zuschrift eines alten Bekannten, Graf Christoph Rautter, der viel in

Abb. 102. Wiener Schick.   Original von Ludwig Koch-Wien.

Ungarn war: „Die Ungarn halten in jeder Hand einen Doppelzügel und rufen ihre Zucker an. Diese sind auch mit einer Hand knapp zu regieren, sind oft im Halse verstellte Beester. Man faßt mit der ganzen Faust vor die Schnalle, dreht den Daumen nach oben und hat dann durch drehende Bewegung des resp. Faustgelenks jede Kopfstellung, wenn sie falsch war, bald verbessert. Es ist das einzige **F a h r i n s t r u m e n t f ü r N a t u r k i n d e r**, welches einen einwandfreien Kontakt des Kutschers mit jedem Pferde ermöglicht."

„Mit jedem Pferde" bezieht sich aber nur auf ein Paar, denn sobald der 4=Zügel=Fahrer 4 Pferde nimmt, zerfällt sein System in Staub. In der eben erwähnten Zuschrift sieht man ordentlich, wie das rohe im Halse „verstellte Beest" durch eine unsanfte „Politur" losgeriegelt wird. **D a s i s t a b e r k e i n e F a h r k u n s t**, ebensowenig wie es Reitkunst wäre, durch starkes Hin und Her oder einige „Insterburger" mit der Trense — also nur mit dem Zügel — ein Pferd zum Abstoßen am Gebiß und zur Versammlung bringen zu wollen.

Zusammengeschnallte Viererleinen sind sicher so gefährlich wie die Ur=Coach=Leinen. In der Entstehungszeit der R o y a l M a i l benutzten alle Fahrer sogenannte „short wheel reins". Das waren **H i n t e r l e i n e n**, die nicht hinter, sondern seitlich vor der Hand eine Schnalle hatten, wie die ehemaligen Mannschafts-Trensenzügel. Die Hinterleine wurde damit so geschnallt, daß sie angenehm in der Hand lag. Durch schlechte Erfahrungen mit fallenden Stangenpferden gewitzigt, hat sie dann ein Fahrer nach dem anderen abgeschafft, sodaß etwa seit 90 Jahren kein Mensch mehr „short wheel reins" verwendet.

Will der Fahrer unterwegs die Wiener Leine verschnallen, so kann er entweder den Kutscher herunterschicken, um das am Maul machen zu lassen, was bei jungen unruhigen Pferden gefährlich ist, oder er muß es an den Fröschln versuchen. Das ist aber sehr viel schwieriger und zeitraubender als bei richtig gearbeiteter Kreuzleine, bei der man es o h n e j e d e A n s t r e n g u n g i m T r a b e m a c h e n k a n n. Freilich muß die Leine in den Kreuzschnallen S p i e l h a b e n, die L ö c h e r m ü s s e n o v a l s e i n, die Schnallen länger als breit (keine quadratische Militär-Walzenschnalle und kein dubliertes Leder). Die starre Genauigkeit der Kreuzleine ist besonders wertvoll, wenn man ein Pferd längere Zeit mit der Peitsche an die Stange heranbringen will. Bevor es sich abstößt, wird es auf die Hand drücken. Bei v i e r e i n z e l n e n Leinen zieht es sich seine Zügel lang, während die Leinen des anderen kurz bleiben. Um die Verschiebung auszubessern, muß ich mitten in der Arbeit eine ungewollte Pause eintreten lassen und von vorne anfangen. Mit der Kreuzleine ist dem nicht so: zieht ein Pferd dem Fahrer seine Zügel durch die Finger, so zieht es die Zügel des anderen ebenfalls vor, sodaß das richtige Verhältnis zwischen den Pferden unter allen Umständen erhalten bleibt. Vorsichtshalber kann man zu Anfang dieser versammelnden Arbeit die Zügel ganz kurz nehmen, die aufmerksame Hand kann dabei stark und doch weich gegenhalten. S t a r k e H a n d aber w e i c h e s E l l b o g e n g e l e n k. Zum Peitschengebrauch muß die rechte immer frei sein. Hält sie gleichzeitig die rechte Leine, so gibt es bei dieser gefühllosen P i n s e l e i (dem Drehen der Peitsche und am Leibe hinaufziehen) Rucke ins Maul. Die g e p i n s e l t e n Hilfen folgen sich je nach der Armkraft und dem Gewicht der Peitsche ohne Rücksicht auf den Erfolg. Das geräuschlose „H i n l e g e n" der Schnur jedoch erfolgt in größeren Pausen, sodaß der aufmerksame Fahrer in dem Augenblick mit Hand und Peitsche nachgeben kann, in welchem das Pferd gehorcht.

Die allerwenigsten mir bekannten Fahrer sind sich über das wertvolle richtige Verschnallen der Kreuzleinen klar. Geht z. B. das linke Pferd tadellos gestellt, das rechte nimmt jedoch den Kopf etwas mehr als einen „Schimmer" nach außen, so gibt es verschiedene Arten, das abzustellen. Um festzustellen, welche hier die richtige ist, muß ich mir zunächst darüber k l a r s e i n, ob das linke Pferd a m Z ü g e l s t e h t o d e r b u m m e l t. Ist es faul, so stehen seine Zügel nicht an; da muß die Peitsche helfen, die Schnallung war richtig. Warum? Sobald die Wirkung der Peitsche da ist, wird der K o p f d e s r e c h t e n r i c h t i g s t e h e n, der l i n k e ein wenig nach außen. Der Gang der Dinge war so: Sobald das linke Pferd mehr vorwärts geht als bisher, zieht es an der Sprengwaage das Vordergestell vor, sodaß die Deichsel dadurch mehr nach r e c h t s geht. In dem Augenblick, wo das eintritt, übt jeder Fahrer, überlegt oder unüberlegt, um geradeaus zu bleiben, weniger Druck auf die rechte Leine aus. Dadurch hört die Rechtsstellung auf. Bleibe ich, jetzt mit der Peitsche einige Zeit vortreibend, am linken Pferde, so habe ich sehr bald (etwa in einer Minute) beide Köpfe linksgestellt, dadurch, daß der linke Zügel die Geradeausrichtung erhalten, stärker gewirkt und die Linkskopfstellung hervorgerufen hat. War aber das linke Pferd am Zügel, so konnte die Kopfstellung des rechten Pferdes nach außen nur dadurch kommen, daß das linke zu kurz in der Leine (das rechte zu lang) war. Gebe ich dem linken mehr Luft, d. h. nehme ich die Kreuzschnalle auf seinem Rücken ein Loch zurück und gebe die rechte ein Loch vor, so wird — da es am **Zügel stand** — das Vordergestell an der Sprengwaage und damit die Deichsel vermehrt nach rechts geschoben. Deshalb ziehe ich nicht, wie vorher, an der rechten Leine, und **wenn ich nicht an der rechten Leine ziehe**, so nehmen auch die Pferde ihre Köpfe nicht mehr nach rechts. Halten beide Pferde die Köpfe nach rechts und deichselt das linke, weil ihm die Deichsel am Vorderbein unbequem ist, ab, so schiebt der Wagen zum Aerger des schwachen Fahrers dauernd nach links. In den meisten Fällen will der Ahnungslose das verbessern, packt aber die Kuh am Schwanz an. Anstatt das linke Pferd länger zu schnallen, damit es das Vordergestell und die Deichsel nach rechts bringen kann und bringt, verkürzt er fälschlich den Innenzügel, hält dadurch das linke Pferd zurück, anstatt es vorzulassen, sodaß die Karre immer schlechter geht. Das rechte Pferd hat die ganze Arbeit allein getan und ist, weil es scheinbar nicht nach rechts folgte, obendrein ins Maul gerissen, ängstlich und heftig geworden. Spannt der Kutscher in bester Absicht, aber ohne Klarheit, was er tut, um, so glaubt er das Ei auf die Spitze gestellt zu haben, denn die Sache geht! Das immer heftiger gewordene rechte Pferd findet links den für seinen Tatendrang richtig kurzgeschnallten Zügel. Nun ist es aber noch lange nicht gesagt, daß alles auf die **Dauer** paßt, denn wenn das heftige sich jetzt sehr beruhigt, weil ihm sein Nachbar hilft, so ist es möglich, daß die Karre bald umgekehrt schief geht. **Durch Arbeit ohne Peitsche, also um die Wirkungen des Verschnallens alle kennen zu lernen, muß sich der angehende Fahrer in die Möglichkeiten hineinarbeiten, die ihm die richtige Kreuzleine bietet.** Nehmen wir jetzt den Fall an, das rechte Pferd nähme die Nase links, also nach innen, so muß der durchgebildete Fahrer alsbald heraushaben, wo der Schuh drückt. Jedenfalls biegt sich das Pferd ungern rechts. Bei dieser Rechtswölbung kann es nun sein, daß das Pferd: entweder „**am linken Zügel hängt**" oder „**gegen den rechten geht**". Der Grund ist in beiden Fällen derselbe, nur wendet das Pferd ein anderes Verteidigungsmittel dem Fahrer gegenüber an. Bei Ladendruck kommt beides, **fast gleichzeitig**, bei ein und demselben Pferde vor: **Aus dem Stalle heraus geht kein Pferd auf der Ladendruckseite heran**, erst nach dem Warmwerden oder auch erst auf der Heimfahrt geht es kurze Zeit — etwas unruhig — heran, dann aber oft mit

Gewalt. Sagt sich dann der unbewanderte Fahrer: na warte, ich schnalle dich ganz einfach rechts scharf, so hat er ganz verspielt, denn jetzt sind die Nerven abgequetscht, und um sich rechts unter keinen Umständen zu biegen, wendet es Gewalt an. Bei gesundem Maul mit **bittender weicher Hand** kann man durch Schärferschnallen auf der gewölbten Seite etwas erreichen, aber nur, wenn man die Rechtsstellung zunächst **ohne Beizäumung anstrebt**. Ich habe oft eingreifen müssen, wo es mein Dienst war und wo ich zu Rate gezogen wurde. Die Sache ist immer die gleiche, wenn man sie erst „gründlich" kennt. Hat sich jemand festgezogen, wie beschrieben, so schnalle er beiderseits ins Schaumloch, Kinnkette lose, Mundstück von der schmerzhaften Stelle weg, ganz tiefgelegt, Leine beiderseits um ein oder zwei Loch verlängert; mit langen Zügeln Schritt fahren, den Hals **ausdehnen** lassen dann hört oft alle Verbiegung sofort auf. Und woher kam dies? Es war dem Pferde weniger schmerzhaft, mit aller Kraft **gegen** den rechten Zügel zu gehen, als sich an der Ganasche in Beizäumung zu biegen und sich die Ohrspeicheldrüse zusammenquetschen zu lassen. Alles das macht man mit keiner anderen Leine so schön und so leicht wie mit der von mir empfohlenen Kreuzleine. Beim Fahren auf Kandaren ist vor allem die **am rechtwinkligen Arm ruhigste aufmerksam fühlende Hand das wahre Werkzeug**, nur kein Hin und Her und Gezupfe; das paßt nicht einmal für Arbeitspferde, die, in Ruhe gelassen, viel ungestörter und lieber ziehen würden, leider aber vom frühen Morgen bis späten Abend ins Maul gerissen werden und sich nicht davor retten können. Die Fahrer tun das übrigens rein aus Gewohnheit, so wie es Menschen gibt, die sich einmal in der Minute am Kopf kratzen. Wie eben angedeutet, kann man, das ist auch logisch, einseitige (einseitig steife) Pferde auch **einseitig** schärfer schnallen als auf der anderen Seite. Die Wirkung des **Schaumlochs** ist, da **ohne jede Hebelwirkung, nicht beizäumend**, sondern nur „**führend**", d. h. **seitlich führend**, während schärferes Schnallen in dem Maße an seitlicher Führung verliert, in welchem es an Schärfe zunimmt (am Kandarenanzuge tiefer vorgenommen wird). Je schärfer die Zäumung — ob auf einer oder beiden Seiten — desto vorsichtiger muß die Hand sein. Bildlich gesprochen: bei der Trense kann ich vielleicht sagen: „rum mit der Schnauze!" auf Kandare macht das nur ein Idiot, denn da sagt jeder denkende Mensch zu seinen Pferden: „Bitte, nun sei 'mal lieb und komme mit deinem Schnäuzchen nach rechts." So empfehle ich auf Kandare zu fahren. Mit vier völlig getrennten Leinen zweispännig zu fahren ist für Anfänger **schwer**, es **ist sehr schwer, verschiedene Temperamente** richtig zusammen gehen und **arbeiten** zu lassen. Was soll man nun machen, wenn **nur der Kutscher oder der Herr** das können? Angenommen es kann **nur der Kutscher**, sein Herr hat aber viel zu tun, wohl Lust, aber nicht, um wie meine Wenigkeit, ein Studium daraus zu machen. Nimmt der Herr einmal die einzelnen Wiener Leinen in die Hand, **so kommt ihm sofort alles durcheinander**, denn der **fleißigere Gaul zieht ihm die Zügel, die kurz sein sollen, aus** der Hand, der faule, der die Zügel lang haben sollte, bekommt kurze. Kann nur der Herr gut mit vier einzelnen Riemen arbeiten, so kann er seinen Kutscher sicher keinen irgendwie schwierigen Weg nachts von der Bahn oder sonstwoher heim schicken, auf dem es womöglich bergauf, bergab geht und wobei nur ein guter Fahrer mit der **Kreuzleine oder Fröschln** an der Hand die Arbeit dem faulen Gaul gerecht zuschieben kann. Angenommen, wir sind auf dem Lande, der Herr muß zur Bahn, der Kutscher ist anderweitig unabkömmlich oder hat die Grippe, so kann ein Stallbursche

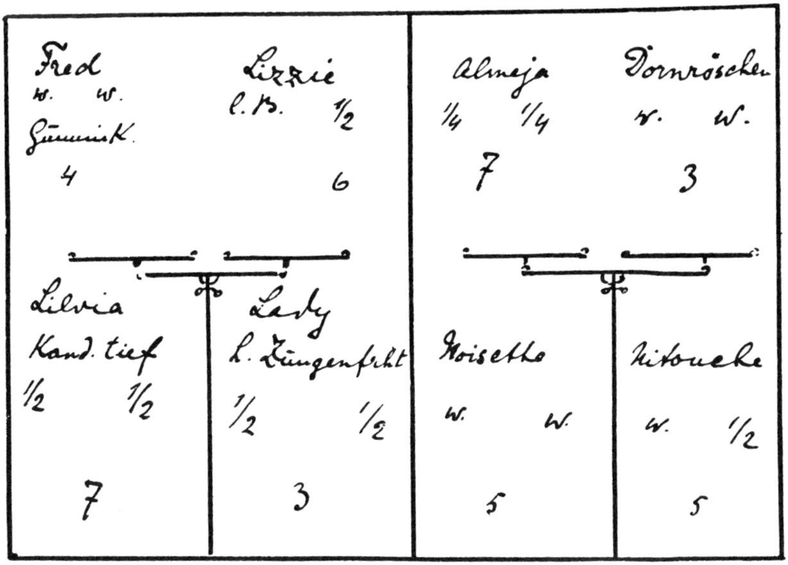

Abb. 103.

überhaupt mit den vier Zügeln nicht nach Hause kommen. Wie einfach ist das mit richtiger Kreuzleine, wo Interesse und Ordnung herrscht. Hier kommt mein „starres System" zu Ehren. Man muß im Stall ein kleines Buch führen, in welchem alle Pferde zueinander aufgeschrieben sind. Da die richtigen Leinen meines Systems nur je ein Loch an den Schnallstücken haben, so kommen **nur die Löcher am Kreuz in Betracht**. Beispiel: **Centifolie und Gardenia** haben gleiches Temperament und gehen am besten gleich geschnallt. Im Buche würde stehen: Centifolie 5 — Gardenia. Hier genügt **die eine Zahl**, denn da die Summe der Löcher diesseit der Kreuzschnallen 10 betragen soll, so ist die zweite 5 aufzuschreiben überflüssig. Ist vielleicht C. sehr weichmäulig, G. jedoch nicht, so kann man zu C. 5 noch „w." hinzufügen = weich. Bei G. ½ d. h. halbscharf. Nehmen wir **Nedda und Gardenia**, so würde es beispielsweise heißen: Nedda 1, Gardenia. (d. h. Gardenia 9). Es müssen also auf Neddas Rücken 1 Loch, auf Gardenias 9 Löcher oberhalb der

Kreuzschnalle — zum Fahrer zu — sein. Bei solcher Ordnung kann jeder Stalljunge zwei x-beliebige Pferde richtig anspannen und sogar mit ausprobiert richtiger Arbeitseinteilung fahren. Besondere Bezeichnungen kann sich jeder Herr mit seinem Kutscher festlegen. Vielleicht w = weich, 1 S = erster Schlitz, $^1/_2$ = halbscharf; w—1 S würde heißen: links weich — rechts erster Schlitz. Ich habe das in großen Ställen als außerordentlich praktisch erprobt. Hatte ich mir im Königlichen Marstall 6 Holsteiner und Hannoveraner zusammengesucht, so konnte ich jederzeit mit genauester Arbeitseinteilung ohne jede Probe vom Hofe fahren, die 6 Pferde gingen sogleich wie auf der Abb. 96. Meine Aufzeichnungen vom 13. März 1913 lauten: S i m s o n 6, S a u l 4, U n r u h 6, T i n o 6, T h e o 6, P a n t e r 6. Daraus geht hervor, daß S a u l 1 Loch länger geschnallt war als Simson, die 4 übrigen Pferde ganz gleich, (am K r e u z, nicht an den Gebissen), doch waren alle so groß und breit, daß, nicht wie beim ersten Paar die Normalsumme 10 oberhalb der Kreuzschnallen sein mußte, sondern 12. — Da die Kunst bei der Kandare hauptsächlich in leichter Führung und denkbar häufigstem N a c h g e b e n liegt, die Kopfstellung niemals durch Anziehen e i n e s Zügels versucht werden darf, so würde sogenannte Beweglichkeit der Hand bei empfindlichen Pferden steigende Härte hervorrufen, besonders in länger gleichmäßig flott gefahrenem Tempo. Deshalb stille, aufmerksame, stets zum Nachgeben bereite Hand.

Im Gegensatz zu den Zweispännig=Vierzügelfahrern bin ich für die f e i n f ü h l e n d = r u h i g s t e h e n d e Hand. Wenn auch Fahren und Reiten ganz verschiedene Dinge sind, sodaß ich sogar so weit gehe, zu behaupten, daß sehr gute Reiter oft sehr mäßige Fahrer seien, wenn s i e n i c h t g r ü n d l i c h b e i m F a h r = A B C a n f a n g e n u n d j e d e n V e r g l e i c h z w i s c h e n F a h r e n u n d R e i t e n f ü r l ä n g e r e Z e i t u n t e r l a s s e n, so bleibt doch Pferdemaul Pferdemaul, und ein so feinfühlender Pferdemann wie Otto Digeon von Monteton, der nicht nur zu fühlen, sondern sich auch glänzend auszudrücken verstand, bestätigte mir meine Ansicht, die er wörtlich in einem Briefe an Herrn Wilmans niederschrieb: „Bei der r u h i g e n, s t a n d h a f t e n, g e g e n h a l t e n d e n — p a s s i v e n F a u s t, die allein richtig zu arbeiten vermag, ist die W e i c h h e i t derselben die conditio sine qua non, und die W e i c h h e i t d e r F a u s t l i e g t i n d e m T e i l d e s R ü c k g r a t e s, wo es seinen ehrlichen Namen verliert und sich mit dem Gesäßknochen vereinigt". — Die richtige W e i c h h e i t der „F a h r h a n d" liegt auch nicht im H a n d g e l e n k, im Gegenteil wird das Handgelenk durch das notwendige feste Schließen der Finger ebenfalls f e s t u n d m u ß s o s e i n. Die Redewendung „a u s d e m H a n d g e l e n k" ist vom Standpunkt ernst genommener und getriebener Fahrkunst, was Leinen= und Peitschenführung angeht, Blech mit Bluff! D i e W e i c h h e i t i n d e r F a h r = h a n d l i e g t i m E l l b o g e n = u n d S c h u l t e r g e l e n k. Das Nachgeben und Annehmen der Fahrhand hat bei hohen Wagen (Coach), Tandem, Char-à-bancs usw.) sehr oft von der Krawatte bis zum O b e r s c h e n k e l zu erfolgen, sich also über einen halben Meter aus=

zudehnen, weil die Pferde nicht **vor**, sondern **unter** dem Fahrer sind. Daß dafür die wenigen Zentimeter Biegungsvermögen des Handgelenks nicht in Betracht kommen, ist objektiv Urteilenden klar. Da jeden Augenblick starkes Nachgeben und Annehmen auch bei anderen Wagen vorkommen kann (wenn Pferde stutzen oder scheuen), so soll der Fahrer diejenigen Gelenke **bis zur Vollendung** ausbilden, deren **Fähigkeiten** für die größten notwendigen Hilfen **ausreichen**. Auf guter Straße oder auf tiefen Wegen ist es ja möglich, das übermütige Tier durch einen „Insterburger" mit einem Zügel zu strafen, hat das aber einen Nutzen? **Jedenfalls kann man das auch mit der richtig gearbeiteten Kreuzleine**, aber selbst auf Trense ist es schöner ohne solche Gewaltakte. Auf glattem Asphalt würfe man aber rettungslos **mindestens ein** Pferd hin. Da kann nur die ruhige Hand empfohlen werden, die gute Bremse muß helfen. Nun ein einziges Beispiel nur, um zu zeigen, daß Ziehen, Schiefziehen des Wagens durch vermehrte Arbeit eines Pferdes, Aufhalten, Deichsel, Rasseln des Wagens, Störung im Maule durch die Bewegungen des Nebenpferdes, Abdeichseln, Drängen usw. usw. Dinge sind, die dem **Reiter** in ihren Wirkungen durchaus unbekannt sind. Angenommen, wir haben zwei temperamentvolle Pferde, von denen, was oft vorkommt, das eine auf dem Rückwege sehr heftig wird und schließlich, je näher es nach Hause kommt, alle erdenklichen Ungezogenheiten macht, als da sind: Zackeln, Kopfwegstecken, Herunterbohren, Bogensätze machen, endlich dabei Hinfallen oder Hinwerfen. Da kann kein „Reiter" helfen, es sei denn, daß er das Pferd (das vielleicht als Reitpferd ungeeignet) ein Jahr reitet! Der feinfühlende wissende Fahrer kennt diese anerzogene Krankheit genau, ihre Bestimmung und die Mittel hat er zur Hand. Versuche mit Sattränken (ist außerdem selbstverständlich), möglichst oft andere Wege fahren, viel Arbeit geben, alles das sind Witze, die nicht schaden, aber den Erreger nicht abtöten können, weil sie ihn nicht finden. Woher kommen aber diese Ungezogenheiten? Antwort: vom **Ladendruck**. Und der Ladendruck? Entweder von scharfer Zäumung verbunden mit harter oder, bei Unzufriedenheit, brutaler Hand. Was allen Nur-Reitern schwer verständlich ist, **besteht in der Naturanlage temperamentvoller Pferde, heftig zu werden, sobald viel zu ziehen ist**, oder es dem temperamentvollen Pferde so vorkommt. Bei einem **auf dem Heimwege sehr heftigen** Pferde spielt sich eine Fahrt kurz geschildert folgendermaßen ab: Da hier totsicher Ladendruck vorhanden ist, so schmerzt das Maul. Beim **Anfahren** aus dem Stalle wird kein leidlicher **Fahrer** das heftige Pferd sofort mit der Peitsche, auch wenn es hinter dem Zügel geht, treiben, weil er sich von der letzten Rückfahrt noch erinnert, wie heftig es sein kann. Da es zunächst zurückbleibt, zieht es nicht und bleibt, hinter dem Zügel gehend, artig und, wenn auch vielleicht zackelnd, doch ruhig. „Denkt" der Fahrer sich in die Lage des Pferdes — es gehört schon mehr Pferdeverständnis und Pferdeherz dazu, das richtig zu können, als die meisten Menschen aufbringen und glauben — so sagt er sich: Gott sei Dank, daß es ganz losläßt, vielleicht begreift es jetzt, daß es viel bequemer ist, lose zu gehen als zu pullen. Vermeidet der Fahrer nun, auf dem Hinwege, jeden Zungenschlag, jedes Peitschengeräusch, kurz alles, was auf das sich Verkriechende antreibend wirken könnte, läßt er es bei möglichst ruhigem Anfangstempo nicht warm werden, so hat er schon viel erreicht, denn das seit der letzten Fahrt immerhin etwas verheilende Maul ist noch nicht wieder unter Druck gewesen. Sollten Augenblicke eingetreten sein, in denen ein Schimmer von Heftigkeit zu bemerken war, so bleibe man halten und beruhige (Brot, Mohrrübe). Unruhe und Schwitzen sind ein untrügliches Zeichen von Schmerz. Tritt man den Heimweg an, so wird die Heftigkeit von Minute zu Minute größer — keineswegs, weil wir uns dem Stalle nähern, sondern weil das Maul durch das vermehrte Herangehen mehr schmerzt. Geht das Pferd aber mehr heran als bisher, so schiebt es naturgemäß den Hals mehr zusammen, sodaß die Schultern dem Kumt näher kommen. Das Ziehen wird dadurch stärker und dadurch wieder die Heftigkeit größer. Bevor man also die Nasen heimwärts lenkt, ist zu verschnallen. W i e v i e l — muß man ausprobieren, es muß jedenfalls ausreichen, stärkeres Ziehen als vorher zu verhüten. Die weitere Aufmerksamkeit ist jetzt dem Tempo zu widmen, man muß möglichst ruhigsten Reisetrab fahren, der dem Drang nach vorwärts viel besser nachgibt als er= zwungener Schritt. Dieser kann die Ungeduld und den Tatendrang bis zur Ungezogenheit steigern. Bleibt das heftige Pferd ruhig, vielleicht ganz hinter dem Zügel, so hat man das meiste und beste erreicht, was im Augenblick zu gewinnen war. Kann man noch kürzer traben, ist es vielleicht sogar möglich die Pferde „i n S c h r i t t f a l l e n" zu lassen, so hat man allen Grund, mit sich und den Pferden zufrieden zu sein. Macht das Pferd Anstalten zu zackeln und sich im mindesten zu verwerfen, so gebe man ohne jeden Zuruf ganz wenig nach und achte darauf, daß das ruhige Pferd mitgeht. Oft genügt das, um wieder zum Schritt zu gelangen. Wird Trab aus dem Nachgeben, so muß natürlich die aufmerksame Hand schon da sein und nicht m e h r er= lauben, als den vorherigen bummeligsten Reisetrab. Dabei wird kein Pferd warm, man kann also zur Not damit in den Stall fahren und behält so das Gewonnene. Die kleinste Unruhe mit der Hand, nur bei einigen Tritten z u l a n g e Z ü g e l verderben wieder alles Erreichte. Ist das heftige, am Stalle angelangt, dennoch warm geworden, so schnalle man nur die Stränge aus und lasse so lange wie möglich führen. Wie hier beschrieben, habe ich es unzählige Male mit sicherem Erfolg bei fremden Pferden gemacht, leider wird man aber immer dann erst gefragt, wenn die Geschichte schon so „v e r f a h r e n" ist, daß man wochenlang erst die herauseiternden Knochensplitter mit in Betracht zu ziehen hat. Das beste Mittel bei leichtem Ladendruck ist, bei der Arbeit den Gedanken ununterbrochen durch die Hand zu leiten: „O b m e i n e H a n d d a s r o h e E i n o c h v o r s i c h t i g e r h a l t e n k a n n? L a d e n d r u c k, L a d e n d r u c k, L a d e n d r u c k!" Dann aber, um die Laden zu entlasten, bei ruhigen Pferden Trensenmundstück (ob außerhalb des Maules Trensenringe oder Kandarenanzüge sind, ist ziemlich gleichgültig). Bei stärkerer Empfindlichkeit temperamentvoller Pferde geht nichts über eine guterhaltene **Gummitrense mit Pullerriemchen** (Seite 12). Ich habe meinen vielen Schülern nicht eher Ruhe gelassen, bis sie vor den Ecken in der Stadt so früh parierten, daß sie die sich **völlig abstoßenden** Pferde im abgekürzten Tempo ganz leicht — **am Gewicht des Zügels** — um die Ecken lenken konnten. Wichtig — um den Pferden das Aufsuchen des Zügels beizubringen — ist dabei: nach jeder Ecke — **nur durch Nachgeben mit der Hand** — wieder im Tempo zuzulegen. Die **Passion, um Ecken zu juxen**, ist ebenso kindlich und unverständlich wie gefährlich, schlimm genug, daß es die Autos tun. —

Die Wiener Leine (**Vierspännig**). Mir erscheint die Führung der Wiener Leine am praktischsten, wie es die bekannten vorzüglichen Zuckerfahrer Prinz Friedr. zu Schönburg=Waldenburg und Herr von Tiegel=Lindenkron machen. Prinz Schönburg nimmt die Fröschl in oder dicht hinter die Hand, steckt den linken Zeigefinger zwischen die beiden linken, den linken Mittelfinger zwischen die beiden rechten Leinen. Das ist **annähernd englische Leinenführung**, nur mit dem Unterschied, daß die **linke Hinterleine über der rechten Vorderleine liegt, anstatt darunter**. Bei dieser Haltung muß man allerdings soviel Kraft und Geschicklichkeit haben, alle Linkswendungen nach dem Legen der Schleife und des Widerstandes auf den Zeigefinger **lediglich mit einer Hand** zu Ende zu führen. Anderenfalls müßte sich der Fahrer auf seinen linken Nachbar legen. Bei der englischen Leinenführung nimmt der Fahrer **vor scharfer Linkswendung die Leinen länger**; das kann der Zuckerfahrer **wegen der Fröschl nicht**.

Herr von Tiegel nimmt den linken Mittelfinger (abwechslungshalber Mittel= und Ringfinger) vor den linken Frosch, er legt (wie zweispännig) die **rechten Leinen von oben nach unten in die Linke**, die dadurch etwas verdeckt steht, daß die Rechte — ebenfalls ein wenig verdeckt — von oben mit Mittel= und Ringfinger zwischen die zwei rechten Leinen faßt.

Zur **Linkswendung** holt er, ohne die rechten Leinen loszulassen, eine Schleife mit dem **rechten Zeigefinger** heran. Zur Rechtswendung gleitet seine rechte Hand auf beiden rechten Leinen vor, wobei Ring= und kleiner Finger eine Schleife heranholen, die der linke Daumen hinter der rechten Hand übernimmt. Sollten die Stangenpferde den Bogen etwas kleiner nehmen, als sie es augenscheinlich beabsichtigten, so wird **links herum** leicht die linke Hinterleine verlängert, indem die linke Hand etwas vorgeht. **Rechts herum**, indem man beim Herannehmen der rechten Vorderleine (mit dem Ringfinger) die durch den Frosch mit ihr verbundene Hinterleine aus der linken Hand hervorzieht.

Abb. 105. Coach des Herrn C. Brüninghaus. Wendung im Galopp. Fahrer Verfasser, 1. Preis, Kunstfahren Berlin 1906.

Die englische Leine und ihre Maße.

In einem Stall mit großen und kleinen Pferden hat man am besten zweierlei Maße, weil die Kreuzschnallen so nahe vor der Hand sein müssen, daß man sie bequem verschnallen kann, wenn man sich vornüber neigt. Ist die Deichsel, von der Sprengwaage aus bis zur Spitze (ohne Viererhaken) gemessen, 2,80 m, so paßt für mittlere Pferde eine Leinenlänge vom Gebiß bis zum mittleren Loch von 2,90 m. Sind die Pferde länger angespannt als (von der festen Sprengwaage bis zum Mittelloch der Stränge) 1,62—1,63, so reicht man zwar zum Verschnallen beim Fahren noch mühsam hin, aber angenehm und praktisch ist das nicht. Bei „richtiger" kurzer, also nicht zu kurzer Anspannung ist das beste Maß der Außenleine vom Gebiß bis zum Leinen=Ende 4,30 m. Vom Gebiß bis zum mittleren der 11 über 40 cm verteilten Löcher 2,90 m. Wird der Innenzügel auf der Außenleine ins Mittelloch geschnallt, so ist er 12 cm länger als der äußere und paßt für mittlere Pferde (1,68 Bd.) bei Kumtanspann. Sollten die Wagen den Bock so weit vorne haben, daß bei diesem Maß die Schnallen in die Hand kommen, so ist die Leine ja leicht — wo sie an der Schlaufe vor der Hand zusammengesetzt ist — um das nötige Stück auf allen vier vorderen Teilen zu verkürzen. Auf der Maßzeichnung ist das innere Schnallstück am Maul umgekehrt angesetzt. Das hat zu verschiedenen falschen Erklärungen Veranlassung gegeben. Es hat, auf diese Art eingenäht, den Zweck, zu verhindern, daß die Schnalle vor der Hand sich abwärts dreht und sich dauernd die Fleischseite der Leine aufwärts legt. Die Innenleinen sollen so liegen, daß ihre glatte Haarseite im Leinenauge dem Nebenpferde zugewendet ist. (Nebenbei kann man schon an dem Schnallstück erkennen, daß es die Innenleine ist.) Bei neuen Leinen muß der Fahrer — vorausgesetzt, daß er diese versetzten Schnallstücke mag — darauf achten, daß der Lage der Innenleine beim ersten Gebrauch etwas nachgeholfen wird. Das geschieht am besten, indem man vor dem Losfahren diese Leinen an den inwendigen Leinenaugen faßt und wie einen Korkenzieher dreht (die linke rechtsherum, die rechte linksherum, wenn man davorsteht). Schlägt sich beim Fahren eine Innenleine um, so kann man sie vom Bock aus meistens zurechtlegen, indem man mit der rechten Hand die Kreuzschnalle so oft nach

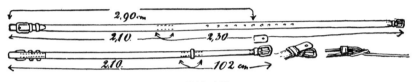

Abb. 106.

innen herumdreht, bis die innere Leine im Kumtring herumspringt. Auf Abb. 106 ist die Kreuzschnalle mit einem „Schoner" dargestellt. Das ist ein kleines Lederstück mit einem ovalen Loch, in der Schlaufe angenäht; es wird auf den Schnalldorn und unter die Schnalle geschoben, um zu verhindern, daß diese dunkle Flecke auf der Außenleine hinterläßt. Ganz rechts sieht man, wie der Schoner liegen soll, links davon, wie er frei liegt, bevor die Außenleine eingezogen ist. An dritter Stelle ist der Schoner (ganz klein) — bevor er eingenäht — über der Kreuzschnalle gezeichnet. Ganz links, am Innenzügel, stellt die Zeichnung das umgekehrt angesetzte Schnallstück dar. Sielen haben am Halsriemen auf der Innenseite keinen Leinenring, weil sie keinen Halt geben, wenn ein Pferd stramm herangeht, sodaß die Innenleinen vom Kammdeckel geradeswegs zur Trense laufen. Würde man demnach englische Kreuzleinen zum Brustblatt verwenden, so dürften die Innenleinen — auf die Mitte geschnallt — nur etwa 6 cm länger sein als die äußeren, oder die Kreuzschnallen müßten etwas näher zum Fahrer hinaufgeschnallt werden. Dann sind dennoch bei verschiedenen Temperamenten genügend Löcher zum Verschnallen vorhanden. Die beste Breite der Hand-Enden ist neu 27 mm, die sich im Gebrauch sehr bald auf 25 mm verringern, dann so bleiben und dann diejenige Breite haben, an die sich jede Hand leicht gewöhnt — gute, wirklich weite Handschuhe vorausgesetzt. Nur solche Damen und Herren beklagen sich, die sich an schmale gewöhnt hatten, Anfängerinnen und Anfänger beklagen sich niemals. — Da von den 27=mm=Kreuzschnallen aus, vier Riemen dieselbe Arbeit leisten, die diesseits der Schnallen nur zwei Riemen (die Hand-Enden) tun, so können die v i e r Teile schwächer sein als die z w e i Hand-Enden. Ich empfehle daher, den Innenzügel ganz, den Außenzügel vom vordersten Loche ab (verlaufend) zum Maule hin 25 mm zu nehmen. Manche Sattler wehren sich dagegen, weil es „unfachmännisch" sei. Das ist Unsinn; es ist vielleicht neu und ungewohnt, aber praktisch. Ganz besonders noch aus dem Grunde, weil das Handstück nach kurzem Gebrauch schmäler wird, sodaß dann nur die durch die 11 Löcher geschwächte Stelle entsprechend ihrer starken Inanspruchnahme stark bleibt. Die Kreuzleine hat am einen Hand-Ende eine Schnalle, am anderen eine Spitze, sodaß jeder sofort die linke von der rechten Leinenhälfte unterscheiden kann, sofern Ordnung im Stalle herrscht und die Hälfte mit der Schnalle immer auf der linken Seite verwendet wird. Bei der Wiener Leine hingegen waren bis jetzt beide Teile gleich, sodaß in einem Stalle, in welchem ordnungsmäßig beim Putzen auseinandergeschnallt und die Leine nach dem Fahren — im Stalle — sogleich aus dem Geschirr gezogen wird, die rechten und linken Hälften verwechselt werden. Das wäre nur in dem seltenen Falle gleichgültig, in welchem beide Pferde genau gleiche Temperamente, Hälse und Mäuler hätten und der Fahrer in der Mitte säße. — Die Kreuzleinen haben an jeder Schnallstrupfe nur je e i n Loch, so daß die Schnallung stets tadellos gleichmäßig aussieht und man g e - z w u n g e n ist, an den Kreuzen vor der Hand zu verschnallen, also auch nachzudenken. D i e s e s N u r - a m - K r e u z - V e r - s c h n a l l e n i s t i n g r ö ß e r e n S t ä l l e n e i n e u n g e h e u r e E r l e i c h t e r u n g, w e n n B u c h d a r ü b e r g e f ü h r t wird, wie die verschiedenen Zusammenstellungen von Pferdepaaren am besten gehen. Bei der Wiener Leine kann man das gar nicht auf- schreiben, bei der englischen mit mehreren Löchern in den Schnallstrupfen kaum; bei der hier empfohlenen genügt für jedes Paar e i n e Z a h l , ganz a u s n a h m s w e i s e z w e i. Ich sagte schon, daß auf jeder Leine 11 ovale Löcher sein sollen, auf 40 cm verteilt. Auch in England findet man manchmal 11 Löcher, meistens jedoch 13 oder 15, mit denen man aber nicht mehr erreicht als mit unseren 11, weil jene auch nur über ca. 40 cm verteilt sind. Jetzt kommt des Pudels Kern: Bei 11 Löchern ist das sechste das Mittel- und Normal-Loch. Schnallt man beiderseits dahinein, so sind, s o l l e n die Innenleinen je 12 cm länger sein als die äußeren. Die Summe der Zentimeter, um die die Innen- leinen am Maule länger sind als die äußeren, ist also $12 + 12 = 24$ cm. Die Löcher diesseits (zum Fahrer zu) der Kreuzschnalle betragen normal je 5, Summe 10. Wir haben also, bei der Löchersumme 10 oberhalb der Schnallen, die Zentimeter(Zwischenraum)-Summe von 24 an den Mäulern, d. h. jede Innenleine ist 12 cm länger als ihre zugehörige äußere. Schnalle ich beide Kreuzschnallen um je ein Loch hinauf (zum Fahrer zu), so wird die Lochsumme 8, die Zentimetersumme an den Mäulern $24 — 4 — 4 = 16$. Die Köpfe sind also jetzt näher zusammen. Schnalle ich aber z. B. die linke Kreuzschnalle um ein Loch hinunter, die rechte um ein Loch hinauf, so wird das rechte Pferd auf beiden Seiten länger (oder wie man's nennen will), das linke kürzer gehalten (s. Seite 14).

Da aber die Summe der Löcher jetzt 6 + 4 = 10 ist (normal), so ist auch die Zentimetersumme an den Mäulern normal, also 24 (z. B. links + 16 cm, rechts + 8 cm = Summe 24). Haben wir obige Normalleine für Pferde von 1,68 bis 1,72 m Bandmaß (mit je 12 cm längeren Innenzügeln) und wollen sie auf kleinen, schmalen Pferden benutzen, so nehmen wir (höchst einfach) jede Kreuzschnalle ein Loch hinauf, dann ist die Summe der Löcher oberhalb der Schnallen = 8, d. h. 4 + 4 oder bei verschiedenen Temperamenten 3 + 5 oder 2 + 6 oder 1 + 7 oder 0 + 8. Umgekehrt verhält es sich, wenn man diese Normalleine für Mittelpferde, bei einem Paar breiten Kaltblütern, verwenden will, nachdem man jede Kreuzschnalle um 1 Loch zu den Mäulern zu hinabgeschnallt hat. Also: Lochsumme oberhalb der Kreuzschnallen (normal 5 + 5) jetzt 6 + 6 = 12 Löcher beim Fahrer, was 16 + 16 = 32 cm an den Mäulern bedeutet. Ist der Zwischenraum bei den Ackerpferden bei 6 + 6 gut, so muß ich beim Ausgleichen der Temperamte, d. h. der Arbeit, **bei diesen breiten Pferden** immer die Summe von 12 Löchern oberhalb der Kreuzschnallen behalten; also 6 + 6 oder 5 + 7, 4 + 8 usw. Mit der Lochsumme 12 bleibt automatisch die Zentimetersumme 32 (gegen 28 cm bei 1,68 und 16 bei kleineren Pferden). Will der Fahrer aus irgendeinem Grunde die Köpfe näher zusammen oder weiter auseinander haben oder ein Pferd kürzer nehmen als das andere, so kann er das nach einiger Uebung beim Fahren machen. Da sich die Frage, ob dieses Verschnallen richtig war, erst **nach einiger Zeit** entscheiden kann, so ist es wesentlich, daß solche Proben **durchgeführt** werden, daß aber nicht nur einen Augenblick getastet und gewurstelt wird, wie ich es bisher immer mit der Wiener Leine sah. — Bauart, Durchlässigkeit, Maul und Temperament sind bei allen Pferden verschieden. Das Ideal ist z. B. bei einem Viererzuge, alle vier Pferde so zu zäumen, daß jedes gleich angenehm an den Zügel geht. Dabei sind oft die verschiedensten Gebisse nötig und das richtige Erkennen der Temperamente. Hat man z. B. einen Faulen und einen Heftigen im Zuge, so wirkt starkes Tempo aufregend auf den Heftigen, einschläfernd auf den Faulen. Ein gefühlvoller Fahrer findet dann leicht das **Tempo**, das beiden Gegensätzen zusagt. Da fängt feinere Fahrkunst an. So wirkt ein guter Fahrer mit der englischen Kreuzleine **auf beide Pferde ein**, ferner indem er jedem sein Gebiß gibt, jeden lang oder kurz genug in der Leine schnallt und das Tempo findet. Man könnte einwenden: Wenn ich aber eilig bin und sehr schnell fahren muß? Antwort: Dann komme ich in meinem Dauertempo, nötigenfalls ganz ohne Schritt hin und lande mit trockenen Pferden vor dem Schnellfahrer, der schließlich **doch** Schritt fährt, weil der Heftige schaumbedeckt ist. **Tempofahren** auf die Minute ist, ich hätte fast gesagt, „eine Kunst für sich", aber nein, es ist ein Teil der Fahrkunst. Ich habe das hauptsächlich auf Howletts „Magnet" und vielen Londoner Coaches gelernt, ganz besonders im großen Verkehr in Bewegung zu bleiben, jede, aber auch jede Gelegenheit durchzuflutschen, auszunutzen. Bei alledem auf jedes einzelne Pferd einwirken — auch vierspännig —, oder wollen die Vier-Leinen-

Schwärmer wirklich vierspännig mit acht Leinen fahren?? — Die Einwirkung vierspännig erstreckt sich auch auf die Art, wie man bergauf und bergab fährt. Das ist bei ganz leichten Wagen auf bester Landstraße kaum von besonderer Bedeutung, wohl aber mit Coach, Char-à-bancs usw., mit der man am schnellsten fahren muß, wo es l e i ch t berg= ab geht, weil dann die heftigen Pferde ruhig bleiben, alle nichts zu ziehen haben. Hat man bergab und in der Ebene Zeit gespart, so kann man diese bergauf ver= brauchen.

Wie kann man überhaupt mit der Kreuzleine auf jedes Pferd wirken? Alle Möglichkeiten dar= zustellen würde ein dickes Buch geben. Einige Anregungen für passionierte Fahrer: Das eine Pferd neigt zum U e b e r z ä u = m e n : gebrochenes Mundstück, hochgelegtes Gebiß, keine durch= fallende Kandare, eher steil, dazu so weich wie möglich geschnallt,

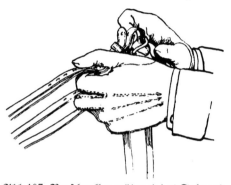

Abb. 107. Verschnallen während des Fahrens.

oder lose Kinnkette mit Schnallung in den Schaumring, d. h. Trense. Ein anderes Pferd will d i e N a s e n i c h t g e r n e f a l l e n l a s s e n : etwas tief liegende Kandare, je nach E m p f i n d l i c h k e i t, l e d e r = bezogenes Mundstück, Walzenkandare, kleine oder höhere Zungenfreiheit, Segundomundstück, Kinnkettenlänge ausprobieren, bei Puller die Kinnkette nicht ausgedreht mit Riemchen erhöht liegend am Kehlriemen befestigen.

Zweispännig liegt nun aber die Hauptarbeit mit der englischen Leine im feinsten Empfangen (G e g e n h a l t e n) der Wirkungen, die d i e r i c h t i g a n g e w e n d e t e P e i t s c h e hervorbringt. Hohe, ganz sanfte, dennoch bis zum Abstoßen aushaltende Hand. Stillhalten, wieder Anfahren, Zurücktretenlassen. Ist ein heftiges Pferd empfindlich gegen jede Störung, so wird es unruhig. wenn das faule neben, hinter oder vor ihm die Peitsche bekommt; denn: das faule stößt vor, es reißt des Fahrers Hand ebenfalls vor, dann läßt es wieder nach. Durch das Vorgehen der Hand legt das heftige sofort zu und s t ö ß t s i ch genau in dem Augenblick a n d e r H a n d, in welchem diese wieder zurück= geht. Das faule muß an langem Zügel s o s ch a r f geschnallt werden, daß es gegen das K u m t anrennt, j e d o ch n i ch t wagt, die Hand vor= zureißen. Will man das rechte Pferd rechts abbiegen, so fährt man, noch etwas näher als sonst, rechts heran, läßt rechts, ohne Geräusch und ohne zu pinseln, die Peitsche wirken. Soll das linke Pferd links abgebogen werden, so legt man ihm die Peitsche links an. An der Hand oder der Doppellonge lehrt man es vorher d e r P e i t s c h e z u w e i c h e n, wie das Reitpferd dem Schenkel.

Ohne jede Dressur geht auch kein Reitpferd „richtig". Nicht durch Müdefahren oder Jagen bereitet man Wagenpferde vor; nein, durch Reiten oder Doppellonge und Handarbeit.

Beinahmezügel.

Bürste, Knopf, Stift, Scheibe.

Pferde, die man nur fährt, für die man keine Zeit hat sie an der Hand oder unter dem Reiter in ihrer Einseitigkeit und mangelhaften Haltung zu verbessern, wo auch der Kutscher es nicht versteht mit Geduld und Vorsicht im Stalle auszubinden, arbeitet man „im Dienst", um Zeit und Leute ebenso wie Pferdekräfte zu sparen. Ausbinden und Beizäumen im Stall ist ohne zuverlässige Aufsicht gefährlich: das Pferd kann un=

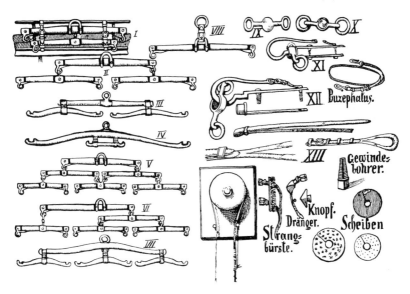

Abb. 108.

I. Richtige Befestigung der Reserveortscheite an Coach, Char-à-bancs und Mail=phaeton. — II. Vorwaage zu I. — III. Zuckerwaage. — IV. Postwaage. — V. Gute, VI. nicht zu empfehlende für fünfspännige Coach. — VII. Vorwaage für Fünfer= Zuckerzug. — VIII. Vorderortscheit für Einhorn. — IX. Deichselbrille für Aufhalter. X. Deichselbrille für Aufhalter und Ketten. — XI und XII. Der Deichselkopf für englische Anspannung. — XIII. Oben Rückenriemen, rechts Schweifmetze, links wie sie geschnallt sein sollen. Darunter richtig über Rolle gehängte Bogenpeitsche.

gebuldig werden, trotzdem es nur lose eingestellt scheint, es kann sich zu legen versuchen, hängen bleiben, zurückkriechen, dabei den Zaum zerreißen und dergl. Es kann aber auch schon nach wenigen Minuten die Zunge übers Gebiß nehmen und sich für lange, wenn nicht für immer, ange= wöhnen die Zunge beim Fahren und Reiten hochzuziehen. Ein Mittel dagegen ist die Göbeltrense, das andere ein Zungenriemchen von A. Wald= hausen oder ein Zungenband aus doppeltem $2^{1}/_{2}$ cm breitem Leinenband, am einen Ende eine Schnalle, am anderen der entsprechende Riemen.

Das Band 35 cm; dazu kommen die Schnalle und die 12 cm lange Spitze mit 7 bis 8 Löchern. Das Band wird um die Zunge gelegt und hinter dem Unterkiefer zugeschnallt (Abb. 112). So lose wie möglich versuchen, nötigenfalls fester schnallen, bis man sich überzeugt hat, daß es nicht aus dem Maule herausfällt. Dann dicke Trense auflegen und leicht ausbinden. Stellt sich das edle Roß dahin und schläft, so muß man schon nachhelfen. Da gibt es Zucker, Salz, Mohrrüben, Brot, Pferde=schweifhaare um die Trense gebunden, endlich den weniger schmackhaften Aufsatzzügel, der Schmerzen hervorruft auch wenn er nicht scharf ge=spannt ist. Das Zusammendrücken der Ohrspeicheldrüse bewirkt Speichel=absonderung, dazu kommt die Unbequemlichkeit, sodaß meistens bald das Kauen anfängt. Vorsicht ist in der Box wie im Stand geboten. Stehen Pferde im Stalle ausgebunden, so sollte dort jemand putzen. Ist kein spanischer Reiter vorhanden, so empfehle ich einen alten Sattel unter den Longiergurt zu legen, weil ohne solchen, selbst bei richtig liegendem Schweifriemen, leicht Widerristdruck entsteht. Wie immer bei der Dressur: G e d u l d , sehr viel Geduld.

Seitenzügel.

Pferde, die auf e i n e n Zügel drücken, den Kopf gerne über die Deichsel nehmen, anstatt einen Schimmer nach außen, d r ü c k e n m a n c h =
m a l auf den äußeren Zügel, um sich nicht auf der gewölbten Seite zu biegen, dabei neigen sie zum Abdeichseln oder tun es bereits. Das gleiche Bild — vom Bock aus gesehen — macht ein Pferd, das n i c h t auf den äußeren Zügel d r ü c k t, sondern sich an den i n w e n d i g e n h ä n g t. Es kommt hier nur darauf an, des Pferdes Schulter an die Stange zu bringen. Dazu kann man einen Seitenzügel verwenden, wenn das betreffende Tier nicht nervös ist. Am besten legt man eine Aufsatztrense auf, die man mit Hilfe eines kleinen Riemchens mit dieser einschnallen kann (Abb. 109). Auf der Außenseite genügt als Halt die Kinnkette: ordentlicher ist es freilich, die Aufsatzbackenstücke innen und außen zu ver=wenden, die man allgemein bei herrschaft=licher Kumtanspannung hat. Ein kräftiger, schwarzer, $1^{1}/_{2}$ cm breiter Riemen, am einen Ende mit kurzem Schnallstück, am anderen mit einem viel längeren und etwa 10 über 40 cm verteilten Löchern. Den kleinen Hilfszügel schnallt man im Halten so ein, daß das Pferd nicht zurückkriecht, im Gange ist er dann sicher nicht zu kurz. Trägt sich das Pferd gerne zu hoch, so führe man den Riemen vom Gebiß geradeaus zur Oberblattstrupfenschnalle, weil diese nachgibt, wenn Unzufriedenheit ein=treten sollte. Später befestigt man an der Strangschnalle oder höher. Die Erkenntnis bleibt jetzt nicht lange aus, daß der Seitenzügel nicht nachgibt. Um sie mit der Zeit zu befestigen, die steife Seite jedoch zu

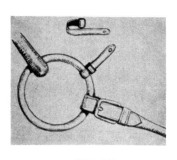

Abb. 109.

lösen, fängt man wie immer mit großer Geduld an, die Außenrippen und bei Dickfelligkeit die Schulter mit der Peitsche an die Deichsel zu treiben, das geht schnell, wenn das ABC an der Hand mit der Reitpeitsche gelehrt worden war. Ist jedoch das Pferd empfindlich im Maul, macht es Mätzchen beim Anziehen oder ist es durch den Zügel geneigt, auch ohne Peitschenhilfe Lançaden zu machen, so befestige man den Seitenzügel erst im Schritt oder kurzen Trabe.

Auf Asphalt lasse man den Riemen weg, nehme statt dessen eine ganz kurz geschnittene S t r a n g b ü r ſ t e* und befestige sie an der Strangstutze zwischen Schulter und Kammdeckel. Ist das Kumt nicht sehr dick, sodaß die Borsten das Haar schon im Stehen berühren, so schnalle man neben das Bürstchen ein an kleinem Riemen befestigtes Stück Filz (wie dicke Filzdecke), um die Wirkung der Bürste abzuschwächen, die sich sehr bald als stärker erweist als man annimmt. Länger als eine Viertelstunde darf man mit vorsichtig verpaßter Bürste nicht fahren, wenn man eine offene Stelle verhüten will. Die Strangbürste kann man auch dicht hinter dem Kammdeckel anbringen, muß dann darauf achten, daß sie nicht zurückrutschen kann. Die Stelle hinter dem Kammdeckel verheilt viel sicherer und hat dann wieder vollen Haarwuchs, während die feinere Haut an der Schulter leicht haarlose Stellen behält. Anstatt der Bürste kann man etwa $1\frac{1}{2}$ cm dicke K n ö p f e* verwenden, die mit einem Lederriemchen um den Strang geschnallt werden, oder, hübscher aber schwieriger und teurer herzustellen, flache, aus hartem Holz gedrehte, 4 cm große Knöpfe mit zum Rande verlaufender Spitze. Auf der Rückseite, ähnlich dem kurzen Stiel eines Pilzes, ein Stiel, der stramm in die Stranglöcher paßt. S t i f t e geben, wenn sie nicht winzig und stumpf, sogleich blutige Stellen wie Sporenrisse (nicht Stiche); ich habe sie nie verwendet. Aus demselben Grunde bin ich ein Feind von Scheiben mit Stiften. Wo ich sie sah und das Maul ansehen konnte, war fast immer der leidige Ladendruck die Veranlassung des Auflegens auf einen Zügel. Das Mittel dagegen ist aber nicht: neuen Schmerz bereiten, sondern Gummitrense und Pullerriemchen über die Nase. Will oder kann ein Pferd die Nase wegen ungünstigen Halses nicht fallen lassen, so muß man wieder viel Geduld haben, ganz besonders, wenn das Pferd volljährig oder gar in dieser Haltung a l t geworden ist. Außer dem leichten Ausbinden im Stalle, kann man nach etwa 14 Tagen die A u s b i n d e z ü g e l im Geschirr einschnallen, natürlich mit großer Vorsicht. Verliert das Pferd den Gang und fängt an zu trippeln, so hat man z u v i e l v e r l a n g t. Bei Blutpferden entsteht die Gefahr, daß sie sich plötzlich ganz verkriechen, nur noch hinterm Zügel galoppieren, auch beim Anziehen Schwierigkeiten machen, die eine sehr unangenehme Zugabe sein können. Dann kann sich auch Zackeln einstellen, und bei dem Versuch, Schritt zu fahren, plötzliches gewaltsames Stehenbleiben, daß man glaubt, Pferd und Aufhalter gingen entzwei. Nichts geht hier über Geduld, Ruhe und v o r a l l e m g e ſ u n d e s M a u l, dann treten solche Unarten garnicht auf. Das vorher erwähnte Trippeln kommt durch Schmerzen, ihr Sitz kann im Genick, in den Ganaschen oder im Maul sein, oder vielleicht an allen

---

*siehe Abbildung 108

diesen Stellen zugleich! Alle Risse mit einem Zügel der sogenannten Wiener Leine sind, besonders in Form der „Insterburger", zu vermeiden, das ist Zigeunerfahrerei, keine Fahrkunst.

Abdeichseln — Drängen.

Es kann in der Stadt auf Asphalt durch einsetzenden Regen plötzlich so glatt werden, daß Pferde, die bisher niemals auseinandergezogen haben, plötzlich stark abdeichseln. Das kommt durch ausgleiten, meistens des äußeren Vorderfußes. Wäre kein Aufhalter da, so wäre der Fall erledigt, der Aufhalter wird aber dem Pferde zur Qual; da es das nicht sagen kann, auch keine Hände hat ihn zu beseitigen, so versucht es loszukommen, wie ein Hund, den sein Herr an einen Baum gebunden hat. Der denkende Fahrer muß nun dem armen Tiere helfen so gut er kann, also den Aufhalter aus der Welt schaffen, oder ihn so einrichten, daß er das ängstlich gewordene Pferd nicht mehr stört. Das Pferd geht sofort sorglos weiter, wenn man umspannen kann, denn seine Leitung reicht nur für das Bild, das es von dem Ausgleiten auf der einen Seite erfaßt hat. Wenn nun aber keine Zeit zum Umspannen vorhanden ist oder der Fahrer glaubt, es sei nicht nötig (die Pferde vergessen so etwas am schnellsten, wenn es nur einmal vorkam, also noch nicht ganz begriffen wurde), so kann man dadurch die Aufhalter weniger unangenehm machen, daß man sie je ein Loch verlängert, dagegen — gegen alle Regel — die Innenleinen sehr kurz nimmt und etwas Bremse benutzt. Durch die kurzen Innenleinen gehen die Pferde näher zusammen, die verlängerten Aufhalter werden dadurch ganz lose. Das ist für die Pferde fast dasselbe, als ob sie nicht mehr vorhanden wären. Oft kann man bei vorsichtigem, verständigem Fahren schon nach einer oder zwei Minuten die Innenleinen nachlassen, worauf wieder Ruhe und Vertrauen einkehren.

Es gibt Leute, die glauben, das Drängen zweier Pferde käme von gegenseitigem Haltsuchen. Wer sah, wie kitzlige Pferde auf Flankierbäumen, Deichseln oder Strängen „reiten", nachdem sie hinübergeschlagen haben, oder wie sich kitzlige Stuten beim Beschlagen vom Schmied förmlich tragen lassen wollen, der kann diese Eigenart ebenso verstehen lernen wie Drängen gegen den Schmerz. Beispiel: Die Fliege sticht, das Pferd weicht nicht aus, sondern keilt nach ihr oder bockt, wenn sie sich auf der Kruppe festsetzt. Das stockrohe Pferd schlägt gegen den Sporn; erst durch die Erziehung lernt es zu verstehen und zu folgen. Auch das willige verstärkte Ziehen sobald es bergan geht, das Streben im Galopp den Anstieg zu nehmen, sind Eigenschaften der Pferde, die der Fahrer kennen und verstehen muß, um sie praktisch zu verwerten und die mildesten Mittel gegen scheinbare Ungezogenheiten zu finden.

Aus ähnlicher Veranlassung kann Drängen gegen die Stange, also auch der Pferde gegeneinander entstehen, weil durch Rutschen nach außen oder das Bestreben, auf Landwegen nicht in die Gleise zu treten, sondern dazwischen zu laufen, die Pferde gegeneinander kamen und nun eines das andere weghaben möchte. Stehen und verschnaufen lassen, im H a l t e n die Nasen ganz zusammennehmen, auch vorsichtig mit einem Innenzügel stark nach innen abbiegen, die Innenleinen so viel verkürzen, daß beide Pferde bei gerader Kopfstellung in den Gleisen gehen können, dann möglichst ohne Bremse fahren, weil anstehende Aufhalter immer eher zum Abdeichseln verleiten als zum Drängen. Die Strangbürste tut auch hierbei gute Dienste, allerdings müssen die Riemchen länger sein oder man muß zwei entsprechende zum Verlängern bereit haben, sodaß man die Bürste dem stärksten Dränger in Höhe des Vorderbeins an d e r D e i c h s e l anschnallen kann. Die meisten Pferde entfernen sich sofort geziemend. Drängen entsteht auch manchmal auf vereister, stark gewölbter Landstraße beim rechten Pferde während des Ausweichens, beim linken während des Ueberholens. Man muß deshalb schon im Oktober für scharfe Stollen und guten Gewindebohrer, selbstredend für Schraubstollen-Eisen sorgen. Die besten Gewindebohrer sind einem winzigen Zuckerhut ähnlich, ohne Griff und daher ungefährlich (Abb. 108). An solchen mit Griff können sich Mann und Pferd schwer verletzen, wenn das Pferd den Fuß nicht still hält oder gar wegreißt.

Abb. 110. Morgenarbeit auf der Theresienwiese in München 1913.

Kandare.

Probieren geht über studieren: „Jedes Pferdemaul hat einen Schlüssel." Wie bei allen Regeln gibt es auch hier Ausnahmen, das heißt Pferde, die so verrissen und verängstigt sind, daß ihnen nicht eher ein Gebiß bequem sein kann, bis das Maul gründlich verheilt ist. Die Zahl der erfundenen Mundstücke ist unaufzählbar, ich will deshalb auch nur diejenigen beschreiben, deren Brauchbarkeit ich ausgeprobt habe. Die vielbenutzten Pumpgebisse (Abb. 112) halte ich für schlecht, es sei denn bei alten ganz verdorbenen steinharten Mäulern, bei denen es sich nicht mehr lohnt, von vorne anzufangen. In diesem Fall haben sie einen Sinn, wenn man sie mit recht kurzer Kinnkette verbindet. Grund: im Stillhalten gleitet das Mundstück ganz hinunter; legt man jetzt die Kinnkette sehr kurz ein, so ist sie meist normal, sobald nach einigen Minuten Fahrt das Mundstück heraufgerutscht ist. Oben angelangt darf die Kandare nicht durchfallen, denn dann wäre ihre Wirkung: Einklemmen des Unterkiefers und Absterben des Gefühls. Liegt aber bei hinaufgerutschtem Mundstück die Kandare noch ziemlich steil, so kann die aufmerksame Hand zuwege bringen, daß das Pferd, dem leider so selten vorkommenden guten Beispiel des Fahrers folgend, auch zeitweise ganz losläßt. In diesen Augenblicken muß das Mundstück an den Anzügen heruntergleiten, es verläßt dabei Stellen, die längere Zeit unter Druck gestanden haben. Der Fahrer muß das begriffen haben und sich freuen, wenn das Pferd plötzlich ganz hinter den Zügel geht. Selbstredend darf er es in den Augenblicken, die doch für beide Teile eine Erholung sind, nicht anrufen oder antreiben, er soll lieber seinem Schöpfer danken. Für ein altverdorbenes und gefühllos gewordenes Maul ist also das Pumpgebiß nicht unbedingt zu verwerfen, besonders wenn — wegen baldiger Ermüdung — eine Dame als Fahrerin in Frage kommt. Das Ganze ist aber doch ein Durchpfuschen, das den Zweck hat, der Hand Erholung zu schaffen. Legt man bei diesen Pumpgebissen die Kinnkette so ein, daß die Anzüge bei flüchtiger Probe im halben rechten Winkel stehen, so fallen sie beim Fahren alsbald durch und dann ist alles Leben und Kauen dahin, die Zunge wird blau, das Fahren wird für Fahrer und Pferd zur Pein. Zunge und Laden sind eingeklemmt wie ein Stück Papier in einem zusammengeklappten Taschenmesser. Pumpgebisse, wie alle mit beweglichen Anzügen, schleißen bei Kutschern, die mit Sand putzen, sehr schnell aus. Sie kneifen dann die Lefzen oft blutig und müssen daher durch neue ersetzt werden (Abb. 111. Mundstück mit Schutzschnur zur Aushilfe.) Ich habe Pumpgebisse weder im Kgl. Marstall noch bei meinen eigenen Pferden entbehrt. Die beschriebene Art, Pumpgebisse mit so kurzer Kinnkette zu

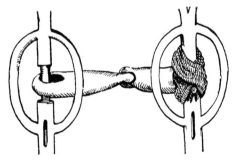

Abb. 111.

verwenden, ging mir gegen die Natur, ich ließ mir deswegen die Seitenteile (Bäume) wohl beweglich, aber ohne jeden Aufwärtsabwärts-Spielraum machen, weil ich glaubte, sie seien wegen ihrer Beweglichkeit den Pferden angenehmer als feststehende. Da in dem großen Marstallbetriebe die feststehenden Kandaren bei der Anschaffung und im Gebrauch viel billiger waren, so wurden dort nur noch diese angeschafft, wobei sich herausstellte, daß die Pferde genau so gut darauf gingen wie auf den beweglichen. Ich habe dadurch die feststehenden schätzen gelernt und dann auch für meine Pferde nur noch solche machen lassen. Ich kann sie als die einfachsten, billigsten und besten empfehlen. Sie haben zwei= und vierspännig auch noch einen besonderen Vorteil vor den beweglichen. Schnallt man den inneren Zügel nicht dicht unter dem Mundstück um

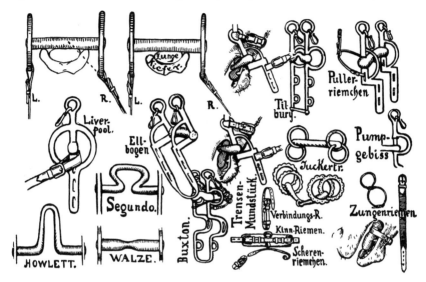

Abb. 112.

den Balken herum, sondern ins Schaumloch oder in den ersten Schlitz, so dreht sich der innere Balken — am auffallendsten bei der Liverpool — mit ihrem Vorderteil gegen die obere Lefze, liegt also weder dem Pferde angenehm noch schön. Das fällt bei feststehenden Bäumen weg. Schnallt man bei solchen Liverpool= oder Ellbogenkandaren ins feststehende Schaum= loch, so wird der Druck innen nicht so stark sein wie außen, wenn nicht die Pferde des Zwei= oder Vierspänners die Köpfe ein wenig nach außen stellen. Abb. 112 (oben links) zeigt die Lage der Liverpool von oben gesehen. Zieht man den Zügel L an, so wirkt er senkrecht auf den linken Unterkiefer, die Leine R jedoch (man denke sich ihre Zuglinie.... verlängert) mehr auf die Maulmitte, und erst dann stärker bei R, wenn das Pferd den Kopf etwas nach außen (hier links) stellt (Abb. rechts). Man kann also auch so bei der englischen Leine aufs einzelne Pferd wirken; will man diese Wirkung n i c h t, so schnallt man nicht in den Schaumring, sondern um den Balken: Abb. 1·12 (links Mitte). Dann entsteht eine ge= ringe Hebelwirkung; ist auch diese, z. B. bei einem sich überzäumenden Pferde, nicht erwünscht, so schnallt man e b e n s o, aber o b e r h a l b des Mundstücks. Man muß nie kleinlich sein, dachte ich, als eine Marstall= Juckerstute „Note" den Kopf gern zu sehr nach außen stellte, und schnallte sogar in den vordern Ring, auch gelegentlich halbscharf von außen nach innen, mit gutem Erfolg. Das war bei dieser Stute nur nötig, wenn sie hinten im Viererzuge ging. Sie schlug dann (an den Ohren empfindlich gegen Fliegen) mit dem Kopf und hakte dabei über die Vorderleine. Wurde sie, wie beschrieben, gerade gestellt, so kam das nicht vor. Bei einer anderen Stute, in Düsseldorf, die sich das auf den Fahrten nach Köln als Spielerei angewöhnt hatte, verhinderte ich es durch eine Ellbogen-Kandare mit rundem Schaumbügel (Abb. 112), an dem die Vorderleine abrutschte. Die Stute war bei den ersten Regen= tropfen wie irrsinnig, ich fuhr sie deshalb auf der 45=Kilometer=Fahrt vor= sichtshalber mit Ohrenkappen. Sie hatte auch die unschöne Eigenschaft, mit der rechten Unterlippe dauernd am Kandarenbalken zu spielen, wodurch sie, die rechts ging, dazu kam, den Kopf gerne nach außen zu nehmen. Bei den weit zurückliegenden Anzügen der Ellbogen kam sie nicht auf den Gedanken. Was die äußere Form der Kandaren angeht, so ist noch die C h i f n e y zu erwähnen, die zwei feststehende (für die Kinnkette) und zwei bewegliche Oberbäume hat. Die ver= wickelte Bauart, ihr hoher Preis und die Mühe, sie gut zu putzen, sind Nachteile, denen nur der zweifelhafte Vorteil großer Schärfe gegen= übersteht. Bei der äußeren Beurteilung der Kandaren ist zu beachten,

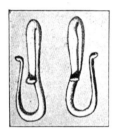

Abb. 113.

ob die O b e r b ä u m e gut nach außen gebogen sind, um Scheuern der Schnallstücke zu verhindern. Nur Liverpoolgebisse sind richtig von beiden Seiten zu gebrauchen, vorausgesetzt, daß man Doppelkinn= kettenhaken hat (bei diesen Mundstücken ist eine Seite glatt, die andere gedreht, nicht zu empfehlen). Die gebräuchlichste Fahrkandare ist (Mädchen für alles) die Liverpool. Für alle K u m t = L a n d a n = s p a n n u n g empfehle ich die neue M i l i = t ä r = E l l b o g e n k a n d a r e, zu beziehen vom O f f i z i e r = V e r e i n.

Sie ist, glaube ich, wegen ihrer größten Einfachheit das richtige G e b i ß f ü r L a n d a n s p a n n u n g und jeden einfachen Selbstfahrer.

Man könnte Bände über die verschiedenen Mundstücke schreiben. Die einfachsten sind im allgemeinen die besten. Ich verstehe darunter: dickes Vollgebiß oder leichtes Hohlmundstück. Das Hohlgebiß ist durch seine Dicke weicher als das volle, trotzdem ist die ganze Kandare leichter, zwei Gründe, sie zu bevorzugen. Man schnallt besser ein weiches dickes Hohlgebiß halbscharf, als ein dünnes Vollgebiß in den ersten Schlitz. Theoretisch ist das „Kinnbackenbrechende Hebelgebiß" so viel behandelt worden, speziell von Major R. S c h ö n b e c k, daß ich für den Theoretiker auf dessen Schriften verweise. Was die Praxis Schönbecks angeht, so hat er mir ein halbes Jahr vor seinem Tode verraten, daß er seinen „Maulregenerator" (später Maulschoner genannt) bisher n i e m a l s a u f e i n e m P f e r d e v e r s u c h t o d e r a u c h n u r g e s e h e n h a b e. Herr Schönbeck brachte mir dann am anderen Vormittag drei verschiedene Muster in die Belle=Alliance=Straßen=Kaserne, wo ich ihm vier sehr verschiedene Pferde vorritt: zuerst ganz leicht geführt, alle vier

Zügel gleichmäßig anstehend, dann etwas mehr Kandarenwirkung, schließlich mit abgesperrten Schenkeln und fester Klaue, um gerade dabei, **wofür das Gebiß erdacht war**, die Wirkung zu sehen und zu fühlen. Alle Pferde neigten stark dazu, sich aufzurollen und hinter dem Zügel zusammenzukippen. Ich könnte mir denken, daß eine weich und passiv im Damensattel reitende Dame über diese Wirkung entzückt sein könnte, ganz besonders, wenn sie die „ersehnte Senkrechte" auf anderem Gebiß nicht erreicht. Reitet sie vielleicht ohne Begleitung, so muß sie ein vereidigtes Pferd haben, widrigenfalls es bestimmt bei der ersten Gelegenheit kehrt machen wird. Herrn Schönbecks Hauptzweck dieser Erfindung war, den „Genickdruck" auszuschalten. Ich habe alle meine Pferde gefahren und geritten, alle sind auch im Viererzuge und Tandem **hinten** gegangen, also mit schweren Kopfstücken und dem oft starken, sogar einseitigen Druck der Vorderleine. So gingen sie auf Kandare mit **allem „Genickdruck"** vollkommen ruhig, nachdem ich sie tagelang auf Trense (also **ohne jeden** Genickdruck) geritten hatte. Herr Major Schönbeck gab das Aufrollen und hinter den Zügel gehen durchaus zu, ich ritt ihm die vier Pferde nachher noch auf Trense, schließlich auf der gewöhnlichen Kandare vor. Erklären konnten wir uns die Wirkung beide nicht, sicher ist, daß die Praxis hier die Theorie völlig auf den Kopf stellte. **Ich glaube nicht, daß man am Maul „messen" oder „sehen" oder „fühlen" kann, welche Art Mundstück am besten bei dem betreffenden Pferde wirkt, weil die Mechanik des Gebäudes bis in die Hinterhufe, und das Temperament**, wenigstens nach meinen langjährigen aufmerksamen praktischen Studien, die Hauptpunkte (vielleicht die einzigen) in Wirklichkeit zu berücksichtigenden sind. Scharfe Laden und dünne Zungen sind wohl dem Ladendruck im allgemeinen ausgesetzt, aber wenn solche Tiere gut gebaut sind und keine besonderen Temperamentschwierigkeiten haben, bekommen sie **niemals Ladendruck**. Hoch-, Mittel- oder Tieflage der Kandare haben beim Fahren große Bedeutung, weil man z. B. beim Tandem oder Viererzuge ganz gewiß nicht so mit der Peitsche wirken kann, wie der Reiter mit Gewicht, Schenkel und Sporn. Die **ruhige Lage der Kandaren** in den Mäulern bei Zwei- und Mehrspännern hängt wesentlich von der **ganz leichten Beweglichkeit der inneren Kumt-Leinenaugen** ab. Je höher der Gang, desto mehr bewegt sich das Kumt auf und ab. Stehen die **Leinenaugen fest**, so stört dies das Nebenpferd sehr; im anderen Fall werden die Stöße ganz aufgehoben. Beim Tieflegen des Mundstücks ziehen die meisten Pferde gerne die Zunge hinauf, nehmen sie dann auch wohl gewohnheitsgemäß über das Gebiß (vgl. Ausbinden im Stall). Der **aufmerksame, sorgsame** Fahrer bemerkt das ja sogleich an dem plötzlichen Kippen und Verkriechen hinter den Zügel. Bei der Zäumung scharf herangehender Pferde (es sind natürlich die fleißigen) muß man die Arbeit **des pullenden Pferdes** genau beobachten, bevor man schärfer schnallt. Es genügt dann meistens das **Kürzernehmen des Pferdes in der Leine** — wodurch es entlastet wird — sogleich, während in solchem Fall der Schmerz schärferer Zäumung zu der Sorge, die Arbeit nicht bewältigen zu können, noch hinzukommt und das Pullen und die Erregung verschlimmern. Die Kunst liegt auch hier darin, des **Uebels Ursache zu erkennen** und abstellen zu können. Aber auch bei verbesserter oder richtiger Arbeitseinteilung kann ein Pferd einem „Schwachen" pullen, sodaß man gezwungen ist, nach dem „Schlüssel" zu suchen. Da gibt es für die schon erwähnten hartgefahrenen Pferde vier Arten empfehlenswerter Gegenstände, erstens **die stillstehende liebenswürdige Hand**, ferner gebrochenes, Segundo- und Howlett-Schwanenhals-Mundstück, Abb. 112.

Die heutigen gebrochenen (Trensen-) Mundstücke der Reit- und Fahrkandaren sind meines Erachtens nicht richtig gearbeitet, weil, wenn man nicht in die Schaumlöcher schnallt, die Mitte des Mundstücks abwärts auf die Zungenspitze drückt. Abb. 112 (kleine obere Ellbogen-Kandare). **Newcastles** und **Guérinières** Mundstücke waren stark aufwärts gerichtet und lagen gut, ich habe mir daher, wenn auch nicht so stark, doch immer schräggebohrte Gebisse machen lassen, Abb. 112 in der Mitte (Ellbogen-Kandare), die wirklich richtig rechtwinkelig zur Maulspalte liegt. Diese Gebisse zur Erfrischung stumpfgefahrener Mäuler und wunder Kinnkettengruben, mit einem **Kinnriemen, der durch ein Riemchen am Kehlriemen befestigt**, weit oberhalb der Grube liegen bleibt, wirken bei manchen Pullern wie eine Erlösung. Abb. 112. Muß man das Gebiß, um das gewollte Kippen zu erzielen, sehr tief legen, so benutze man einen Gummi-Zungenstrecker, der, außer seinen Zweck zu erfüllen, die Maultätigkeit anregt. Der **Kinnriemen** muß ziemlich kurz geschnallt werden, weil er im Vergleich zur Kinnkette elastisch ist. Bei ganz ausgeheiltem Maul hartgefahrener Pferde empfehle ich nach dieser Vorbereitung mit meiner Lieblingskandare, der **Walze**, anzufangen (Abb. 112). Sie ist sehr weich und reibt nicht einmal bei ganz trockenem Maul, weil sie beim Anziehen der Hebelarme auf den Laden aufwärts **rollt**, während jedes feststehende Mundstück **reibt**. Man kann das leicht auch im Vergleich feststellen, indem man den rechten Zeigefinger geradeaus streckt, den linken ebenfalls steift und ihn rechtwinkelig auf das zweite Glied des rechten legt. Dreht man dann die linke Handoberfläche, so weit es geht, auf- und abwärts, genau auf derselben Stelle des rechten Fingers, so fühlt man deutlich die Reibung. Rollt aber der linke Zeigefinger, so hat man die **weiche rollende Wirkung der Walze**. Alle anderen Mundstücke reiben. Ist das Pferd durch die Walzenkandare nicht zum Loslassen zu bewegen, so versuche man das **Segundo-Mundstück** im Schaumloch; niemals schärfer als in den ersten Schlitz geschnallt. Wirkt auch dieses nicht, so lege man die Kinnkette mit dem auf Abb. 112 über dem Kinnriemen gezeichneten Verbindungsriemen hoch. Sollte dem Pferde diese Zäumung bei vorsichtiger Führung nicht gefallen, so versuche man das **Howlett-Gebiß**, aber auch dieses nur im Schaumloch. Will man ausnahmsweise, z. B. für eine Dame, noch weiter gehen, so schnalle man in den ersten Schlitz, die Kinnkette ziemlich kurz, damit der hohe Galgen nicht den

Gaumen verletzt. Bei diesen beiden Zungenfreiheiten kann man tief zäumen, ohne Gefahr für Hinübernehmen der Zunge; der Nasenriemen muß tief hinuntergeschoben werden und, wenn nötig, etwas fester als normal. Bei einigen Pferden wirkt ein Lippenriemchen (an der Buxton=Kandare) Wunder, bei anderen der kleine Puller=Nasenriemen, der wohl bei Vier=Ringtrensen, aber nicht bei allen Kandaren anwendbar ist.

Statt des Gummizungenstreckers, der Schwierigkeiten verursacht, weil das Mundstück zwei Bohrlöcher für die Schrauben erhalten muß, ferner, weil sich die Schrauben — wenn die Bohrlöcher zu tief sind — leicht lösen, kann man die Zunge mit einem Zungenband oder einem Zungenriemchen am Hochziehen verhindern (Abb. 112). A. Waldhausen, Obenmarspforten, Köln, ist Spezialist für diese und den **Buzephalus=Nasenriemen**.* Das Band muß gleich nach Gebrauch gereinigt und glatt gestrichen werden. Der **Buzephalus**=Riemen wird ohne Kinnkette gebraucht, er wird so geschnallt, daß die Kandare nicht durch= fällt. Seine Lage ist zwischen Oberbaum=Auge und Nasenriemen. (f. Seite 93.) Keine herzerfreuenden Gegenstände sind Pullernetze, doch sind sie manchmal notwendig wie der Overchec (in der Arbeit), wenn man mit allen Mitteln Ladendruck verhüten oder zur Heilung bringen will.

Da manche Pferde auffallend „einseitig" sind, was sich beim Fahren sowohl im **Maul**, als durch **Abbeicheln** und **Drängen** zeigt, so kann man mit Berechtigung auch „einseitig" schnallen, also auf der einen Seite weicher als auf der andern. Die scheinbare Verschiedenheit der **Maulseiten** liegt in der natürlichen Schiefe des Pferdes, die bei **jedem** — von Natur vorhanden — verschieden entwickelt ist. Unter einem **links steifen** Pferde versteht man eine Linksmölbung, dazu entsprechende Rechtshöhlung vom Kopf bis zum Schweif. Ein solches **rechts hohles (weiches) Pferd** schnallt man **rechts möglichst weich**, das gibt führende Wirkung, weil es — angenommen einspännig — nach rechts gehen **soll**, wenn ich den rechten Zügel stärker wirken lasse als den linken. Je **weicher** ich aber rechts schnalle, desto **mehr** „**führende**" Wirkung erhalte ich (entsprechend wenig „beizäumende"). Nehme ich auf der **weichen Seite** nur **führende** Wirkung, so habe ich einige Aussicht, daß das Pferd nach **rechts folgt**, schnalle ich aber **rechts scharf**, so erhalte ich statt der nötigen „**führenden**" Wirkung: **beizäumende**. Dadurch **folgt** das Pferd nicht, **sondern es biegt sich rechts ab, ohne zu folgen!** Die Wirkung ist leicht erklärt. Man nehme einen Stock in die Hand. Abb. 114.

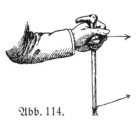

Abb. 114.

Jetzt betrachte den linken Unterarm als Mund= stück, befestige eine Schnur oben am Stock zwischen zwei linken Fingern, die zweite unten. Wirkt die obere Schnur, so **folgt** die Hand auf Grund der rein „führenden" Wirkung, zieht die untere Schnur am Hebelarm, so ist **keine Spur von führender Wirkung mehr vor= handen**, die linke Hand dreht sich um sich selbst, geht aber

---

* siehe Abbildung 108

nicht nach rechts, das Pferd würde mit der Schnauze zur rechten Schulter gezogen (vielleicht sogar mit der **linken Schulter links ausfallen**). Geht nun ein Pferd, oder gehen mehrere stramm heran, und wollte man sie **alle überall** in die Schaumlöcher schnallen, so hätte man vielleicht zu viel Gewicht in der Hand. Man schnallt deshalb gerne auf den **steifen (gewölbten) Seiten schärfer**, erreicht auch dadurch, daß man dort wenig „führende" Wirkung erzeugt. **Das ist sehr wichtig, weil alle Pferde im Geschirr sich auf der gewölbten Seite in die Wendung werfen** (es jedenfalls versuchen) weil der inwendige **Reitersporn fehlt. Das Scharfschnallen auf der gewölbten Seite bricht sie aber mehr ab, als daß es sie führt.** Ausnahmen in der Wirkung kommen **nur** dann vor, wenn der **Fahrer mit Scharfschnallen und Peitsche auf der gewölbten Seite brutal zugefaßt hat, das Pferd aber das Abbiegen und Nachgeben dadurch verhindert, daß es mit Gewalt die Schnauze nach der andern Seite nimmt.** Faßt man weiter zu, so hat man außer Ladendruck nichts erreicht. **Bleibt man aber halten, schnallt ganz weich**, legt womöglich das Gebiß ein Loch tiefer, **und versucht etwas Biegung bei langem Halse, so hat man bei bittend-weicher Hand gewonnen.** Wer sich den Fall wirklich klar macht, wird verstehen, daß **die vier einzelnen Zügel nicht auf den empfehlenswerten** Weg nach Rom führen, er geht auch bestimmt **nicht über Insterburg.** Ich glaube hier klar gezeigt zu haben, daß es sich bei schwierigen **schiefen Pferden nicht um Momente links, Momente rechts handelt,** sondern um die **steife Seite**, die eine **Dauerschwierigkeit ist, die also auch nur durch planmäßige Dauerbehandlung, Dauerschnallung und Sporn-Ersatz verbessert und beseitigt werden kann.** Das auf der **rechten** Seite abdeichselnde Pferd geht totsicher — links gespannt — **dicht an die Stange; das linksgehende, gegen die Deichsel drängende, deichselt totsicher rechtsgespannt ab. Strangbürste oder Knopf** machen es rechts hohl. Dazu für schwachen Fahrer ein Seitenausbindezügel.

Coach „Bulgar" des Internat. Clubs Baden-Baden. Fahrer Verfasser. 1896.

Abb. 115.　　　　　　　　　　　　　　　　　　　Phot. Delton

Das Fahren in der Stadt.

Zum Fahren in der Stadt muß man meistens aus einem Stallhof durch einen engen Torweg auf die mehr oder weniger belebte Straße. In Berlin ist häufig die Strecke vom Tor bis zur Bordschwelle mit blauem, sehr glattem Basalt gepflastert, auf dem man oft sogar im Schritt kürzer werden, auch wohl ganz durchparieren muß. Sind die Pferde mit neuen Strickeisen und Korksohlen beschlagen (vielleicht sogar mit Drahtbürsten), so ist nichts zu befürchten, falls die Pferde einigermaßen manierlich sind, der Fahrer weitblickend genug ist, sich das Weitere einteilen zu können. Ist er seiner jungen Pferde nicht sicher, so muß jemand vorausgehen, der weiß, worauf es ankommt, auf den sich der Fahrer verlassen kann, wenn jener ihm winkt, daß er zufahren soll, oder daß die Straße nicht frei ist. Wichtig ist, die Leinen so genau gemessen in der linken Hand zu haben, daß man ihr jeden Augenblick die Peitsche übergeben, mit der linken allein geradeaus fahren und mit der rechten die Bremse so, wie es in jedem Augen=

blick paßt, bedienen kann. Um in enger Durchfahrt genau geradeaus zu fahren, kommt es nicht auf straffe Anspannung, sondern vor allem auf **tadellos gereinigten und geschmierten** Kranz an.

Vierspännig ist die Sache für systemlose Autodidakten schwierig, besonders, wenn sie keine 10—12 Meter vor sich haben, um die Leinen und Pferde, in bezug auf Vordermanngehen, Ziehen oder Nichtziehen, in wirkliche Ordnung zu bringen. Wer aber die Mühe nicht gescheut hat, das ABC zu lernen, die Leinen wahrhaft genau, wie empfohlen, aufzunehmen, sie **kurz genug** gefaßt hat, um auch mit **einer** Hand **jeden Augenblick parieren** zu können, dem macht das Hinausfahren nicht die mindeste Schwierigkeit. Bei Langbaumwagen muß der Kranz besonders gut in Ordnung gehalten werden, weil er schlecht geputzt, ungeschmiert und rostig ebenso viele Unbequemlichkeiten mit sich bringt, wie er, **gut gehalten und geölt**, die schönste Verbindung zwischen Vorderwagen und Kasten bildet. Kann man, selbst wenn die Leinen sonst genau seitlich richtig gemessen sind und die Vorderpferde eben die „Ortscheite tragen", also weder ziehen noch beim Parieren an die Vorwaage geraten können, **wegen zu lang** gefaßter Leinen nicht natürlich gerade sitzen und mit einer Hand verhalten, so ist man erbarmungslos im Schwindel und dem **Zufall überlassen**, mit einem Wort: **aufgeschmissen**. Mit **ungleichen und zu langen** Zügeln **bleibt man sein Leben lang ein Stümper** bei der Abfahrt. Obgleich man vor dem Aufsteigen die ganze Anspannung nochmals nachgesehen haben muß, ist es notwendig, im Schritt anzufahren und darin mindestens 100 Meter zu bleiben. Erstens tut man es den Pferden zulieb, zweitens, weil sehr oft etwas vergessen wird: der Kutscher vergißt manchmal Stall, Remise oder Sattelkammer abzuschließen, der Stallhund läuft hinterher, ein Herr hat seinen Stock, eine Dame ihren Sonnenschirm vergessen. Dem allen ist leicht abgeholfen, wenn man zunächst Schritt fährt. Es kommt auch vor, daß beim Einziehen der Leinen bei Vorder= oder Stangenpferden irrtümlich eine Innenleine außen eingezogen wurde oder ein Strang verdreht ist. Ein **praktisch geübter** Fahrer sieht das, weil er den Fall kennt, sogleich, ein weniger geschulter merkt es erst, wenn er beim Fahren entdeckt, daß zwei Pferde die Schnauzen dicht beieinander haben. Man sieht das in den Straßen Berlins täglich, es lohnt sich, darauf zu achten. Kommt ein Gespann (vielfach Postfuhrwerke) mit derartig gestellten Pferden an, so kann man sicher sein und wird es sehen, daß mindestens bei einem Pferd die Kreuzleine falsch eingezogen ist. Muß man halten bleiben, weil etwas vergessen wurde, so bleibe man als Fahrer ruhig und freue sich über die Gelegenheit, **tadellos parallel der Bordschwelle und scharf rechts heran** halten zu können. Also: Erstens, nicht schimpfen: „Herrgott, was ist nun schon wieder los!". Zweitens, **ohne Ruck und geräuschlos** die **Bremse** anziehen, ganz scharf rechts heranfahren und so weich parieren, daß kein Pferd zurückkriecht. - Nachher trabt man **ruhig** an. Hält man vierspännig, so geht in **diesem** Fall der erste Kutscher vor die Vorderpferde (sonst der zweite). Der zweite, jüngere, kann flotter laufen und ist daher schneller wieder da. Ein- oder zweispännig macht man mit senkrecht gehobener Peitsche das Zeichen für die nachfolgenden Fuhrwerke, daß man halten bleiben wird.

Daß man zu allen Ecken links herum, fünfzehn Meter vor dem Abschwenken, deutlich das Peitschenzeichen durch wiederholtes Drehen der Peitschenschnur links gibt, ist allgemein bekannt, auch wohl, daß man alle linken Ecken in möglichst großem Bogen zu nehmen hat. Rechts herum in kleinem, und zwar derart, daß man nach der Ecke möglichst rechts heran ist, nicht wie die Auto=

Abb. 116. Unsere Füchse 1913.   Geschirre v. Waldhausen.

mobile, die nicht durchparieren, infolgedessen nach den Rechtsecken immer mitten auf der Straße sind. Um sich als Fahrer sachgemäß und der Polizeivorschrift entsprechend zu bewegen, muß man auch auf allen Plätzen möglichst rechts fahren, also den größtmöglichen Linksbogen.

Fährt man auf der Straße, wie es sich gehört, rechts, so muß man das linke Peitschenzeichen nicht nur dann geben, wenn man Kehrt machen, sondern auch, wenn man halblinks die Straße schneiden und auf ihrer linken Seite halten will. Das Zeichen ist für die uns folgenden und entgegenkommenden Fuhrwerke und Radfahrer. Vor allen Querstraßen ist, um schön im Gange bleiben zu können, früh und allmählich der Trab zu verkürzen, auch um von dem vor uns fahrenden Wagen größeren Abstand zu bekommen. Bleibt dieser in seinem Tempo, so wird er meistens unschön und für Pferde und Insassen unangenehm kurz stoppen müssen. Der sodann eben erzielte Raum erfüllt jetzt seinen Zweck. Aufmerksamkeit vorne, seitlich und hinten ist in der Stadt notwendig, wenn man nicht angefahren sein will. Man muß auch bei dem Abstandnehmen umsichtig sein und es nicht so plump machen, daß sich ein anderes Fuhrwerk vor uns in die Lücke schiebt. Ich sage: wo der Raum aufhört, fängt die

Fahrkunst an, ich meine damit, daß man sich nicht a b q u e t s ch e n
l a s s e n, auch rechts immer nur so nahe heranfahren darf, daß man
n o ch m e h r rechts heran kann, wenn einer unseren Wagen und, was
noch häufiger vorkommt, die Pferde abschneiden und rempeln will.
Beim Ausweichen und Ueberholen machen viele Fahrer, besonders
Omnibus- und Postkutscher, den großen Fehler, in belebten Straßen,
wie es die Leipziger ist, tausendmal am Tage an den Schienen hängen
zu bleiben. Warum? das weiß nur der liebe Gott. Steht ein Wagen
— Möbelwagen ausgenommen — dicht an der Bordschwelle, so können
Omnibus, Postwagen, Coach usw. zwischen ihm und den Schienen
vorbeifahren, ohne das Geleis zu berühren. Die wenigsten Kutscher sind
sich darüber klar, so leicht es auch ein für allemal festzustellen ist. Anstatt
nun dicht an den Schienen entlang zu fahren, versuchen sie ohne Anlauf
hinein zu gelangen. Das glückt nur in den seltensten Fällen, weil man
Hindernisse in diesem Dasein nicht ohne Anlauf nehmen kann. Glaubt
der Fahrer, die Schiene kreuzen zu müssen, so hat er darauf frühzeitig
zu achten, ob die Schienen bündig mit der Straße liegen oder ob sie
stellenweise oder die ganze Straße hinunter weit vorstehen. Stehen sie

Abb. 117. Jungfernbrückchen, Fahrer Verfasser.
Sechserzug des Königl. Marstalls, Geschirre von Julius Erb.
Große Langbaum-Break v. Kühlstein.

vor, so muß er das Tempo verkürzen und sich auf etwa 20 cm von
der Schiene zu entfernen versuchen. Hierauf darf er nicht am linken
Zügel ziehen, wodurch er die Pferde zurückhalten würde und der Wagen
den letzten Rest des noch vorhandenen Schwunges verlieren würde.
Der Fahrer muß vielmehr rechts tüchtig nachgeben. Dadurch bringt
das rechte Pferd das linke Rad mehr rechtwinkelig und mit Anlauf

gegen die Schiene, als wenn fälschlich das Sattelpferd die Deichsel mit dem **Aufhalter nach links rückwärts zieht**, wodurch jeder Anlauf zum Teufel geht. In dem Augenblick, in welchem das linke Vorderrad die Schiene berührt, muß die rechte Hand eindrehend annehmen (kleiner Finger zur linken Hüfte), die linke muß gleichzeitig nachgeben, um dem linken Rade noch mehr Schwung zu geben, der es 99 unter 100 mal hinüberbringt. Sieht der „aufmerksame" Fahrer, daß er bald auf halbe Spur in das Geleis hineinmuß, so findet er allerlei günstige ausnutzbare Gelegenheiten. Das sind: Die an der Schiene frisch geflickten Asphalt- oder Pflasterstellen und die Weichen. Hier kommt er auch ohne Anlauf hinein, weil die Schienen dort gut eingebettet sind. Fährt man, bei einer rechten Ecke, in eine Straße mit Geleisen hinein, so muß man sogleich überlegen, ob man rechts vom Geleis bleiben kann oder auf halbe Spur hineinfahren muß. Muß man, weil rechts Wagen stehen oder Schritt fahren, hinein, und erlaubt es links der Raum, so fahre man sofort, also fast rechtwinkelig, hinein, wobei man niemals hängen bleiben wird. Sind Pferde gewohnt, an bestimmten Stellen der Stadt täglich den gleichen Weg zu gehen und will man ausnahmsweise in ungewohnte Straßen abschwenken oder, wo man sonst immer einbiegt, geradeaus bleiben, so verkürze man stark die Gangart und teile den Pferden sehr früh mit, daß etwas Ungewohntes verlangt werden wird. Bereitet man das alles durchdacht vor, so gibt es kein Mißverstehen, kein Ausgleiten, keine Kronentritte. Hauptsache dabei ist, daß man durch das **frühzeitige Parieren** die Pferde leicht in die Hand bekommt, dann nicht durch Ziehen an der Innenleine wendet, sondern, wie immer, **am nachgebenden äußeren Zügel**. Überhaupt spielt das **Nachgeben** eine außerordentlich **wichtige Rolle**, um die sogenannte weiche Hand zu erlernen. Um **oft nachgeben zu können**, muß man oft den Gang etwas verkürzen. Dadurch würde man aber Zeit verlieren, wenn man es auf gerader Straße machen wollte. Man verlegt deshalb das **Annehmen vor jede Ecke, verkürzt vor jeder Ecke die Leinen und dadurch das Tempo so stark, daß Pferde und Fahrer vor dem Abschwenken ganz losgelassen haben**. Nimmt man dann die Ecke durch **vorsichtiges Nachgeben** (nicht Wegwerfen) **des Außenzügels im versammelten kürzesten Trabe**, ruft in der Ecke weder die Pferde an, noch gebraucht man die Peitsche, sondern gibt mit beiden Leinen nach, so legen die Pferde weich und allmählich zu. **Auf diese Art werden sie alle feinfühlender und aufmerksamer auf die Hand.** Haben sie auf diese Weise **den Zügel aufzusuchen gelernt**, so legen sie auch auf gerader Linie sofort zu, wenn die Hand genügend nachgibt. Mein unvergeßlicher alter Lehrer Edwin Howlett sagt in seinem Buche: **schlechte Hand sei Unsinn, sie sei ein durch den Willen geleitetes Werkzeug, das augenblicklich ausführe, was der Verstand befehle.** — Mit eisernem Willen kann jeder seine Hand außerordentlich verbessern, es kann auch jeder ohne Hände radeln lernen. Der gedankenlose Fahrer hält oft die

Leinen ebenso feſt, wie der Nadelanfänger die Lenkſtange, dem Rade tut es nicht weh, das Pferd wird aber tot im Maul, die Hand hart, wenn man nicht ernſt darüber **nachdenkt**, daß das Stahlmundſtück — bei Kandaren durch Hebelwirkung unterſtützt — **Gefühlsnerven, Zahnfleiſch und Knochenhaut zerdrückt.** Ein **denkender Fahrer, der an jeder Ecke und nach jeder Parade auf gerader Linie die Pferde zum Abſtoßen bringt, gibt den Laden hundertmal in einer Stunde Gelegenheit, ſich neu zu beleben und wieder friſch zu fühlen.** Wer ſich **das eben Geſchilderte wirklich gründlich überlegt und beim Fahren daran denkt und befolgt, der verbeſſert ganz ſicher ſeine Hand,** die Pferde werden ihm mit der Zeit angenehmer gehen, und er wird das Fahren mit anderen Augen und von einem neuen Geſichtspunkt betrachten, von dem aus man nur Gutes lernt. Beim Geradeausfahren nachzugeben und im Tempo zu bleiben iſt viel ſchwieriger, als in den Ecken. Das Nachgeben geradeaus lernt man (nach meinen langjährigen Erfahrungen im Unterrichten) am leichteſten, wenn man bei ſtramm herangehenden Pferden **immer wieder an zu vermeidenden Ladendruck** denkt und dabei verſucht, ob es nicht möglich wäre, **Ellbogen- und Schultergelenke beweglich zu halten, die Beinmuskeln loszulaſſen und ohne zuzulegen eine kleinſte Kleinigkeit leichter zu führen. Dieſer Gedanke, immer wiederholt, wirkt beſtimmt verbeſſernd auf Hand und Pferde.**

Hat man ein fleißiges und ein faules Pferd am Zweiſpänner, ſo wird nach der Ecke das flottere dem Nachgeben eher folgen. Jeder Zuruf oder Zungenſchlag wäre dann falſch, weil er **nur auf das fleißige wirkt.** Man muß deshalb die Peitſche bereit haben, um **geräuſchlos** durch ihr „Hinlegen" ſeitlich auf die Rippen zu wirken, d. h. wenn das faule Pferd in der Rechtswendung innen geht, auf der rechten Seite. Das **bei der Kurve auswendige Pferd ſoll man nie antreiben, weil beide dadurch lernen, ſich in die Wendung zu werfen und die Köpfe nach außen zu nehmen.** So verdorbene Tiere ſind als Vorder- oder Stangenpferde in den Wendungen eine Qual, man iſt ihrer auch nie ganz ſicher, weil am äußeren Zügel hängende Pferde (wie ein nicht ausgebundenes beim Führen am Handzügel) nie ganz in der Gewalt des Fahrers ſind. Das Anziehen auf glatter Straße (naſſer Asphalt) iſt oft mit einem faulen und einem heftigen Pferde ſchwierig. Durch den üblichen Zuruf zieht **nur das heftige** an und verliert leicht, ebenſo wie beim plötzlichen Antraben, einen Hinterfuß, deſſen Feſſelkopf dann unſanft auf die Erde ſtößt. Durch kräftiges Halten in den Zügeln verbeſſert man hier nichts, am wenigſten, wenn das heftige Pferd halbſcharf geſchnallt iſt. Den Laden bereitet man dadurch unnütz Schmerzen. Das einfache Mittel iſt: **ohne Zuruf oder Zungenſchlag äußerst leicht zu führen und das faule Pferd durch geräuſchloſe Peitſchenhilfe (Anlegen) in der**

erften Sekunde **allein** antreten zu laffen. Das heftige wird **fofort
fichtlich ruhiger**, als auf jede andere Art, mitgehen. Es wird
ruhiger fein als bisher, weil es trotz feinem Eifer keine Schwierigkeit
mehr beim Anziehen vorfindet. Richtiges, ruhiges Überholen ift in der
Stadt oft fchwierig, weil man meiftens nicht fo fchnell fahren kann,
wie die Pferde laufen können. Man muß alfo außer der Befchaffenheit
der Straße 1. die **eigene** mögliche Schnelligkeit, 2. diejenige des zu
überholenden Wagens, deffen Fahrer vielleicht zulegen wird, um einen

Abb. 118. Kupee.   Hofwagenbau Mayer-München.

nicht vorbeizulaffen, und 3. die des nächften entgegenkommenden Fuhr=
werks richtig einfchätzen lernen. Ich empfehle dem Anfänger, nur zu
überholen, wenn er ganz ficher ift, daß es gelingt. Dabei muß er fich
die Verhältniffe einprägen und daraus feine Erfahrungen machen. Auf
guter Landftraße kann man fich oft mit einem kurzen Galopp helfen,
anftatt im halb geglückten Verfuch zurückzuzoppen. (Ich fah das oft
mit Hintenüberlegen des Fahrers, blauem Kopf, Durcheinander der
Leinen, und der Peitfche gegen das Geficht oder den Hut des Bockfitz=
gaftes! Ich fah auch in Köln einmal einen Fahrer **die fchwere
Coach am Dom bergauf** zurückfetzen (weil die Straße gefperrt
war), anftatt die große Breite der Straße auszunützen und quer rück=
wärts zu richten! Das richtig zu machen, kann man fogar durch Literatur
des Fahrfports lernen: Lord Algernon St. Maur in des Herzogs
v. Beaufort „**Driving**". Der gleiche berühmte Fahrer äußert fich
an anderer Stelle des außerordentlich lehrreichen Abfchnittes „Old
Coaching Days", „Amateur Reminifcences": „**Nach fieben=
jährigem Fahren über Land (road coaching), bei
Tage und bei Nacht, fing ich an zu glauben, daß ich
den größten Teil meiner Aufgabe wiffe, aber ich
wurde bald enttäufcht, als ich anfing, durch London**

zu fahren, wo ich bald fand, daß ich noch eine Menge zu lernen hatte. Auf dem Lande, beim Geradeausfahren, war es Hauptaufgabe, jedes Pferd seine Arbeit tun zu lassen und die Zeit einzuhalten. Aber in London muß jeder Fahrer Augen und Ohren offenhalten, alle Pferde gut in der Hand, bereit, jeden Augenblick zu stoppen." — Edwin Howlett schreibt in „Driving Lessons", S. 147: „Ich liebe über Land zu fahren (the road), habe es viel getan und möchte es fortsetzen, aber um fahren zu lernen ist e i n e Unterrichtsstunde

Abb. 119. Unterricht bei Edwin Howlett 1897.
Gast Geheimrat Vorster.

Phot. Delton

in der Stadt mehr wert als 50 Meilen über Land." — Oelflecken und frischem Pferdemist ist bei dem geschlossenen Beschlag (mit Korksohlen, Hufslederkitt oder Ledersohlen mit Gummistrahl) nach Möglichkeit rechts auszuweichen oder sie sind zwischen die Pferde zu nehmen. Der beste Beschlag für Asphalt ist der mit Drahtbürsten. Bei Schnee und Eis ist er unbrauchbar. Der Beschlag im ehemaligen Kgl. Marstall mit auswechselbaren Platten (sogenannten Eis- und Schneeplatten) hatte gegen die sonst sehr guten H-Stollen das für sich, daß der Kutscher an jedem Hufe nur eine Schraube einzudrehen brauchte, deren Gewinde nicht verrostet und verschmutzt war, weil die scharfe Platte sofort an die Stelle der im allgemeinen üblichen Filzplatte trat. — Viele Pferdeleute haben ein ganz falsches Bild vom Asphalt und Beschlag; wie oft hörte ich schon sagen: „Natürlich, je mehr Anheftungspunkte das Pferd hat, um so sicherer geht es." Das ist in bezug auf den einzig „unangenehmen" Asphalt Unsinn, denn A s p h a l t ist nicht im mindesten glatt. Glatt ist der Schleim darauf beim ersten Regen oder das angesammelte Autoöl bei langer Trockenheit. Mehrstündiger strammer Regen entfernt beides, sodaß man einige Tage mit alten Strickeisen, selbst ohne Korksohlen, sicher fahren kann. Bei großer Glätte, Schleim oder Glatteis muß man m ö g l i ch st w e n i g A n h e f t u n g s p u n k t e haben, damit das große Gewicht des Pferdes durch die S p i t z e n des Beschlags G l a t t e i s oder S ch l e i m d u r ch d r i n g e n u n d a u f d e m k e i n e s w e g s g l a t t e n A s p h a l t d e n n ö t i g e n H a l t f i n d e n k a n n. Reitet man seine Wagenpferde mit Korksohlen, so besteht die große Gefahr, daß Druck und Lahmheit eintritt; ich empfehle deshalb dringend, die Korksohlen zum R e i t e n herauszunehmen, sich in einer Korkhandlung welche zu kaufen und sie e i n g e w e i ch t selbst vor dem Fahren einzulegen.

Abb. 120.

An diesem Viererzug ist alles entsetzlich. Zum Zylinder und Livreerock mit Metallknöpfen gehören weiße Hosen und Stulpstiefel, kein Schnurrbart. Der Mann hält die Vorderpferde so falsch wie möglich. Die sinnlos in die Stränge vorgezogenen Vorderpferde werden demnächst die sich jetzt schon gegenstemmenden Stangenpferde ganz mitschleifen, weil die Vorderleinen beim Loslassen einen halben Meter zu lang werden. Die Gebisse sind französische Postkandaren, gehören zum Brustblatt aus schwerem braunem Leder mit Glocken, Fuchsschwänzen und Tauen. Nasenriemen falsch gearbeitet, besonders bei den Stangenpferden viel zu hoch. Vorderpferde tragen Stangengeschirre, denn sie haben Aufhalteringe und Hinterstränge. Russische Aufhalter an den Stangenpferden. Die Vorderleinen sollen durch Viererringe außen am Kehlriemen und Kammdeckel-Mittelschlüssel geführt werden. Die Schöpfe der Pferde sind infolge mangelhafter Frisur wie bei Kaltblütern. Kammdeckel liegen zu weit vorne. Die Vorderstränge sollten sein wie S. 136, die Vorwaage wie S. 93 II u. S. 173 Abb. 172.

Abb. 121. Graf August Bismarcks Coach, Fahrer Verfasser.
Goldene Medaille Baden-Baden 1892.

Tourenfahren.

Um beim Gepäck anzufangen: lieber einige kleine Gepäckstücke mehr, als wenige große. Ein fester rechteckiger Korb mit starken Riemen zum Anschnallen an die Hinterachse hat sich bewährt: für Putzzeug, Oelkännchen, Hufschmiere, Reserve-Eisen, Beschlagsack, Hammer, Zange, Schraubenschlüssel, Stollen, Gewindebohrer, Reserve-Hufräumer, Bremsklötze, Vorstecker, Stränge, Aufhalter, Zugösen, Karabiner, Schraubenzieher, Korkenzieher, Verbandzeug, Hand-, Putztücher, Leder, Schwämme, Streichlappen, Binden, Stall-Apotheke, Tränkeimer, Kerzen, Reserve-Peitsche.

Ferner: ein mit Fell gefüttertes Brustblatt, zwei weiche, unten offene Unterkumte, einige Filzstücke mit je 2 kleinen Riemchen, die rechts und links von geschwollenen Stellen (Fliegenstichen), an Backenstücken, Strängen oder wo es sonst nötig werden sollte, anzuschnallen sind. Scheuert ein Gurt an den Ellbogen, so lasse man den Sprungriemen ganz weg, stecke den Kammdeckelgurt zwischen Strangschnalle und Stutzenunterlage durch, wodurch er weiter zurückzuliegen kommt. Schlaggurt lose einschnallen.

Für Kumtanspannung kann ich den von Kühlstein, Berlin und Zimmermann, Potsdam und Berlin gebauten Char-à-bancs nicht genug empfehlen.

Eine Anregung möchte ich noch geben, wie man vorwärts kommt und doch die Pferde schont. Berg und Tal ändern natürlich den Plan, er soll ja auch keine Vorschrift auf die Minute sein. Meine Erfahrungen beziehen sich nur auf englische Anspannung, Coach, Char-à-bancs und Mail-Phaeton. Darauf sind auch die Zeiten berechnet.

1. Schritt 200 m in 2 Minuten,
2. Trab 2000 m in 10 „
3. Schritt 300 m in 3 „
4. Trab 2000 m in 10 „
5. Schritt 400 m in 4 „
6. Trab 2500 m in 13 „
7. Schritt 400 m in 4 „
8. Trab 2000 m in 10 „
9. Schritt 400 m in 4 „

10 200 m in 60 Minuten.

Nach jeder Stunde an geschützter Stelle Halten zum Stallen. Eine Schnitte Brot, etwas Zucker, einige Schluck Wasser an heißen Tagen. Ich habe sehr gute Erfahrungen mit Ledersohlen und Gummistrahl gemacht. Diese Sohlen müssen zum Beschlagen gut eingeweicht sein, weil die Eisen sich nur dann fest auflegen lassen und gut liegen bleiben. Werg und Teer zwischen Huf und Ledersohle.

Im Schritt darf man die Pferde nicht stören, der Fahrer muß sich nach dem Langsamsten richten. Treibt er ihn an, so gibt es nur Zackelei; bergauf ist das der gröbste Fehler, den man machen kann. Die Pferde müssen sich mit Hilfe des Fahrers im Schritt und im Trabe einspielen. Ganz faule Pferde muß man selbstredend antreiben, aber nur so, daß sie die andern nicht stören. „Am langen Zügel", nie ohne Zügel, müssen die Pferde Schritt gehen, ganz gleich, wie viele es sind. Daraus folgt, daß das schnellste sich mit der Zeit etwas verlangsamt, das langsamste sich strecken und freier ausschreiten lernt. Zu schnell ist das Trabtempo, wenn die Pferde dabei außer Atem kommen und außerdem unter den Geschirren schwitzen. Zu langsam, wenn die Pferdebeine nicht natürlich pendeln; das fängt an, wenn man den Kilometer über 5 Minuten trabt. Temperamentvolle Pferde werden im richtigen Tempo ruhig, faule schlafen nicht ein, denn dazu muß es zu lebendig sein.

Da die angedeutete Tabelle mehr eine theoretische als praktische Anwendung erlaubt, sobald es in die Berge geht, so muß man sich klar werden, wie schwer sich die großen Wagen bergan und bei Gegenwind ziehen; hinzu kommen noch ganz neue Chaussee mit der klebrigen Sanddecke und die frisch „eingelegten" (beschotterten) Stellen, die alle Kilometerberechnungen über den Haufen werfen. Deshalb rate ich dringend, das Programm nicht zu schneidig aufzustellen. Es ist gut, wenn man immer noch etwas zuzusetzen hat.

Abb. 122.

Besonders mit 4 Pferden ist die Möglichkeit leicht vorhanden, daß eines nicht sehr gut gefressen hat, oder irgend etwas nicht stimmt. Muß man einen unvorhergesehenen Umweg machen, so verliert man Zeit. Muß man durch eine Furt, so kann das Coach-Fußbrett so heftig auf die Kruppen der Stangenpferde schlagen, daß es abbricht; man tut deshalb gut, vorher die Stränge ins längste Loch zu schnallen, die Ketten aber zu verkürzen. Wer das erlebt hat, sieht alle unsinnig kurz angespannten Stangenpferde mißtrauisch an. Zum Aufstoßen des Coach= Fußbretts auf die Kruppen genügen bei sehr kurzer Anspannung schon tiefe Straßenrinne oder Feldbahngleise.

In allen Ländern, in denen r e c h t s ausgewichen wird, muß der Radschuh unter das r e c h t e Hinterrad gelegt werden, weil andernfalls der Hinterwagen nach rechts gefährlich abgleiten würde. (In England hängt er deshalb links, ebenso spannt man dort das größte, stärkste Pferd links an die Stange). In Amerika und Frankreich wird rechts ausgewichen, wir haben also den schwachen Trost, daß diese Länder darin ebenso rückständig sind wie wir. Die Schweiz verlangt die Gleitfläche des Hemmschuhs mindestens 15 cm breit.

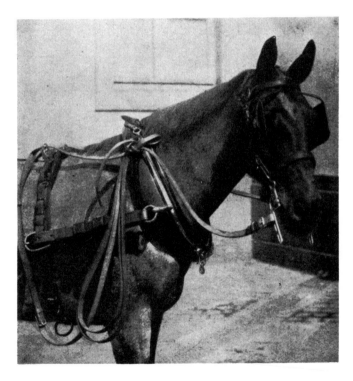

Abb. 123. Touren=Vordergeschirr. Leine zum Ausspannen befestigt.

Schonung eines Pferdes durch ungleiche Arbeitseinteilung. Wir haben bei der Leinenschnallung den Zweck verfolgt, die Arbeit gleichmäßig auf ein Paar Pferde zu verteilen. Es handelt sich nun um die bei schweren Wagen wichtige Kunst, die Arbeit auch u n g l e i c h verteilen zu können. Von großer Bedeutung ist das auf Touren mit besetzten schweren Wagen beim Viererzuge. Angenommen, ein Pferd hatte abends oder nachts vorher Kolik, ist natürlich am anderen Tage schlapp und schonungsbedürftig. Man möchte aber, oder muß vorwärts= kommen und dieses Pferd sehr schonen. Als V o r d e r pferd kann man das nicht, denn dann würde man das andere ebenfalls schonen, die zwei S t a n g e n pferde aber sehr anstrengen. Um nun d r e i Pferde die

Abb. 124. Streichlappen und Schutzring aus Stroh.

ganze oder den größten Teil der Arbeit tun zu lassen, spannt man das schonungsbedürftige an die Stange, wenn es paßt links, weil es dort so wie so weniger Arbeit hat; muß doch das rechte Stangenpferd den Wagen nach jedem Ausweichen wieder auf die erhöhte Straßenmitte hinaufziehen. Damit das linke Stangenpferd möglichst „nur mit= genommen wird", macht man ihm Kette oder Aufhalter besonders lose und nimmt es in der Leine so weit zurück, daß es nicht ziehen kann. Wenn jetzt durch das rechte Stangenpferd mehr an dem rechten Teil der Sprengwaage gezogen wird, als an dem linken, so strebt dadurch der Wagen nach links. Da das rechte Stangenpferd ihn aber nicht am Aufhalter dauernd — mit der Schulter halbrechts ziehend geraderichten soll, weil es dadurch leiden würde, so nimmt der denkende und fühlende Fahrer die Vorderpferde dauernd ein wenig nach rechts, so viel nur, daß die rechte Aufhaltekette lose bleibt. Die Vorderpferde heben dabei den, durch das einseitige Ziehen des rechten Stangenpferdes entstandenen, Drang der Deichsel nach links, auf. Diese Sache spielt sich mit ihrem schrägen Zuge der Vorderpferde ähnlich ab, wie der schräge Zug eines Pferdes auf dem Leinpfad. Schiffer und Pferd bilden hier zwei gewisser= maßen entgegengesetzt arbeitende Kräfte, die sich, wenn richtig eingestellt, ausgleichen und die gewünschte Richtung erzielen und erhalten. Die Sache ist so einfach, daß sie ein jeder etwas praktisch Veranlagte verstehen wird. Empfehlenswert ist, den Vorderpferden hinten Streichlappen an= zulegen, auch wenn sie sonst ohne diese gehen. Um d a u e r n d ein Stangenpferd etwas zu schonen, kann man sein Ortscheit eine Handbreit weiter von der Stange weg nach außen anbringen, sodaß der Hebelarm, an dem es zieht, länger wird, das andere also stärker ziehen muß, um die Deichsel geradeaus zu erhalten.

Landanspannung.

Die Güte der Landanspannung beruht in erster Linie auf dem **wirklich Praktischen**, also genau wie bei jeder anderen. Zunächst muß also die Deichsel weder zu lang noch zu kurz sein (etwa 2,80 m). Drei Meter von der Sprengwaage bis zur Spitze gemessen (ohne Viererhaken) wäre die größte Abmessung für Pferde über 1,80 Bdm., bei sehr niedriger Sprengwaage und kleinsten Rädern. Die Sprengwaagen sollten so breit sein, daß sie mindestens 4—5 cm an jeder Seite die breiteste Stelle des Wagens überragen. Spielwaagen sollten nirgends verwendet werden, jedoch bei Sielen stets **bewegliche Ortscheite**, bei Kumten sind sie nur auf weichen Wegen nützlich. Die seitlich weite Anspannung verhindert das Scheuern der Stränge an Bäuchen und Hinterbeinen, sie gibt den Pferden auch etwas Spielraum auf schlechten Wegen mit tiefen Gleisen, sodaß sie sich nicht so leicht streichen. Als Kandaren empfehle ich die kleinen neuen **Militär-Ellbogen-Kandaren**, zu beziehen vom Deutschen Offizier-Verein, Armeemarinehaus. Brauchbar ist auch jede Liverpool-Kandare, doch lernen junge Pferde manchmal an ihren Anzügen zu spielen und die Leinen durch Lecken naß, hart und brüchig zu machen. Die Liverpool-Kandare (Abb. 125) hat auch für weniger geübte Fahrer

Abb. 125.

den Nachteil, daß sich der Zügel in seiner Länge verändert, wenn man vom Schaumring in den ersten Schlitz schnallt. Die Kopfstücke müssen so gearbeitet sein, daß sie nicht an den Ohren scheuern, daher genügend lange Stirnriemen. Die Kehlriemen findet man meistens 5 cm zu kurz die Nasenriemen 10 cm zu lang, außerdem fehlerhaft.

Jeder gute Nasenriemen muß sich auf den Backenstücken verschieben und bei Groß- und Kleinschnallen des Zaumes mit dem Gebiß hinunter und hinauf gehen; endlich so verpaßt sein, daß man mit ihm — im engsten Loch — das Pferdemaul schließen **kann**. Die Pferde müssen zuerst ohne, dann mit Scheuklappen eingefahren sein, der Sattler darf die Scheuklappen an den Schnallen nicht einschneiden, andernfalls entsteht eine scharfe Ecke, die in Verbindung mit der zu hohen Lage am Schläfenbein scheuert. Die Scheuleder müssen etwas tiefer liegen als der Mitte des Pferdeauges gegenüber. Richtige englische Leine zu Kandaren, dieselbe oder Wiener-Leinen zu Trensen. Zur Länge der Deichsel müssen Stränge und Aufhalter passen, d. h. deren Spitzen dürfen nicht aus den Schlaufen herausbaumeln, ebensowenig an den Bauchgurten, Nasenriemen, Schweifriemen usw. Ob Brustblatt oder Kumt gefahren wird, sollte von den Pferden abhängen (Jucker- oder Karossier-Typ). Große Pferde an schweren Wagen im Brustblatt zu fahren, ist **Unkultur und Trägheit**. Bei Mittelpferden braucht man einige Kumte von 53,

54 und 55, selten 56 cm. Auch mit Unterkumten kann man sich helfen. Auswechseln ist eine Kleinigkeit, wenn die Kutscher putzen, die Kumt= gürtel gesund, gut geschmiert und mit ordentlichen, nicht mit dem Messer geschnittenen Löchern versehen sind. Die Kumte müssen richtig gearbeitet sein, das Kissen der Halsform entsprechend; unten an der Kehle nicht rund, sondern spitz. Blättere ich im St. Georg und sehe die Landgespanne an, so hätten sie zunächst als völlig überflüssig wegzulassen: Aufsatzzügel, die immer nur herumbaumeln, Kammdeckelunterlagen, die auch nur unnützes Geld kosten, be= sondere Aufhalte = Halsriemen (Halskoppel) und eine Unmenge großer blanker, sich schwer ver= schnallender vorsündflutlicher Doppelschnallen (vergl. 1920, St. Georg Nr. 21). In dieser Nummer sehe ich zum ersten

Abb. 126. Der schrecklichste aller Wagen.

Male bei einem Landgespann eine zu k u r z e Stange. Der Wagen hat keine Bremse; parieren die Pferde den vollbesetzten Wagen bergab, so

Abb. 127. Land= und Jagdwagen. Neueste Form der Firma E. Zimmermann, Potsdam.
(Die Firma Zimmermann hat einen Land= und Jagdwagen herausgebracht, der allen Ansprüchen genügen dürfte, da er alle praktischen Vorzüge mit außerordentlich gefälligen Linien vereinigt.)

kommen sie unfehlbar hinten heran, das ist das „B e s t e", um sie für immer zu verderben. Kreuzriemen, mit weder zu kurz noch zu lang geschnallten Strangträgern, dicht vor den Hüften, sind beim Einfahren, um die Pferde möglichst an alles zu gewöhnen, empfehlenswert. Alle Pferde sind bei der Longenarbeit an die Doppelringtrense, zuletzt auch an weiche Kandare zu gewöhnen, schon um das Maß ihrer Maulempfindlichkeit kennenzulernen. Bei Landkutschwagen verwendet man keine Ketten, sondern Aufhalter. Wirklich unschön und m. E. nicht praktisch sind die Landwagen, sogenannte Jagd= wagen (wohl wegen der Wild= brücke oder Schoßkelle so genannt), wenn sie keine Türen haben. Die mangelhafte Verbindung zwischen erster und zweiter Bank ist jedem gesunden Gefühl zu= wider, kein mir bekanntes Land benutzt ähnliche Vehikel, die aussehen, als ständen zwei große Koffer auf einem Brett (Abb. 126). Ein Wagen, der wirklich für alles zu gebrauchen, ist die bei uns „Break" genannte Wagonette (s. S. 124), die je nach der Größe 4—6 Personen im Innern und zwei auf dem Bock faßt. Zur Bahn oder Jagd fährt sie der Kutscher; bei anderen Gelegenheiten, auch 4=spännig, kann sie der Herr selbst fahren, die Dame neben sich. Eine Ladung Kinder hat außer Kutscher und Kindermädchen im Innern Platz. Interessiert sich eins der Kinder fürs Fahren, so kann es hinter den Eltern stehen und zusehen. Nur wo lange, sehr steile Berge sind, ist die Wagonette unbequem, weil man von dem schiefen Sitzen müde wird.

Abb. 128. Ungarischer Landwagen.

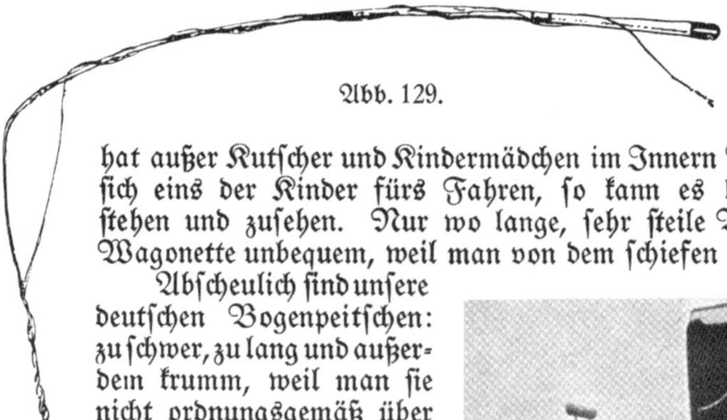

Abb. 129.

Abscheulich sind unsere deutschen Bogenpeitschen: zu schwer, zu lang und außer= dem krumm, weil man sie nicht ordnungsgemäß über eine Rolle hängt, sondern in die Ecke stellt (Abb. 129). Diese ge= meine Behandlung findet man sogar bei Sattlern. Wo keine Dornpeitschen zu bekommen sind, wähle man leichte, möglichst kurze, steife Rohrstöcke und als Knappe (Spitze) keinen rot= oder grün= seidenen Wurm, sondern eine Schnurspitze, die ganz doppelt, nicht halb doppelt halb einfach gedreht ist, weil das untere einfache Ende besonders bei Nässe Knoten schlägt, mit denen man dauernd hängen bleibt. Zum Sielen= geschirr ist die Bogenpeitsche ebenso ungehörig wie die Zucker=

Abb. 130.

Abb. 131. Spanien.

peitsche zum Kumt; vielfach halten unsere Agrarier die krummste Bogenpeitsche für etwas „Besseres", ebenso wie den schäbigsten Zylinder mit ebensolchem Livreerock trotz gänzlich ungeputzter Knöpfe und mit fleckiger, zu langer oder zu kurzer Hose für „feiner", als eine einfache, weniger empfindliche richtige Zivillivree mit einfachem schwarzem rundem Hut und richtigem Kutscherkragen mit Deckkrawatte. Samtmützen jeder Art, oder Mützen in deutscher Militärform, sind ebensowenig angebracht wie Kokarden am runden Hut.

Anstatt die Vorderbracke, Sprengwaage und Ortscheite breit genug herstellen zu lassen, daß die Stränge nicht scheuern, findet man, um das zu verhüten, die Stränge oft absichtlich verdreht aufgestreift, sodaß Strangring und Aufziehleder nach unten liegen. Die Folge ist nicht nur, daß das schlecht aussieht, sondern auch, daß Aufziehring und Leder nach der Fahrt übermäßig beschmutzt sind, was einem sauberen Kutscher das Leben unnötig erschwert. Ein großer Fehler der meisten Landgespanne sind die schauerlich weit aus den Schlaufen herausbaumelnden Aufhalter- und Strang-Spitzen. Im Sankt Georg Nr. 29, 1920 finden wir eine Dogcart mit einem großen Pferde im Brustblatt, die Sellette paßt nicht, liegt infolgedessen fast auf dem Widerrist, teilweise auch weil die Stränge zu kurz geschnallt sind; hier hängen die Bauchgurte lang aus den Schlaufen heraus. Das schöne Pferd mit dem sehr guten Gang würde, ordentlich beschirrt, gut angespannt und sich an liebenswürdiger Hand abstoßend, um 10 000 M. besser aussehen. Auf der gleichen Seite befindet sich ein Zweispänner, dessen innere Kreuzleinen viel zu kurz sind, sodaß die Pferde ihre Nasen zusammenstecken, als ob sie sich Geheimnisse erzählten. Warum diese scharfgeschnallten, gänzlich durchfallenden Kandaren? auch noch zum Brustblatt! Warum hat der Fahrer die Hände meilenweit auseinander? Warum zu dem Landwagen die Stadt-Livree? Die unmenschlich hohen Polster passen nicht für den Kutscher, allenfalls für leidende Damen. Warum haben die Pferde weder Mähnen- noch Schweifhaare? In der gleichen Nummer ist ein Siebenerzug. Die Pferde hätten sich sicher besser gemacht, wenn die drei mittleren für sich gezeigt worden wären. Die 5 Vorderpferde ziehen die Stangenpferde über den Haufen, das linke Mittelpferd sucht vergeblich nach dem Zügel, den es trotz weit vorgestreckter Nase nicht erreichen kann. Vorder- und Stangenpferde ohne Nasenriemen auf Kandaren, Mittelpferde mit Nasenriemen auf Trensen.

Abb. 132.

Auf der gleichen Seite unten ist ein Zweispänner, dessen Pferdeköpfe keinen Zentimeter Zwischenraum haben, also völlig falsch geschnallte Leinen, oder eine ist falsch eingezogen. Ist der Fahrer Huntsman oder warum die Samtkappe? Warum bei dem Sonnenschein der Fußsack? Frische Luft ist ja so gesund! —

In Nr. 9 ist ein sehr geschmackvolles Landgespann abgebildet; vielleicht könnten die Vorderräder etwas höher sein, doch sollte der Wagen dadurch nicht länger werden. Erheblich zu lang ist die Deichsel, die Pferde sind dadurch zu lang gespannt, die Trensen sollten vier Ringe haben, die Schöpfe gehören unter die Stirnbänder, Leinenführung scheint nicht richtig, sonst wäre der rechte Zügel unterhalb des linken zu sehen. Der Kutscher hat den richtigen Hut. In Nr. 25, 1920 sind zwei lehrreiche Livree-Gegenbeispiele, das eine, vom Insterburger Tattersall, zeigt richtigen Hut und, wie es scheint richtige Jacke, falls sie keine blanken Knöpfe hat, dazu aber — oh Schrecken — schwarze oder dunkelblaue lange Hosen mit unmöglichen Knöpfen; welchen Zweck mögen diese Knöpfe haben? (Abb. 132) und warum die amerikanische Fahrgerte? Auf der folgenden Seite hält ein Mann eine sehr schöne Stute; Anzug: Zivilhut, Livreefrack, Inspektorstiefel. Warum wird der Frack nicht für feierliche Gelegenheiten aufbewahrt und mit Zylinder und Stulpstiefeln vereinigt? In Nr. 15, 1920, Seite 10 ist ein schlimmes, doch sehr lehrreiches Bild — wie es nicht sein soll —: die Stangenpferde sind mit den Nasen zusammengezogen und so stramm eingespannt, daß sie die Deichselspitze h o ch h i n a u f h e b e n . Die Vorderpferde ziehen sie aus Leibeskräften wieder herunter, den bemitleidenswerten Hinter= pferden auf den Hals; das ist der gleiche Unfug, der gleiche Mangel an Gefühl wie die losen Halskoppeln (Zigeuneranspannung). Die Zuglinie der Vorderpferde geht vom Wagen aus sinnlos hinauf, von der Deichsel= spitze ebenso sinnlos wieder bis zu den Strangschnallen hinunter, von da aus wieder sinnlos zum Kumt hinauf. Wie lange wurden die be= dauernswerten Hengste so gefahren? S ch ö n war auch die Vorrichtung am Nasenriemen des rechten Vorderpferdes: ein zerrissenes Stück von einem alten Seil knotete die zwei Nasenriemen zusammen, es war sehr knotig.

Interessant ist der Vergleich übrigens mit dem auf der folgenden Seite wiedergegebenen, in jeder Beziehung hervorragenden Hackneyzug. In Nr. 15, 1920 ist ein hübsches Bild: Seite 11, der obere Vierer= zug, wenn auch Stange und Vorderstränge zu lang sind und der Fahrer keine Peitsche in der Hand hält; die Vorderpferde ziehen zwar etwas zu viel, aber die Zugrichtung ist tadellos. Das D r e i gespann ist betrübend, ohne Gang, ohne Klang und ohne Gang, nur lang. Die Ponydogcart untendrein, nein, dazu fordert eine solche Anspannung zu sehr die Kritik heraus. Auch noch Siele und Aufsatzzügel! Lieber das beste der drei Pferde in einem höheren Wagen einspännig zeigen.

Viele der Landgespanne werden von der Mitte gelenkt, der Kutscher sitzt auch dann hinter seinem Herrn in der Mitte (möcht' viel lieber links sitzen, um bessere Aussicht zu haben). Es ist viel prak= tischer und daher richtiger, rechtssitzend zu fahren, wo man die B r e m s e zur Hand hat und ein für allemal sich mit Augenmaß und Leinenschnallung ab= findet, ob jemand neben einem sitzt oder nicht. In Nr. 12, 1920, auf Seite 9 müssen die zwei herrlichen Trappist= Söhne an einem Wagen gehen, dessen Deichsel so unsinnig tief liegt, daß man für die Vorderbeine zittert, schon wenn man diese an den Hälsen hängende

G. Benedict, Berlin
Abb. 133. Land= u. Interims=Livree.

Stange im Halten betrachtet. Auf der gleichen Seite unten sieht man, wie so oft, die vier Pferde mit bis zur Berührung zusammengezogenen Köpfen. Wie lange werden wir noch an dieser Unsitte kranken?

Als Stoff für die Kutscheranzüge ist feldgrauer Stoff vielleicht im Augenblick der billigste und beste. Wer es sich leisten kann, nehme Whipcord oder Covert=coat=Gewebe, in Pfefferfarbe oder mittelgrau. Hosen vom gleichen, entweder lang oder Reithosen mit gleichen oder Ledergamaschen. Horn= oder Steinnußknöpfe, nötigenfalls der Billigkeit halber Nachahmungen, jedenfalls weder Wappen= noch Chauffeurknöpfe

Abb. 134. Wagonette.

aus Stoff mit Metallrand. Landlivreen, mit denen man sich überall zeigen kann (Abb. 133). Das ist unmöglich mit Mützen in Militärform oder falsch nachgemachten Samtmützen englischer Meutenführer.

Abb. 135. Amerikanische Landanspannung.

Phot. Perscheid, Wien Geschirre v. Waldhausen
Abb. 136. Mail-Phaeton des Herrn Geheimrat Vorster.
1. Preis Wien 1914.

Stil.

Der heutige Stil guter Gespanne baut sich durchweg auf dem Praktischen auf, sodaß er sich seit langen Jahren so gut wie um keine Moden gekümmert hat, im Gegenteil, in allen wirklich guten Ställen, sowohl im Mutterlande des Fahrsports, wie anderswo, gegen Amerikanismen stramm Front macht. Wohl weil die Traber auf kurze Strecken erheblich schneller waren, als österreichisch-ungarische Jucker, drang in den letzten Jahren vor dem Weltkriege das Trabertum in die klassische ungarische Juckerei ein und richtete große Verwüstung an. Jammerschade. Bis jetzt haben sich in der sogen. englischen Anspannung wenigstens Coach, Char-à-bancs, Mail-, Demi-Mail- und Stanhope-Phaeton, Dogcart, Tilbury, Buggy-Gig, Barouche, Coupé Dorsay, C-Feder-Victoria, Landauer, Vis-à-vis und Viktoria rein erhalten. Die verschiedenen Rockaways, (Coupé und viersitziger Wagen mit über die Kutscher vorspringendem Verdeck,) haben sich bis jetzt in der alten Welt gar nicht einführen können.

Der Kenner beurteilt den Stil erstens nach seiner Einheitlichkeit, d. h. ob englisch, ungarisch, amerikanisch usw., also ob nichts durcheinander geschmissen. Zweitens, ob innerhalb des reinen Stils, der sich im Laufe der Zeit aus dem Praktischen entwickelt hat, richtig angespannt ist. Das bleibt immer die Hauptsache, denn wenn fehlerhaft angespannt ist, und wenn man der Anspannung ansieht, daß die Allgemeingut gewordenen Erfahrungen nicht zum Ausdruck kommen, so ist das natürlich verstimmend, weil man merkt, daß Passion, Aufmerksamkeit und Fleiß fehlen, Schnöfigkeit aber groß ist, daß z. B. die Pferde gefährlich kurz oder sinnlos lang angespannt sind (große Pferde an Ponywagen), daß die Kumte zu kurz, die Nasen= riemen zu hoch liegen, die Scheuleder an den Schläfenbeinen drücken, also ebenfalls zu hoch liegen, die Anspannung zu fest ist, Brustblatt mit fester Sprengwaage, Spielwaage wie an einem Mörtelkarren, zweirädrige Wagen hinten herunterhängend, außerdem nicht im Gleichgewicht, ihre Scherbäume in Coupé=Trageösen festliegend, sodaß sie nicht spielen können; daß **feststehende Leinenaugen** an den Kumtbügeln sind, durch die dem Nebenpferd das Gebiß im Maule **dauernd hin= und her= gezerrt** wird, wenn sich die Kumte durch gute Schulterfreiheit und

Abb. 137.
Wer hat die Scheuklappen erfunden?
Die erste mir bekannte Darstellung von Pferden in Scheuklappen stammt aus dem Anfang des 14. Jahrhunderts. Eine alte Flämische Chronik im British Museum enthält dieses Bild der Flucht Ermengardes, Gattin Salvards, Lord of Rouissilon.

hohen Gang stark bewegen. Es gibt Autoren, die behaupten, bei der englischen Leine lägen die Gebisse unruhig im Maul, keiner der mir bekannten hat aber jemals den Wert der **beweglichen** Leinenaugen erkannt und empfohlen. Die meisten Fahrer glauben, die **Scheu= klappen** müßten mit ihrer Mitte den Pferdeaugen genau gegenüber= liegen. Das ist Unsinn. Die meisten edeln Pferde haben sogenannte trockene Köpfe, bei denen die Schläfenbeine sehr ausgeprägt sind. Legt man diesen Pferden das Kopfstück nach der Irrlehre vorschriftsmäßig auf, so drückt der obere Scheuklappenrand die Schläfenbeine, der Zaum liegt nur an diesen Punkten an und der veraltete, bei mittleren und großen Köpfen stets zu hoch liegende Nasenriemen berührt fast oder wirklich die Jochbeine. Wer die dumme, sehr verbreitete Erfindung ge= macht hat, die **Scheuleder an der Schnalle auszuschnei= den**, hat sich nie den Pferdekopf mit aufgelegtem Zaum von vorn gut angesehen. **Liegen die Scheuleder etwas tiefer**, als genau der Augenmitte gegenüber, so ruht der obere Scheuklappen**rand** in einer Vertiefung der Schläfenbeine, das Backenstück liegt an der ganzen Backenfläche an, wodurch jeder Druck völlig aufgehoben wird, den früher das Schläfenbein ganz allein auszuhalten hatte. Die Blendriemen sollen in eine gut verschnallbare Schnallstrupfe verlaufend, aus einem Stück, also nicht verschiebbar gearbeitet sein, damit keine Verschiebung eintreten kann, wodurch das eine Scheuleder dicht am Auge liegt, das andere weit absteht. Von „halben" Scheuklappen ist unbedingt abzuraten, weil sie weder die Augen s ch ü tz e n noch das Schielen nach der Peitsche verhindern. Die weit verbreiteten fehlerhaften Nasenriemen, deren Entfernung von den Scheuklappen man bei den größten und kleinsten Köpfen als unveränderlich in den Kauf nehmen muß, sind

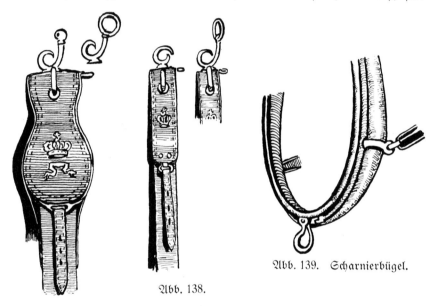

Abb. 138.   Abb. 139. Scharnierbügel.

ebenso sinnlos wie unverschnallbare Hosenträger, die doch kein Mensch kaufen würde. Sie liegen in den meisten Fällen falsch und sind dann zwecklos, weil man ungezogen weites Maulsperren nicht damit verhindern kann; bei großen Köpfen liegen sie zu hoch und scheuern, bei kleinen rücken sie vielleicht auf die richtige Stelle, sind dann aber, da die Köpfe ja nach unten schmal werden, immer zu weit und verfehlen dadurch ihren Zweck. Die Nasenriemen sind passend, wenn sie, ins letzte Loch geschnallt, das Maul schließen; die Kehlriemen müssen, wenn in gleicher Höhe wie die Backenstückschnalle eingeschnallt, das Durchstecken einer Hand erlauben. Oft „e r s ch e i n e n" richtig gearbeitete Kehlriemen zu eng, weil man sie auf gleiche Höhe mit den z u h o ch g e l e g t e n B a ck e n st ü ck s ch n a l l e n bringen will (siehe auch unter „Landanspannung"). Da man häufig in die Kumtbügel große und kleine Kumte einzuschnallen gezwungen ist, so darf das Verpassen n i ch t n u r m i t d e m K u m t g ü r t e l, muß vielmehr auch mit g r o ß e n u n d kleinen Langringen (einspännig Ketten) vorgenommen werden, nur dann legen sich die Bügel wirklich gut an. Kumteisen mit Langringen (d i e s e mit Scharnierverschluß) sind die besten, S c h a r n i e r b ü g e l jedoch die schlechtesten (Abb. 139), weil Vorderleinen daran hängen bleiben und ihr Maß durch die Kumtgürtel nur in der L ä n g e, nicht in der B r e i t e zu verändern ist. Schieben sich bei dicken Pferden die Kammdeckel nach vorne, so scheuern die Gurten leicht an den Ellbogen. Dem muß nicht mit Rehfell, sondern dadurch abgeholfen werden, daß der zu enge Kammdeckel weiter gestellt wird, dann bleibt er unter der Oberblattstrupfe liegen, sofern der Schweifriemen kurz genug, der Sprungriemen lang genug geschnallt ist. Die A u f s a t z h a k e n der Kammdeckel sollen e n t w e d e r wie für Vorderpferde oder für Stangenpferde gearbeitet sein, niemals mit einem abschraubbaren Mädchen-für-alles-Knopf (Abb. 138). Das ist w e d e r ein richtiger V o r d e r p f e r d - oder Z w e i s p ä n n e r - Aufsatzhaken, noch — mit aufgeschraubtem Ring — e i n g u t e r M i t t e l s c h l ü s s e l für Stangenpferde, weil dieser nach längerem Gebrauch schief steht und das Gewinde sich so ausleiert, daß sich der Ring beim Vierspännigfahren löst und auf der Vorderleine herumhängt, während diese dann vom Viererring (Ohrbügel) geradeaus zur Hand läuft. L e b e n s g e f ä h r l i c h sind Deichselhaken wie Abb. 140, weil sie eingeschraubt und mit einem Knopf zum Auswechseln gemacht sind, sie müssen durchaus so sein wie auf Seite 93. Die Kumte für schwere Wagen, wie Coach und Char-à-bancs, sollen an der Kehle eine Vertiefung haben, um die Schnallstrupfe des S p r u n g r i e m e n s aufzunehmen, die vorsichtshalber um das Kumt für den Fall herumgeschnallt wird, daß ein Kumtgürtel bei starkem Aufhalten oder Fallen eines Stangenpferdes reißen sollte. Die Z u g k r a m p e n an den Kumtbügeln befestigt man an den A u ß e n s e i t e n freiliegend, so daß ihre Plattierung zu sehen ist, i n n e n jedoch sollen sie zwischen die Stutzen gesetzt sein, so daß man nur die flachen Köpfe der Nieten sieht. Das hat den Vorteil, daß man A u ß e n - u n d I n n e n s e i t e i m m e r u n t e r s c h e i d e n k a n n, auch wenn die Bauchgurten auf beiden Seiten zu schnallen sind. Freiliegende Zugkrampen innen sind unwirtschaftlich, weil sie sich zerstoßen, besonders bei Vorderpferden, die keine Deichsel trennt. Viele Kutscher verabsäumen es, besonders halbplattierte Kumtbügel, beim Putzen loszunehmen, sie sehen daher nach dem Fahren nicht, ob die w i c h t i g e n R i e m e n, die K u m t g ü r t e l, noch tadellos s i c h e r oder eingerissen sind. In jedem Wagen sollte immer, ganz abgesehen von anderen nötigen Reserveteilen, ein langer, gut geschmierter Kumtgürtel mit sehr vielen Löchern mitgeführt werden. Er ist mit einem Strick zusammenzulegen, beide mit einer dünnen starken Schnur zu umwickeln, die ebenfalls gut zu gebrauchen ist, sobald etwas reißt. Damit die Schnallstrupfen der Sprungriemen und Oberblattstrupfen sich nicht aus den Schlaufen her-

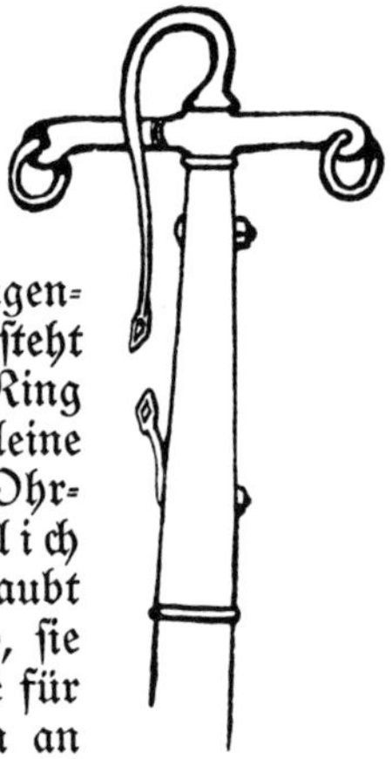

Abb. 140.

ausheben, was an diesen Geschirrteilen leichter vorkommt, als bei allen
anderen, macht man an diesen zwei Stellen meistens Doppel=
schnallen, während alle anderen halbe bleiben. Ich empfehle großen
und kleinen Bauchgurt mit je fünf Schlaufen versehen zu lassen.
Bei großen Pferden nimmt man die Seite mit zwei Schlaufen nach
außen, bei kleinen die mit dreien. Man kann dann stets so schnallen
daß wenigstens auf der Außenseite alles tadellos paßt, d. h. die
Spitzen gerade aus der untersten Schlaufe herausstehen. Praktisch ist
bei Neuanschaffung, die Sprengwaage oder die Ortscheite, auch die
vorderen, mindestens so breit zu nehmen, daß sie an den Außen=
seiten in Deutschland gebauter Wagen 5—10 cm weiter vorstehen, als die
breiteste Stelle des Wagens; die Pferde gehen dann leidlich bequem
und der Anfänger oder weniger Geübte kann vor sich erkennen, ob
er durchkommt. Das ist auch ein Mittel, dem Fahrer das fehler=

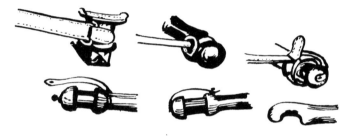

Abb. 141.

hafte Herunter= und Umsehen abzugewöhnen. Bei=
spiel: Der rechts heruntersehende Fahrer nimmt seine Hände immer
mit, dadurch gehen seine Pferde, ohne daß er es will und
ahnt, nach links. Zur praktisch breiten Spreng= und Vorderwaage
gehören verschiedene Stranglängen. Das Einreißen alter Stränge
findet man immer bei fester Sprengwaage nur auf der Außen=
seite, weil die Außenstränge häufig nicht 2½ cm länger sind als die
inneren, gut an der Stange gehende Pferde sich aber näher an der
inneren als an der äußeren Docke befinden. Vorne ist zu empfehlen,
die Außenstränge 5 cm länger zu nehmen, weil beim geringsten Zu=
rückbleiben eines Pferdes die Seitenortscheite gegen das Hauptortscheit
schlagen und sowohl das Spiel als auch die Stahlteile dadurch leiden.
Wegen der verschiedenen Länge, und weil die Innenstränge durch
die Berührungen der Pferde unansehnlich werden, darf man die
Stränge nicht verwechseln. Deshalb soll man die äußeren
an den vorderen Enden wie immer spitz, die inneren stumpf
schneiden (s. S. 136). Zum Zucker=Stil passen am besten um starke
Seile rundgenähte Stränge, weil sie die einzigen sind,
die ohne äußeren Zwang und unverdreht auf den Holzortscheiten
fest sitzen bleiben (Abb. 141). Bei der engl. Anspannung liegen
alle Stränge flach am Pferde, Vorderstränge durch Zug=Ösen und
Ortscheit=Federhaken (beim Tandem: Karabiner), Hinterstränge durch

— 130 —

die feststehenden Docken. Bei der Land=Anspannung sind **Stahl=
teile, wie Ketten, Ortscheit=** und **Deichselbeschläge, schwarz lackiert**
zu empfehlen (Karabiner und Zugaugen dagegen poliert.) Die **prak=
tischsten Schweifriemen** sind, abgesehen beim Vorderpferd des
Tandems, die doppelt verschnallbaren, deren oberer Teil des Rücken=
riemens (außer bei Landgeschirren) dubliert, deren unterer jedoch aus
**dünnem einfachem Kernleder gefertigt und mit vielen
Löchern** versehen ist. Im oberen dublierten Teil genügt **ein** Loch, das
so angebracht sein muß, daß die Spitze eben aus der letzten Schlaufe

Abb. 142. Barouche.

hervorsteht, an der dann die Vorderleine nicht hängen bleibt. Beim
Tandem=Vorderpferd ist der „**Martingal**"=Schweifriemen der beste,
weil sich bei ihm, auch in scharfen Wendungen, die Vorderleine
niemals störend festsetzen kann (s. S. 69). Schnallen an den Schweif=
metzen sind unpraktisch, weil die Schweifhaare darin hängen bleiben,
außerdem unschöne Stellen neben dem Schweifansatz hinterlassen, die
besonders bei Pferden auffallen, die auch geritten werden. An die Auf=
halter machen manche Sattler sogenannte „**Patentschnallen**".
Diese haben einen **Scharnierdorn, vor dem ich dringend
warne**, weil er sich beim Fahren lösen und man dadurch in sehr unan=
genehme Lagen kommen kann. Wer sehr stramm einspannt — ein großer
Unfug —, dem wird es allerdings schwer, die Aufhalter bei gefallenen
Pferden aufzuschnallen. **Unverständige Kutscher oder un=
berufene Helfer** sind dann sogleich mit dem **Messer bei der
Hand, um die Stränge durchzuschneiden**. Das ist voll=
kommen überflüssig, **weil man alles sogleich losbekommt,
sobald man die Kumtgürtel aufschnallt**.

Finden die obigen Angaben in der Praxis ihre Anwendung, so
ist schon ein gewisser **Stil** da. Zu den Aeußerlichkeiten gehört dann
noch, daß man zu abgerundeten Scheuleder=, Kammdeckel= und Schnallen=

formen gleiche oder ähnliche Abrundungen an den Wagenlinien wählt. Geschweift, rund und eckig — an einem Gespann — ist natürlich nicht stilvoll, ebensowenig messingplattierte Geschirre, dagegen silberne Knöpfe an der Livree, oder gar Schnallen und Beschläge ganz verschiedener Form und verschiedenen Metalls. Alles vernickelte Stahlzeug, Neusilbergebisse und Kinnketten sind Vorspiegelung falscher Tatsachen und reizen zum schlechten Putzen an, deshalb zu vermeiden. Nicht stilvoll sind ferner Zucker=Geschirre (Brustblatt) auf großen schwerfälligen Pferden. Zu Zucker=

Abb. 143. Landauer, eckige Form.

Geschirren passen keine Bogenpeitschen. Diese, wenn aus Rohr, oft krumm, weil sie nicht richtig aufgehängt wurden oder Sommer und Winter auf dem Wagen oder in einer Ecke herumliegen, sind immer stillos.

Die Fahrgerte ist rein amerikanisch und paßt nur zum Langschweif in der Traberanspannung. Zu gestummelten Pferden in englischem Geschirr, auch an amerikanischen Wagen, gehört nur die Bogenpeitsche, desgleichen zu jedem zweirädrigen, da diese, von Ausnahmen abgesehen, weder ungarisch noch amerikanisch angespannt werden.

Zu Kandaren, also englischer Anspann: Kreuz=leinen. Zum Zucker=Anspann: Trensen, ungarische Leinen (bei uns Wiener genannt). Bei Traber=Zweispän=nern: englische Leine, wenn nötig, Handschlaufen mit Schnallen ohne Dornen.

Stil der Wagen.

Die englischen Wagen mit ihren ausgezeichneten Verhältnissen und ihrer Leichtigkeit bei solidem Bau sind durchaus Erzeugnisse der Praxis. Seit zwei Jahrhunderten sind diese Typen im Gebrauch, und durch diesen Gebrauch sind Vorzüge und Fehler erkannt, jene beibehalten, diese beseitigt worden, sodaß alle Versuche, im großen wie im kleinen, etwas Besseres oder Geschmackvolleres hervorzubringen, bisher kläglich mißglückten. Im Großen hat speziell Frankreich Modetorheiten gemacht, die immerhin lehrreich sind. Die Anfang der

Abb. 144. Landauer v. Neuß, vom Sattel zu fahren.

1860er Jahre einsetzende Mode, leicht und eckig zu bauen, kam durch die Einführung des Hickory=Holzes aus Amerika und die damit verbundene Verdünnung der Räder. England, bis in die Knochen konservativ, blieb bei seinem Stil und seiner Bauart. Frankreich machte Hickorysierung im Großen, Deutschland folgte zaghafter unter Jos. Neuß sen. in Berlin, brachte aber zu meinem Kummer in meiner Vaterstadt den Wagenbauer Scheurer als begeisterten Hickorymann hervor, der durch seine vorzügliche Arbeit, seine weichen langen Federn und die ausgezeichnete Polsterung der Abgott aller damaligen Genußmenschen war. Der Stil aber war fürchterlich.

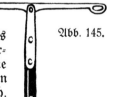

Abb. 145.

Der kommerzienrätliche Landauer war natürlich mit heller Seide ausgeschlagen, die Verdecke bildeten, heruntergeklappt, eine schnurgerade Linie, nur die Rückenlehnen der Sitze standen bei manchen hoch wie antike Sessel hervor und hatten Ketten zum Steiler= oder Schrägerstellen. Vorderes und hinteres Verdeckfenster etwa 400:600 mm groß, die Räder enorm, der Wagen daher riesengroß und riesenlang, die Sprengwaage auch für die größten Pferde zu hoch, endlose Deichsel mit etwa 600 mm breiter Brille (Abb. 145), es war schrecklich anzusehen. Paris empfand die Hickory=Entgleisung zuerst und schlug bald ins Gegenteil um, baute nun aber nicht nach englischem Vorbild mit

— 133 —

Ueberlegung und Kennerschaft, sondern, England in der Güte der Arbeit übertrumpfend, ideal lackierte Wagen in steilen Linien, ganz unsinnig schwer. Die Howlettschen Coaches waren nicht übertrieben schwer, hingegen habe ich eine Coach des Fürsten Menchikoff in Baden-Baden von Kellner, eine in Köln und eine in Dresden von Binder gefahren, an denen sich die vier Pferde fast tot zogen; eine von ihnen (ohne Langbaum) war zuletzt in Celle. Als ich in Baden-Baden bei Bekannten wohnte, in deren Coupé ich Besuche fuhr, habe ich fast mehr für das Pferd geschwitzt, als wenn ich bei der Hitze zu Fuß gegangen wäre. Bis auf das ungeheuerliche Gewicht war der von Rothschild in Paris gebaute Wagen herrlich. Aus

Abb. 146.   Phot. Zinsel, Darmstadt
Hackneys des Herrn Geheimrat Vorster. 1. Preis Barmen. Fahrer Verfasser.

der gleichen Zeit stammt auch die heute noch manchmal auftretende Badewannen-Viktoria. Ganz und gar mißverstanden sind die französischen und belgischen Spider-Phaetons. Dieser „Spinnen-Phaeton" (s. S. 190, Zimmermann) hat bekanntlich gar keinen Kasten, um so leicht wie irgend möglich zu sein. Paris und Brüssel bauten ihn aber so schwer wie möglich und in der Form einer großen Sitzwanne für zwei Personen. Welcher Gesichtspunkt in England stets maßgebend war, geht aus folgendem hervor: ich bestellte 1897 bei Holland & Holland eine Park-Coach für einen Freund. Ein alter Herr, Vertreter der Firma, sagte mir, er habe soeben eine ausgezeichnete in Holz und Eisen fertig, ich möge mich einen Augenblick gedulden. Dann kam er mit einem Waage-Zettel zurück, den er strahlend hochhielt und der 17 engl. Zentner angab, was mit Polsterung, Laternen usw. 18 Zentner bedeutet. „Das ist die leichteste Coach, die wir bis jetzt gebaut haben!" — Wie in Frankreich bei Mail-Phaeton, Viktoria und anderen Wagen, so ist

— 134 —

Abb. 147. Ungarische Anspannung.
(Amerikanischer Oberkiefer-Aufsatzzügel am linken Vorderpferd!)

man bei uns auf eckige, senkrechte, die **Vorwärtsbewegung sinnlos schneidende Linien**, bei leichten Land- und Jagd-wagen entgleist. Schon das Auge „stößt sich" an den Eisen- und Holzecken, doch damit nicht genug, es sind an diesen Wagen unzählige überflüssige Schmutzecken, hingegen fehlen die Türen am Einstieg, so-daß Schirme, Stöcke, Pakete, Handtaschen, Decken und große und kleine Hunde herausfallen (siehe Landanspannung). Bei E. Zimmermann, f. S. 190, findet man unter hübschen Land- und Jagdwagen auch die hervor-ragend praktische **Wagonette**, bei uns fälschlich Break genannt. Ein leichter Wagen, der auch für sechs Personen und mit Verdeck gebaut wird. Über Geschmack läßt sich bekanntlich nicht streiten, weshalb es den Fahr-richtern auf Turnieren auch nicht einfallen wird, Kumt- der Sielen-Anspan-nung vorzuziehen oder umgekehrt, aber es steht für alle wirklichen Fachleute fest, **daß gute Kumte, wo es etwas zu ziehen und auf-zuhalten gibt, den Sielen vorzuziehen sind**. Daraus ergibt sich, daß für **starke** Pferde, die ja für mehr oder weniger schwere Wagen in Betracht kommen, **das Kumt**, für **leichte** Wagen mit **leichten** Pferden das Brustblatt geeignet ist. Mit leichten Ge-spannen fährt man logischerweise schneller als mit schweren, daher auch Jucker auf **Trensen**; schwerere Pferde, die man versammeln und etwas „tragen" möchte, wenn sie müde werden, gehen besser auf Kandaren. Die Jucker brauchen im schnellen Tempo eine Anlehnung, die sie auf der Trense finden, ohne hart zu werden. Der Ungar fährt deshalb auf Trense, fand für Zwei- und Mehrspänner die Fröschl, die den Zweck haben — wie die Handschlaufen bei den Trabern — das Halten **zu erleichtern (nicht an des Fahrers Füßen baumelnd, zu erschweren)**, bis die Pferde sich auf größeren Strecken eingelaufen haben und milder werden. Zur Kandare gehört etwas Dressur und Zäumungskunst, sodaß bei ver-besserter Kopfstellung leichtes am-Zügel-stehen verlangt werden muß. Dazu passen keine Fröschl, weil sie ein zu unnachgiebiges Werkzeug in Verbindung mit **Hebelarm und Kinnkette sind und Jucker bei flottem Tempo auf größerer Strecke leicht ganz hart darauf werden**. Das kommt allerdings auch auf Kandaren ohne Fröschl vor, wenn nicht — ich möchte das ruckweise nennen — gefahren wird, wobei sich dann die Mäuler erholen. Ich verstehe darunter ein paar hundert Meter flitzen, dann wieder in kurzem Tempo losmachen müssen, wieder etwas flitzen usw. Der langen Rede kurzer Sinn ist also: **Jucker auf Trense mit Fröschln im Brust-blatt, größere, stärkere Pferde auf Kandare im Kumt**. Aus diesen Zweckmäßigkeitsgründen ist es Stil geworden, so zu fahren, wie ich es erklärte und begründete. Wir haben in Deutsch-land noch so wenig Fahrkultur, daß wir wirklich nichts Besseres tun können, als uns für **Jucker an Ungarn**, für **Kumt-An-spannung an England anzulehnen, und es nur dann anders zu machen, wenn wir etwas Besseres wissen. Es ist somit, wie man es auch beleuchtet, falsch, englischen Anspann mit Trensen und Froschleinen**

zu verquicken, ebenso falsch ist es natürlich, un=
garisch: auf Kandare mit englischer Leine zu
fahren. Um den Vergleich zwischen den beiden Fahrarten auch auf
die Aufmachung auszudehnen und damit Lernbegierigen eine
leise Andeutung zu geben, sei noch gesagt, daß weder Jucker mit Czikos,
noch auf den ersten Blick als russische Traber erkennbare Tiere
zu Coach oder Phaeton passen; ebenso wenig kupierte
Oldenburger, Ostfriesen, Hannoveraner oder Trakehner
in den russischen Anspann. Für den Feinschmecker gibt es
da natürlich unendliche Abstufungen des Empfindens: so genügen fran=
zösische Nasenriemen, die an jeder Seite einen Ring haben und vorne
tief herunterhängen, desgleichen Doppelviererhaken an der Deichselspitze
(nach oben und unten), der dritte am Ende unter der Deichsel für ein
Seil (fällt ein Stangenpferd, so zerfleischt ihm dieser elende Haken den
oben liegenden Oberschenkel), fehlerhafter Bockbrettgriff, an dem
man mit der Peitschenschnur hängen bleibt und Bremshebel und
hundert andere Kleinigkeiten einer französischen Coach, um sie als
französisch, unverstanden und unpraktisch zu erkennen.

Mail (= Post), Mail=Coach = Postwagen.

Drag = Private Coach. Road=Coach = Coach zum Touren=
fahren, auf der die Plätze vermietet werden (S. 104, 166).

Mail=Phaeton, Wagen mit Mail=Achsen und Langbaum
(s. S. 125 und 190).

Die Aufhaltketten zu obigen Wagen (s. S. 35) haben ovale Ringe,
niemals flache Kinnkettenform.

Verbindungskette oder Riemen zwischen den Vorderpferden ist
beim Kumtanspann überflüssig und deshalb falsch.

Bei Brustblättern ist der Verbindungsriemen von Siele zu Siele
am Platz, weil die Innenleinen an den Halsriemen nicht durch
Ringe laufen, daher der Halt fehlt, den die englische Leinenführung
den Vorauspferden bietet.

Abb. 148.

Abb. 149.

Livree.

Bei uns ist vieles stillos: Kutscher in Lackstiefeln mit weißen Zelluloid=Stulpen, erbärmlich sitzenden, gerippten, mit blinden Knöpfen (fast in der Kniekehle) gearbeiteten Stiefelhosen und Zylindern, die mehr gegen als mit dem Strich oder gar nicht gebürstet aussehen. Wie konnte jemand auf den ausgefallenen Gedanken kommen, b l i tz b l a n k e, s ch n e e w e i ß e S t u l p e n z u L e d e r h o s e n z u w ä h l e n. Daß die bestgehaltenen Hosen dagegen i m m e r s ch m u tz i g aussehen werden, muß dem Unpraktischsten und Kurzsichtigsten einleuchten. Um den G e g e n s a tz herzustellen, wähle man rosa oder erdfarben getonte, oder mit Creme blank geputzte braune Lederstulpen. Die blanken braunen werden im Gebrauch bei guter Haltung immer schöner, die Schwierig= keit liegt nur darin, daß man bei Kutscher= oder Bockdienerwechsel gezwungen sein kann, zwei Paar anzuschaffen, damit die Lederfarbe ganz gleich ist. Der im Dienst Gebliebene muß dann seine alten Stulpen immer tragen, wenn er allein fährt. Die braunblanken Lederstulpen sind sicher die schönsten, sie lassen die Wade schlanker erscheinen, als die matten hellen, der Stiefel wirkt mehr wie aus einem Guß. Dann beschmutzt das glatte braune Leder die Wagenpolsterung nicht, während die Tonstulpen überall Farbe lassen, wo die Berührung stattfand. Stulpen sollen niedrig sein, weil h o h e am oberen Rande stets weit ab= stehen; die Stiefel dürfen keine Sporenkappen haben und sollten mit Geschirrwichse oder Paste geputzt werden, weil sie dadurch gegen Nässe geschützt sind und die wachs= und fetthaltige Paste sich bei Regen nicht wie gewöhnliche Stiefelwichse auflöst, Mantelschöße und Decken innen beschmutzt. Um die Stiefel in anständiger Form zu erhalten, muß der Kutscher nach dem Gebrauch die Blöcke hinein stecken, sie nicht mit der Peitsche in eine Sattelkammerecke werfen. Die weißen Lederhosen müssen zum Kollern auf ein passendes Brett fest aufgezogen werden. Nach dem Trocknen klopft man sie aus und bürstet sie leicht ab, um überflüssig dick aufgetragenen weißen Tonstaub zu entfernen. Die Stiefelhosen können nur ordentlich sitzen, wenn sie richtig gemacht, aber auch r i c h t i g a n g e z o g e n sind. Dazu gehört, daß die Knöpfe fest angenäht sind und die Hose unter dem Knie so weit nach v o r n e gedreht

Abb. 150.
1. Hausdiener   2. Kutscher im Sommerrock   3. Regenmantel
(Angefertigt von G. Benedict, Berlin.)

wird, daß die Knöpfe dicht a n der V o r d e r s e i t e des Schienbeins sitzen, außerdem so h o c h h i n a u f g e z o g e n wird, daß womöglich vier Knöpfe über den Stulpen frei liegen. Ob Stiefel, Hosen und Zylinder gut gepflegt sind und gut aussehen, hängt, wenn ein junger Kutscher das nicht selbst versteht, ebenso wie der Zustand der Pferdefüße, Beine, Mähnen und Schweife vom V e r s t ä n d n i s und I n t e r e s s e des Herrn ab. Er muß immer wieder dabei sein, l o b e n u n d b e l o h n e n, wenn er F o r t s c h r i t t e s i e h t; s e l b s t z u f a s s e n und v o r= m a c h e n, wo es nicht stimmt, w a s v i e l l e h r r e i c h e r i s t a l s s c h ö n e R e d e n. Das ist besonders nötig, wenn man auf dem T u r n i e r auftreten und g u t a b s c h n e i d e n will. Wer sich Kosten macht, sollte sich auch wirklich Mühe geben: will er z. B. jemand um Rat fragen, so muß er es v o r d e n A n s c h a f f u n g e n tun, in den letzten Tagen hat es keinen Zweck mehr, nachdem womöglich eine Menge Geld für fehlerhafte Sachen ausgegeben ist. Ist einem Herrn die Beschaffung und tadellose Haltung der Livreen zu kostspielig, so sollte er seine Kutscher in der praktischen **Interims**- oder **Land-Livree** herausbringen: f. S. 123, schwarzer, steifer, runder Filzhut (ohne Kokarde!), einreihige Joppe und lange Hose, oder Stiefelhose von gleichem dunkel pfefferfarbenem oder dunkelgrauem sogenannten Whipcord oder Covertcoat-Stoff. Für Landgespanne könnte man in Ermangelung dieses Stoffes und um die Interims-Livree so billig wie möglich zu beschaffen, feldgrauen Stoff nehmen, aber nicht mit Hirschgeweihknöpfen, denn es paßt für einen **Kutscher die Jägertracht ebenso wenig, wie für einen Jäger die Kutscherlivree.** Zu der einreihigen Joppe (am besten drei bis vier Knöpfe und unten abgerundet mit einem Schlitz hinten oder zweien an den Seiten), passen entweder lange Hosen oder Stiefelhosen mit ledernen oder Gamaschen vom gleichen Stoff. Schnürstiefel. Dazu richtiger Kutscherkragen, nicht geschweifte Form, abgerundete Ecken, vorne nicht zusammengehend (Abbildung 133); weiße Deckkrawatte. Dazu paßt eine kleine Monogramm-Crest- oder Kronen-Nadel. Zu der Sackjacke gehört selbstredend kein Zylinder, sondern der steife schwarze Filzhut ohne Kokarde. Wer Filz-Zylinder liebt (graue sind eine unnütze Ausgabe und bei kühlem oder gar regnerischem Wetter durchaus unangebracht), wähle schwarze; dazu gehören dann lange Hosen und reitrockartiger Schoßrock aus Whipcord oder Covertcoat-Stoff. Livree-Seidenhüte sind keineswegs gleich den Herren-Zylindern, die Kutscherhüte

Abb. 151.

müssen fest und steif sein, weil sie Regen und Wind auszuhalten haben (wie Reitzylinder). Schmales Ripsband schließt Kopf und Rand ab, eingefaßt ist der Rand mit dem gleichen. Dieser ist rundherum — wie der Herrenhut vorne und hinten — d. h. auf den Seiten **nicht** breit, umgebogen. Herrenzylinder haben breites Rips- oder Tuchband. Die richtige Kokarde ist die einfach aus schwarzem Lackleder gepreßte; farbige gehören zur **Livree der Gesandten, in deren Landes-**, nicht persönlichen Wappenfarben. Niedrige Zylinder mit **sehr breitem Rand** sind eine für Kutscher (wie für Damen als Reithüte) völlig mißverstandene amerikanische Modeentgleisung, eine sinnlose Nachahmung der englischen **Postkutscherhüte** aus den 1830er

Jahren. Seidenhüte kann man nicht durch Abbürsten und Nachreiben allein in Ordnung halten. Man bedarf dazu, um das Aufbügeln beim Hutmacher ganz zu sparen, einer Art Brillantine von Henry, bei G. Benedict, s. S. 179, zu haben. So einfach sie anzuwenden ist, so ist doch große Vorsicht geboten, daß das Seidenhaar nicht in Streifen zusammenklebt. Man dreht am besten die kleine Flasche um, streicht das Wenige, das am Stopfen haftet, auf die Hutbürste, bürstet das wiederum auf dem Sammetkissen tüchtig aus. Dann sind Bürste und Kissen zum Blankreiben gut. Eine Seite des Kissens sollte mit Wildleder bezogen sein und zum Schluß verwendet werden.

Stadtlivree. Stoff: Möglichst mattes Tuch, meltonartig. Beliebte und übliche Farben: Schwarz, dunkelblau, dunkelgrün, braun, dunkele und helle Drapfarbe. Die Kutscher-Bockdecken in den gleichen Farben.

Schwarze Livree paßt zu blauem und grünem Wagenausschlag,
blaue Livree nur zu dunkelblauem Ausschlag,
grüne Livree nur zu grünem Ausschlag,
braune Livree nur zu braunem Ausschlag,
drapfarbene Livree hell und tonig, zu jedem Ausschlag.
Hellblau, hellgrün und rot sind nur zur Gala geeignet.

Die Livree-Mäntel können Samtkragen in ihrer Farbe haben, bei den Sommerröcken sind Samtkragen nicht erwünscht, weil die Regenmäntelaufhänger oder Kettchen sie beim ersten Tragen ganz verderben. Sommerröcke und Mäntel können hellfarbige Tuchkragen haben, z. B. schwarze Mäntel: rote, hellblaue, grüne oder gelbe. Blaue Mäntel: keine braunen, keine grünen. Grüne Mäntel: keine blauen, keine braunen. Braune Mäntel: rote oder gelbe. Drapfarbene Mäntel haben Kragen von gleichem Stoff und Farbe oder passende aus Samt. Das Futter aller Rockschöße soll die Livreefarbe haben. Aermelweste senkrecht gestreift.

G. Benedict, Berlin
Abb. 152. Kutschermantel.

Der Kutscher, Abb. 150: Einreihiger Rock, bei vorne kurzer Taille 6 Knöpfe, hinten 4 (2 oben, 2 unten oder auf Faltenleisten), Patten auf den Hüften. Der Rock muß die Kniee freilassen. Mantel, Abb. 152. Bockdiener bei allen Selbstfahrern: Zweiter Kutscher oder Stallmann: Rock wie Kutscher, aber ohne Patten, eine gute Handbreite über den Knieen endigend. Vorne 6, hinten 6 Knöpfe, gleichmäßig verteilt oder auf Faltenleisten (bei jungem, sehr kleinem Bockdiener vorne 5 Knöpfe). Mantel wie Kutscher, aber ohne Patten und kürzer, hinten 6 Knöpfe wie beim kleinen Rock. H a u s d i e n e r nur dann als Bockdiener, wenn eine Dame vom Kutscher gefahrenen Wagen benutzt. Im Sommer entweder offener Frack, mit Doppelknopf zu= sammengehalten, lange Hosen, q u e r gestreifte Weste, kalblederne Gummi= zugstiefel — oder: geschlossener, doppelreihiger (französischer) Frack, mit eingenähtem schmalem Vorstoß in den Westenfarben. Zu beiden Fracks q u e r gestreifte Weste, geschlossener Steh= oder Eckenkragen und Frack= selbstbinder (Schlips) in Leinen. Langer Mantel, Abb. 150, 1. Bei C=Feder=Wagen einfarbige Westen, Plüsch=Kniehosen, Strümpfe und Schnallenschuhe (Abb. 153). Regenmäntel: schwarz, hell oder dunkel drapfarben; blau oder grün, passend zum Stoff des Wagens.

Phot. Otto Pilartz, Bad Kissingen

Der herrliche Sechserzug des Herrn C. A. Hegeling, der in Kissingen 1922, von Stallmeister Wild gefahren, den 1. Preis errang. Hier ist der Wechselpunkt einer Acht wiedergegeben. Ich hole die linke Vorderleine zur Schleife heran, die Vorauspferde beginnen den Linksbogen.

Abb. 153. Barouche des † Fürsten Carl Kinsky.

Abb. 154. Zweispänniges Cabriolet (Curricle
Anspann) der Firma J. M. Mayer, München.

Scheren.

Da verschiedene Pferde im gleichen Stall und bei gleicher Arbeit und Pflege zu verschiedenen Zeiten das Winterhaar bekommen, dieses auch bei dem einen kurz und glatt bleibt, während es bei dem andern lang und unschön wird, so muß man die Pferde schon nach ihrer Eigenart, nicht nach dem Kalender scheren, wenn jedes bestens gepflegt sein — und gut gehalten aussehen soll. Von den fünf Dunkelfüchsen, die ich vor dem Kriege hatte, war einer stets Anfang Oktober reif zum Scheren, d. h. er dampfte unnütz beim Reiten und Fahren und schwitzte im Stall stark nach. Ein anderer brauchte erst Anfang oder Mitte Dezember geschoren zu werden. Frühzeitig geschoren blieben die Pferde munter, keines benötigte trockengerieben zu werden. Bei schmutziger Coach, dem vielen Stahlzeug und den messingplattierten Geschirren kann man nachschwitzende Pferde nicht trocken reiben lassen, wenn man nur zwei Leute hat. Um im Sommer Nachschwitzen zu vermeiden, ließ ich die beiden am wenigsten nachschwitzenden Pferde in ihre Boxen führen, wo sie sich sofort wälzten, die beiden anderen vor dem Stalle abschirren und Hufe waschen. In der bewegten Luft trocknen sie schneller als im Stall. Ich habe vor Jahren junge, nicht geschorene Pferde eines Freundes im Spätherbst beobachtet, die gegen 5 Uhr nachmittags von der Coachfahrt zurück, um 11 Uhr nachts unter warmen, immerhin durchlässigen „Kotzen=Decken" noch naß waren. Als dann diese jungen, schlappen Tiere geschoren wurden, waren sie nach wenigen Tagen an Gehlust, Frische, Gangwerk und Ausdauer gar nicht wiederzuerkennen. Jetzt allerdings konnte der Besitzer sie manchmal kaum halten. Sie gaben, jetzt geschoren, nur die Leistung her, die „keinen Tropfen Schweiß" kostete. Nachschwitzen kam natürlich auch nicht mehr vor. Ich halte fürs beste, den Pferden die Beine nicht zu scheren, Pferden, die geritten werden, ebenfalls die Sattellage stehen zu lassen, da die langen, weichen Rückenhaare Druck

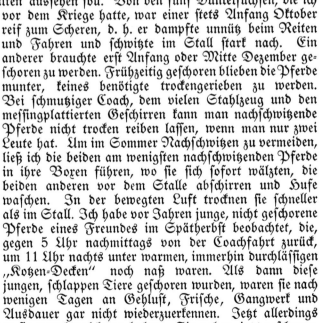

Abb. 155.

von Deckengurt oder Damensattel verhüten helfen. Die Pferdebeine kann man nicht eindecken, es sei denn, man schaffte ihnen warme Unaussprechliche an. Wo keine Boxen sind, jagt bei **jedem Oeffnen der Tür** die eisige Luft erbarmungslos zuerst gegen die Beine. Und dann: die armen Tiere, die draußen warten müssen, die auch mal bei Glätte und Eis halb oder ganz hinfallen, wo Kies gestreut ist. Da gibt es Löcher an den Knien und Sprunggelenken. Man kann seinem Schöpfer danken, wenn kein Schmutz in die Wunden kommt. Die Winterhaare bilden hier den besten Schutz. Um auch bei edeln Pferden Mauke zu verhindern und den oft mangelhaften Uebergang zwischen den ausgeschorenen Fesseln und dem übrigen Bein unsichtbar zu machen, habe ich die Fesseln niemals mit der Schermaschine, sondern mit der gebogenen Handschere über den Kamm geschnitten, wie es die Haarkünstler beim Haarschneiden machen. Nur die Haare der Krone stutzt man am besten mit der Schermaschine, senkrecht aufwärts schneidend an dem nach vorwärts hochgehobenen Fuße, damit beim Hufeschmieren, nach der Arbeit, das Fett an dieser Stelle in das Hufhorn dringt, nicht nutzlos die Haare verschmiert (Abb. 155). Die inneren Fesselhaare bleiben — über den Kamm geschnitten — etwa 1 cm lang. Die Füße sehen, so behandelt, gepflegt aus und sind vor Mauke, wenn mit dem Tuche vorsichtig abgetrocknet, geschützt.

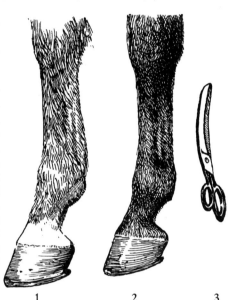

Abbildung 1 = falsch behandeltes nichtgeschorenes Bein; 2 = richtig behandeltes nichtgeschorenes Bein; 3 Fesselschere.

Um dem nicht geschorenen Bein eine gute Form zu sichern, frisiert man über den Kamm außer der Innenseite der Fessel nur die Rückseite des Kötengelenks. Händler versuchen gelegentlich eine „verletzte Linie" verschwinden zu lassen, wer aber etwas Blick dafür hat, erkennt leicht die glanzlose taubeneigroße Stelle. Händler scheren die Ohren gern ganz aus, ebenso wie sie Schopf und Mähne gern entfernen, um das Pferd edler, „drahtiger" aussehend zu machen. Häufig kommen auch Pferde in den Händlerstall, die Scheuerstellen oder halb nachgewachsene Mähnen haben. Da kann der Händler das Nachwachsen nicht abwarten. Es genügt zum anständigen Aussehen, die inneren Haare aus dem Ohr etwas vorzuziehen und nur die vorstehenden mit der gebogenen Fesselschere abzuschneiden (Abb. 157). Mit frischgeschorenen Pferden habe ich es immer so gemacht, daß ich sie von zwei Leuten mit der Wurzelbürste (mit dem Haar) und dann mit wollenen Lappen behandeln ließ. Dann habe ich sie sofort geritten, um das Blut in Bewegung zu setzen, nicht bis zum Schweißausbruch. Dann im Stall eine Decke mehr als bisher, bis zum nächsten wärmeren Tage. Nie hat sich dabei ein Pferd erkältet. Sie wurden durch die Bewegung wärmer als im Stall, dessen Tür während des Scherens, um besser sehen zu können, zeitweise offen stehen mußte. Zu dem sofortigen Reiten nach dem Scheren, womöglich in der Bahn, hat mich erstens veranlaßt, daß ich häufig Pferde noch lange nach dem Scheren zittern sah, obgleich sie gut eingedeckt waren. Zweitens mein eigenes Gefühl, manchmal im Zimmer, selbst mit einer Decke über den Beinen, nicht warm werden zu können. Laufe ich aber eine Viertelstunde in die größte Kälte hinaus, so werde ich warm und bleibe es den ganzen Abend. Man wähle zum Scheren stets einen möglichst windstillen Tag; scheue nicht die Ausgabe oder Last, lieber dreimal: Anfang Oktober, Mitte November und nötigenfalls Ende Februar zu scheren, als einmal

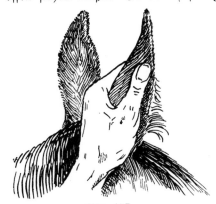

Abb. 157.
Aus den Ohren vorstehende abzuschneidende Haare.

im kalten November dem Pferde plötzlich den ausgewachsenen dicken Pelz wegzunehmen. Die anfangs Oktober geschorenen Pferde habe ich

Abb. 158.

dann nochmals geschoren, wenn sie anfingen häßlich auszusehen: wenn Stränge am Bauch oder Zügel am Halse kahle Stellen hervorriefen. Ein Pferd, das ich viele Jahre hatte, wurde immer Ende Januar,

manchmal noch später, zum drittenmal geschoren; die übrigen nur zweimal. Auf diese Weise sah jedes Pferd den ganzen Winter über ordentlich und sauber aus, in der Farbe waren sie jetzt allerdings sehr verschieden. —
Für richtige Gebrauchspferde ist eine Art zu scheren sehr empfehlenswert, die Abbildung 158 zeigt. Beine und der ganze Rücken werden nicht geschoren. Die Pferde haben auf diese Weise einen ausgezeichneten Schutz gegen Regen und Schnee, sie tragen eine natürliche Decke, die Niere und Kreuz schützt. Dabei sind immer noch genügend geschorene Flächen vorhanden, die den Schweißausbruch verhüten. Die Ausdünstung ist dabei auf dem Rücken gleichmäßiger, natürlicher und besser, als bei luft- und wasserdichten Regendecken, unter denen sich bei Windstille eine wüste feuchte Luft ansammelt, bei Wind bläst es eisig über die (geschorene) dampfende Nierenpartie hin. Was die Handhabung der Maschine angeht, so machen die meisten Stalleute den Fehler, die Kammesser nicht oft genug mit einer kleinen Bürste zu reinigen. Alle 5 Minuten 1 Tropfen Oel ist besser als alle 10 Minuten viele. Die Schere wird dann nicht heiß und nutzt sich kaum ab, die übrigen Teile der Maschine brauchen nur einmal am Tage geölt zu werden. Die geschorenen Teile des Pferdes müssen baldmöglichst eingedeckt werden, die Leute denken im Eifer der Arbeit nicht immer daran, um so weniger, als sie selbst bei der Tätigkeit die Kälte nicht empfinden, während das Pferd zittert. — Am meisten leidet die Schermaschine durch das Scheren der Fesseln und Beine, weil deren Haare nie ganz frei von Sand und Schmutz sind. Da ist am richtigen Platz zu sparen: man schont Pferde und Maschine durch Nichtscheren der Beine.

Das gänzliche Abscheren der M ä h n e n ist eine Händler- und Kutscherunsitte, ein Zeichen mangelhafter Stallpflege. Ordentlich gepflegte Mähnen sind gleichmäßig verzogen und liegen bei Wagen- und Reitpferden auf der r e c h t e n Seite. Legt sich die Mähne schlecht, so empfehle ich je nach der Stärke des Mähnenkammes $1/3$ oder die rechte Hälfte der Mähne abzuscheren. Die linken Haare legen sich dann sehr gut. Der geschorene Streifen muß alle 3 Wochen nachgeschoren werden. Das ist die Arbeit weniger Minuten, die aber alle übrige Mühe erspart.

Die Unsitte, den Wagenpferden die Mähnen ganz abzunehmen, hat zur Folge, daß sowohl die Halsriemen der Sielen wie die Kumte auf diesen Stoppeln sehr leicht scheuern und Druckstellen veranlassen. Da wirklich richtig anatomisch gearbeitete Kumte einstweilen leider nur zu besten herrschaftlichen Geschirren gemacht werden, also immer noch nicht landläufig geworden sind, so sieht man bei vielen Gespannen Reh-, Schaffell- oder Blechunterlagen. Bei gepflegten, dünn verzogenen Mähnen und mit Liebe gearbeiteten Kumten und Kumtbügeln (H. Couvreux und Stimmung u. Venzlaff) kommt Druck so gut wie nie vor. Bei Pferden, die nicht geritten werden, empfehle ich, die S c h ö p f e ganz abzunehmen, weil Stirnbänder und Blendriemen besser liegen und die Schopfhaare sich nirgends verwickeln, wie es bei Regen leicht vorkommt.

Abb. 159. Fahrbarer Geschirrbock.

Zum Reinigen der Geschirre arbeitet man am besten an einem Geschirrbock, der an einer Seite zwei kleine Räder, an der anderen zwei Griffe hat, den man also mit Leichtigkeit je nach dem Wetter drinnen oder draußen benutzen kann. Zum A b s ch w a m m e n der Geschirre bleiben die Klappen geschlossen; man schnallt zuerst die Gebisse und übrigen Stahlsachen aus und legt sie in einen immer bereitstehenden Eimer mit einer Lauge von Soda und grüner Seife. Stahlzeug kann darin über Nacht und länger liegen, wenn es sein muß, ohne zu rosten. Zum P u t z e n muß man g u t unter fließendem Wasser reinigen, dann t r o ck n e n und möglichst ohne Sand auskommen, weil man mit dem Sandlappen den Stahl matt kratzt, um ihn nachher wieder mühsam polieren zu müssen. Mit gutem M e s s i n g p u t z z e u g geht frischer Rost ab, das Polieren ist dann eine kleine, leichte Arbeit. Wo Kandaren, Aufsatztrensen, Kinnketten, Aufhalteketten, Langringe usw. aus Stahl benutzt werden, poliert man am besten in einem starken Leinensack mit etwas ganz trockener Kleie. Anderenfalls verwendet man lange und quadratische Polierketten und den in der Sommerhitze nicht so praktischen Polierhandschuh. Zum Abschwammen schnallt man Stränge, Bauch= gurten, und Kumte aus, wäscht sie ordentlich ab, wo starker Schweiß sitzt, mit Seifenwasser, reibt sie dann mit gut ausgedrücktem Wildleder ab und hängt sie zum Trocknen auf. Dann werden die übrigen Teile ordentlich bis in die Ecken ausgewaschen und abgeledert. Hierauf wird das Metall geputzt, die R ü ck s e i t e n und E ck e n der Schnallen nicht zu vergessen. Gut gehaltene Beschläge kann man z. B. auf einer Fahrtour oder bei mehrtägigem Turnier ohne Metallputzmasse blank erhalten, indem man einen nassen Lappen mit Seife benutzt und sofort trocken nachreibt.

Für Monogramme oder Kronen muß man Ausschnitte aus Blech oder Leder haben. Nachdem alle Beschläge geputzt sind, werden die Monogramme vorsichtig ausgebürstet. Dann werden die Stränge und das übrige Leder gewichst und blank gebürstet. Die Geschirrwichse darf nur ganz dünn aufgetragen werden, die Borsten der Auftragbürste sollen nie klumpig zusammen kleben, ist das der Fall, so ist zu viel Wichse, zu wenig Muskelschmalz verwendet worden. Nachdem das Geschirr blankgebürstet ist, reibt man mit einem Leder, das, außer zum Auswaschen, nie naß gemacht wird, die Beschläge nach, auf die vielleicht etwas Wichse geraten ist. Die Leinen reinige man mit möglichst wenig Wasser, behandele sie nicht mit S a t t e l s e i f e, die bei Regenwetter unerträglich g l a t t wird, sondern mit Paste oder Bohnerwachs. Schnallstrupfen am Maul, die häufig durch Speichel der Pferde hart werden, sind an der Stelle, mit der sie im Gebiß liegen, wiederholt einzufetten. Bei gut gehaltenen Geschirren findet man keine Schmutzecken, die Stellen unter den Schnallen sind rein und schwarz, nicht von Grünspan zerfressen. Es ist dringend notwendig, fleißigen Kutschern, die ihre Sachen gerne gut instandhalten wollen, auch die unbedingt nötige Zeit und hohen Lohn dafür zu geben.

Wagenhaltung. In bezug auf ordnungsmäßige Wagenhaltung wird viel gesündigt, ich will nur erwähnen, daß M o t t e n n u r durch häufiges sorgfältiges Nachsehen, Lüften, Klopfen und Bürsten fernzuhalten sind, alle anderen Mittel taugen nichts, es sei denn Einpacken der peinlichst gereinigten Sachen in viel frisches Zeitungspapier. Nach dem Klopfen von Kissen und Polsterung darf öfteres Bürsten der B o r t e n nicht vergessen werden, u n t e r denen sich hauptsächlich die M o t t e n e i e r befinden, da die Motten den Klebstoff innig lieben. Aus demselben Grunde dürfen weder der Bockkasten noch die Taschen an den Wagentüren vergessen werden. Eine verbreitete Unsitte ist der Gebrauch von S p e i c h e n b ü r s t e n. W a s s e r und noch dreimal W a s s e r, etwas Geduld beim Einweichen des angetrockneten Schmutzes und A b s p ü l e n, niemals A u f d r ü c k e n des Schwammes. Beim Abledern der Kupees und ähnlicher Wagen mit hohen Tafeln, müssen die Tropfen auf dem Lack, damit keine hellen Flecken bleiben, bald abgeledert werden. Auf gutes A b t r o c k n e n d e r F e d e r n ist zu achten, um Rost zwischen den einzelnen Lagen zu verhüten. Gelegentlich ist vor dem Fahren ein Tropfen Öl an den Anfang jedes Blattes zu geben, der sich dann aufsaugt und verteilt. Mit dem am Untergestell verwendeten Leder darf niemals der Kasten behandelt werden, weil man anderenfalls nicht verhüten kann, daß fettige Streifen auf den Tafeln entstehen. Zum sicheren, angenehmen Fahren muß auch der K r a n z wirklich sauber und ganz leicht drehbar sein. Dauernd gegen die Pferde rechts oder links drückende Deichseln sind oft die erste Veranlassung zum Auseinanderziehen (Abdeichseln).

Einiges über Wagenbau, Zugkraft, Räder.

Angehende und ältere Fahrer glauben leider oft, sie müßten sich jeden Wagen selbst ausdenken und womöglich eigenhändig dem Wagenbauer skizzieren, dann erst sei es etwas Ordentliches. Unzählige Male hat man mir gesagt: „Ja, den habe ich selbst gezeichnet!" Wie gerne hätte ich fast ebenso oft geantwortet: „So sieht er auch aus." Aber man hält manchmal besser den Schnabel um niemanden zu verprellen. Welche Kritiken wurden andererseits über altbewährte Wagen, Coach, Mail-Phaeton u. a. gefällt, von Leuten, die niemals damit gefahren sind und ohne zu ahnen, warum dies oder jenes gerade so gemacht wurde. Als ich mir eine Coach bestellte und sie im Rohbau besichtigte, waren die Tritte auf den Docken der Sprengwaage so groß, daß die Stangenpferde beim **Aufstreifen der Stränge** mit den Schweifriemen das Bockbrett berührt und dort mindestens den Lack verdorben hätten. Wagenbauer und Meister bestritten lebhaft was ich behauptete. Nachmessen an einer dort befindlichen, von Holland gebauten Coach ergab, daß Original-Tritte mit den Ausladungen nur 12 cm waren. Ähnlich verhielt es sich mit unsinnig großen Laternen. Bei Langbaum-Wagen findet man z. B. oft die Brillen nur ganz wenig drehbar, sie mildern dann wohl die Stöße auf den Widerrist, erfüllen aber nicht ihren Zweck, senkrecht zu stehen, wenn ein Pferd fällt. Ich deutete nur zum besseren Verstehen diese Kleinigkeiten an. Es gibt wirklich so viele vorzügliche, dabei schöne Wagenmodelle, daß man nicht begreift, mit welcher Selbstüberschätzung die unglaublichsten Kisten gebaut werden — die man bewundern soll. Der Wagenbauer fügt sich gewöhnlich ins Unvermeidliche und denkt sein Teil, er widerspricht nicht, weil er fürchtet, der Kunde könnte abschnappen und der Konkurrenz den Auftrag geben. Es sollte daher jeder Anhänger des Fahrsports wenigstens über die allereinfachsten Dinge Bescheid wissen, außerdem bei einer „Wagenkomposition", wie für ein neues Haus, einen Fachmann heranholen, um nicht gar zu sehr daneben zu hauen. Ich möchte hier das Wissenswerteste erwähnen, ohne den Leser zum Studium der Wagenfabrikation veranlassen zu wollen.

Die Haupterfordernisse eines guten Wagens sind: Leichte Beweglichkeit nach allen Seiten und stabiler Lauf. Um diesen zu erzielen, darf man mit **Herabsetzung** von Eigengewicht und **Länge** des Wagens nicht zu weit gehen. Die **Franzosen bauen übertrieben schwer, die Amerikaner übertrieben leicht**, das Beste liegt in der Mitte: die in der **Praxis** so bewährte englische Art, vergl. E. Zimmermann, S. 190 u. 193, die mit Beibehaltung der **guten Form** und der **Stabilität so leicht wie möglich baut.**

Die Räder haben den Zweck, die Reibung des zu bewegenden Körpers mit dem Boden, auf solche Oberflächen zu übertragen, die diese Reibung möglichst verringern und den Widerstand der auf dem Boden befindlichen Hindernisse zu verkleinern. Die Last wird nicht über den Weg geschleift (wie in vorgeschichtlicher Zeit oder noch heute in Madeira) — schleifende Reibung —, sondern durch die Räder bewegt: rollende Reibung. Die schleifende Reibung ist unter den bestehenden Verhältnissen, da wir gewöhnlich nicht auf Schnee und Eis fahren, viel hemmender als die rollende. Stellt man z. B. durch die Bremse oder den Radschuh schleifende Reibung her, so hindert sie die Bewegung des Wagens viel mehr als ein schlechter Weg. Fährt man einen steilen Berg hinab, so schiebt der Wagen freilich auf guter Straße erheblich mehr als auf schlechter, aber um die Pferde vollständig vom Aufhalten zu entlasten, muß man zum Hemmschuh greifen, und dieser wirkt, an einem Rade angewandt, mehr als schlechter Weg auf alle vier.

Jeder praktische Wagenbauer und Fahrer wird die meistens stark belasteten Vorderräder so hoch wie irgend möglich machen. Man muß dann, um ganz und gar durchdrehen zu können, den Wagenkasten stark ausschneiden, nicht die Vorderräder kleiner machen. Den Kenner beleidigt das Mißverhältnis sehr kleiner Vorderräder gegen hohe Hinterräder, im Vergleich zur Lastverteilung, empfindlich. Ein guter Fahrer wird mit dem Mail-Phaeton oder der Coach dahin kommen, wohin er will, trotzdem diese Wagen wenig einlenken; (dafür sich aber um so leichter richtig zurücksetzen lassen). Da das Bedürfnis nach höchster seitlicher Beweglichkeit nur äußerst selten — etwa bei ganz plötzlichem unvorhergesehenem Umdrehen auf der Landstraße — notwendig ist, die höchste Vorwärtsbeweglichkeit aber dauernd während der ganzen Fahrt in Frage kommt und deshalb in erster Linie angestrebt werden muß, so wollen wir zusehen, mit welchen Hindernissen gegen leichte Beweglichkeit wir es überhaupt zu tun haben: 1. Bodenreibung, 2. Achsenreibung, 3. Gewicht des Wagens, 4. Luftwiderstand. Was Bodenreibung betrifft, so haben wir gesehen, daß die schleifende Reibung der alten Zeit durch die Räder in vorteilhaftere rollende Reibung übertragen wurde. Bei den Rädern haben wir an den Achsen wiederum schleifende Reibung. Diese ist durch die polierten und gefetteten Reibeflächen ganz gering, sie wird vielleicht in Zukunft durch Kugellager noch bedeutend vermindert. Damit würde die schleifende Reibung ganz wegfallen, weil die Kugeln sich um ihre eigene Achse drehen und um den Achsschenkel rollen. Das Gewicht des Wagens kommt ganz besonders bergauf und auf weichen Wegen in Frage. Der Luftwiderstand ist sehr bedeutend; nur jemand, der große Touren geradelt hat, weiß ihn ganz zu würdigen und die Arbeitsleistung der Pferde zu beurteilen. Wenn dieser Luftwiderstand = Gegenwind schon einen schmalen Radler faßt und ungeheuer behindert, wie mag er erst Pferde und Wagen mit Insassen packen? Gegen diesen Widerstand gibt es nur ein Mittel: Die eigene Schnelligkeit zu verringern, da wir die des Windes nicht verlangsamen können. Wenn auch die Pferde bei Gegenwind weniger schwitzen als mit dem Wind, so ist die Arbeitsleistung doch erheblich größer; nur die starke Verdunstung läßt die Pferde weniger angestrengt erscheinen.

Zugkraft und ihre praktische Anwendung. Meine Ausführungen sollen eine für jedermann verständliche Anregung sein. Wer sich darüber wissenschaftlich bilden will, studiere das Kapitel „Draught" in „A Manual of Coaching" des Amerikaners Fairman Rogers, London, J. B. Lippingcott Co. 1900.

Die zuverlässigsten Versuche, die wir bis jetzt haben, sind diejenige Arthur Morins, 1838—1840 für die französische Regierung gemachten. Sie ergeben ziemlich genau, daß die Zugkraft auf jeder Art Straße im Verhältnis zur Höhe des Rades steht, sodaß bei einem Rade von 1 m nur die halbe Zugkraft verbraucht wird wie bei einem solchen von 50 cm. Genau trifft das nicht zu, denn auf Asphalt und bestem Pflaster macht der Größenunterschied der Räder weniger aus als auf Land- und Sandwegen. Immer aber machen große Räder weniger Umdrehungen als kleine und haben daher weniger Achsen-Reibung. Ich will versuchen, durch Beispiele aus dem Leben auch dem in diesen Dingen nicht Vorgebildeten verständlich zu machen, wie sich in der Praxis vorteilhaft und unvorteilhaft ansetzende Zugkraft zueinander verhalten und bestens unter einen Hut bringen lassen. Die Bauart des Pferdes (Schulterlage) und das Größenverhältnis des Pferdes zum Wagen müssen wir so stark in Betracht ziehen, daß wir uns mit der **Theorie allein ganz festfahren würden**. Ich will deshalb versuchen, das praktische Gefühl anzuregen, weil es bei den meisten Fahrern sehr schwach, **bei Reitern garnicht entwickelt ist**, aber die wildesten Blüten treibt.

Wir haben es mit **zweierlei Reibung zu tun: erstens der rollenden** (Bodenreibung), die entsteht, wenn die Wagenlast mit Hilfe der Räder über die verschiedenen Bodenhindernisse fortzubewegen ist. Harter Asphalt (im Winter) bietet, wie neues Holzpflaster, eine Fläche ohne nennenswerte Hindernisse. Gutes Pflaster und ebensolche Chaussee kommen in zweiter Linie. Altes Pflaster, bei dem jeder Stein vorsteht, und neue, noch weiche Chaussee, auf der die Räder — wenn auch nur ganz wenig — einsinken, kommen vor Feld- und Sandwegen, Rasen, Lehm und Schotter. Die **Größe der Räder** in erster und die **Breite der Radreifen** in zweiter Linie, haben einen bedeutenden Einfluß auf die rollende Reibung. Die **Speiche ist der Hebel**, mit dessen Hilfe die Zugkraft (ZK) Hindernisse überwindet. Beispiel: Ich bringe hier nur einen Teil des Rades, um die Hebelwirkung der Speichen möglichst klar darzustellen.

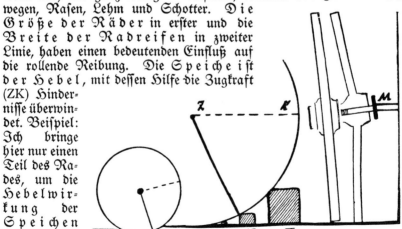

Abb. 160.

Denkt man sich den Zug an der Achse angebracht, also am günstigsten Punkt des Hebels (Speiche), so begreift man sogleich, daß das Rad ohne nennenswerte Kraft über das kleinste der drei angedeuteten Hindernisse (H) hinwegrollen wird. Bei einem gut gefederten Wagen wird der auf das kleine Hindernis ausgeübte Druck — bei gleicher Belastung der 4 Räder — wenig über ein Viertel der Wagenlast betragen, weil die F e d e r nachgibt und h i e r d u r c h d a s G e w i c h t d e s W a g e n s k a u m g e h o b e n w i r d. Noch weniger haben der Wagen und der kleine Stein auszuhalten, wenn ein Pneumatik darüber geht, weil dann n i c h t e i n m a l d a s R a d sich nennenswert hebt.

Mit dem hochräderigen Tandem fuhr ich um 1876 durch die Stadt Neuß zum Rennen. Wir saßen zu vieren auf der großen Cart. Als ich in gepflasterter Straße an einer Schule vorbeifuhr und diese gerade schloß, blieb ein Dutzend Jungen auf der erhöhten Freitreppe stehen. Das Vorderpferd war bereits vorbei, da stieß ein obenstehender Junge einen Kameraden so heftig vornüber, daß er mit einem Bein unter das rechte Rad geriet. Ich versuchte sofort zu halten, hoffend, der Junge könne noch rechtzeitig aufstehen. Es war aber zu spät, das große Rad ging über seine Wade, die dünn gewesen sein mag, denn ich fühlte auf dem schlechten Pflaster nur einen geringen Stoß. Der W a g e n k a s t e n blieb also f a s t in seiner Lage und voll in Bewegung. Und der Junge? Er lief lachend weg ohne einen Laut. Wäre das Rad kleiner gewesen, so hätte der Wagen zuerst einen Stoß von vorne bekommen und daran anschließend einen nach oben, wie sogleich einleuchtet, wenn man sich das Verhältnis vom Rad zum Hindernis (H II) vorstellt. Wer etwas praktisches Gefühl hat und auf der Abbildung Rad und H I betrachtet, wird richtig empfinden, daß bei langer, weicher Feder (wie an dem Tandem) das Rad hinüberhüpfen wird. Denkt er sich aber die Feder kurz und hart oder den Wagen o h n e F e d e r n, so kann das R a d nicht hüpfen, sodaß zwei Möglichkeiten bleiben, entweder der Wagen und die Wade bekommen einen tüchtigen Stoß oder das Hindernis wird — auf Eis — weggeschoben. Je größer das Rad im Verhältnis zum Hindernis, desto weniger läuft es d a g e g e n (wie es z. B. gegen H II laufen würde), sondern berührt es gewissermaßen n u r v o n o b e n, sodaß der leichte Lauf kaum gestört wird. Bei b e d e u t e n d e r G r ö ß e der Räder ist n i c h t n u r d i e L ä n g e d e r S p e i c h e a l s H e b e l vorteilhaft, vielmehr schneidet auch ein g r o ß e s R a d w e n i g e r in den Boden ein als ein kleines (Abb. 160). Wenn z. B. ein kleines Rad den Boden auf einer Fläche von 9 qcm berührt, so ist das bei einem großen etwa mit 27 qcm der Fall. Bei gleicher Belastung wird also der Eindruck in den Boden bei 27 qcm erheblich geringer sein. Noch günstiger gestaltet sich das Verhältnis, wenn das große einen z. B. d o p p e l t s o b r e i t e s Radreifen hat, dann würden 45 qcm den Boden berühren und der Eindruck n o c h m a l s u m d i e H ä l f t e v e r m i n d e r t w e r d e n, sodaß der s t ä n d i g z u ü b e r w i n d e n d e B e r g v o r d e m R a d e nur ganz unbedeutend sein kann. Dieser Berg ist bei s p u r e n d e n — g e n a u g e r a d e a u s f a h r e n d e n — W a g e n für die H i n t e r r ä d e r f a s t geebnet, nur bei t i e f e m L e h m , S a n d und S c h o t t e r nützt das Spuren f a s t n i c h t s, weil der Weg hinter dem Vorderrade wieder die alte Form annimmt. Morin hat in seinen Versuchen festgestellt, daß die Vorteile breiter Räder **bis zu 15 cm, jedoch nicht weiter, steigen.** Das bezieht sich auf Lasten für vierrädrige Karren. Je schmäler das Rad, desto tiefer die Einschnitte (Spuren), die es im Boden hinterläßt, und desto größer der dauernd zu überwindende Berg, der vor dem Radreifen entsteht. **Ist das Rad klein, so ist der Berg steil und nicht nur schwer zu überwinden, er schiebt sich auch bei losem Boden vor dem Rade her und erschwert dadurch das Hinaufrollen.** Bei großem Rade ist der Berg flach und das Rad berührt ihn gewissermaßen nur von oben.

Die Räder tragen den Wagen. Die Pferde sollen ihn ziehen. Die beste Zugwirkung erreicht man durch Ansetzen des Zuges an **möglichst langem Hebelarm.** Das wäre hoch oben an der Felge, da, wo man zupackt, wenn man „in die Speichen faßt". Man hat dann den durch zwei Speichen gebildeten **zweiarmigen Hebel.** Leider ist er nur für eine Fortbewegung von 40—50 cm zu gebrauchen, da sich dann der Angriffspunkt verschiebt und seine Wirkung verliert. **Wir können also den zweiarmigen Hebel nur zum „in die Speichen fassen"** verwenden und müssen **praktisch** mit dem **einarmigen** vorlieb nehmen, dessen **höchster Punkt die Mitte des Achs-Schenkels ist.** Die Pferde ziehen daher am vorteilhaftesten von der Achse aus. (Langbaumwagen). Zieht man parallel dem Boden, so braucht man theoretisch die geringste Zugkraft, weil der ganze angewendete Zug nur zur Fortbewegung ausgenutzt wird. Würde man den Zug am Wagen **höher** anbringen als am ziehenden Pferd, so zöge es den **Wagen in den Boden hinein,** die Vorderräder hätten gar kein Bestreben mehr, ihren kleinen Berg zu überwinden. Spannt man tief an, führt die Stränge aufwärts zum Pferde, so gehen von den vorhandenen z. B. 50 kg Zugkraft, die bei waagerechtem Ziehen genügen, einige davon, **gewissermaßen die Vorderräder im Tragen unterstützend,** für den **Zug** verloren. **Diese hebend** wirkende Kraft ist eine unnütze Entlastung der Räder. Je **steiler** die Richtung der Stränge, desto **mehr Zugkraft** wird zu **hebender Kraft.** Wir haben also keine 50 kg **Zugkraft** mehr, folglich bleibt die Karre stehen.

Theoretisch, sowie auf kaltem Asphalt und tadellosem Pflaster ist der **waagerechte** Zug von der Achse der günstigste. **Praktisch** ist das nicht der Fall. **Die Pferdeschulter ist schräg.** Zieht das Pferd waagerecht, so rutscht das Kumt an der Schulter hinauf und drückt gegen die Kehle, wo es die Atmung stark behindert. **Die Stränge** müssen, damit das Kumt richtig liegen bleibt, zur Schulter ansteigen. Den Winkel genau zu bestimmen, wäre graue Theorie, weil die Schultern verschieden sind. (Bei der Coach, je nach der Größe der Pferde, 13 bis 15 Grad.) In der Praxis ist ein etwas **schweres Kumt** einem sehr leichten (wie man es in den Fahrhandbüchern empfohlen findet) deshalb vorzuziehen, weil es nicht nur durch sein Gewicht abwärts strebt, sondern auch, weil ein dickes, festes Kissen (Polsterung), das sich gut der Schulter anpaßt, **nicht leicht sein kann.** Auf tadelloser harter

Fahrbahn vermindert die schräge Richtung der Stränge die Zugkraft nicht wesentlich und steht in keinem Verhältnis zum Hinaufrutschen des Kumts gegen die Kehle. Bei **schlechteren Wegen aber** hat das **Ansteigen der Stränge zur Schulter den Vorteil, daß die Straße da, wo sie durch die Räder eingedrückt wird, tatsächlich immer ansteigt,** sodaß hier, wo das Ziehen schwer wird, die **Stränge annähernd parallel dem kleinen Anstieg laufen, den die Räder hervorrufen und dauernd zu überwinden haben, die aber bei horizontaler Zugrichtung in diese kleinen Berge hineingezogen werden würden.** Bei dieser rollenden Reibung, die am Boden stattfindet, ist das Spuren der Vorder- und Hinterräder zu beachten. Gleichzeitig damit, die dem leichten Zuge unvorteilhafte große Länge der Wagen. Je genauer die Hinterradspur in der vorderen läuft, desto weniger werden die Hinterräder behindert, weil ihnen der Weg geebnet ist. In allen **Wendungen, überhaupt jeder Abweichung von der Geraden,** weichen die Hinterräder von der Vorderspur ab und müssen **sich selbst den Weg bahnen.** Fährt man mit sehr kurzem Wagen einen großen Bogen, so bleiben wohl die Hinterräder wenigstens teilweise in der Wagenspur, bei **langen** Wagen jedoch müssen sie sich selbst die Spur schneiden. Deshalb und wegen des sowieso größeren Gewichts langer Wagen fahren sich diese schwerer. Gut gebaute biegen sich auch bei großer Länge nicht wie ein belastetes Brett durch, deshalb sind die Erzählungen von „Auseinanderfedern" und deshalb schwer fahren, unzutreffend. Die Versuche von R. W. Thomson (London 1845, dem Erfinder des Pneumatiks) zeigen, daß bei diesen in ungefähr 15 Kilometer-Tempo erheblich Zugkraft gespart wird, am auffallendsten auf Schotter, wo sie allerdings wegen der Kosten kaum verwendbar sind. Ein Wagen von 525 kg beansprucht mit Pneumatiks auf guter **Chaussee** 14 kg Zugkraft; mit **Eisenreifen** 22½ kg. Auf **Schotter** 19 kg mit Pneus, aber **60 kg mit Eisenreifen.** M. A. Michelins Versuche (Paris 1896) ergaben, daß bei ein und demselben gefederten Wagen im **Schritt** 24 kg Zugkraft erforderlich waren, sowohl für Eisenreifen wie Pneumatiks. Bei ruhigem Trabe: Eisenreifen 29½ kg, im scharfen Trabe 38½ kg. Mit Pneumatiks dagegen bei ruhigem genau wie bei scharfem Trab 25 kg.

Ich möchte hier nicht verfehlen, den Direktoren der Allgemeinen Berliner-Omnibus-Gesellschaft, den Herren Kaufmann und Lipschitz, sowie dem Chef der Zentralwerkstatt, Herrn Kirks, meinen verbindlichsten Dank für die große Liebenswürdigkeit auszusprechen, mit der sie mir 1916 eingehende Versuche ermöglicht und mich unterstützt haben. Danach waren bei waagerechtem Zuge, um einen mit 22 Personen besetzten Omnibus (3135 kg, Vorderachse 1200, Hinterachse 1935) auf Beton in Bewegung zu setzen, 50 kg notwendig, bei normal ansteigender Strangrichtung 55½ kg, bei stärker ansteigender Zugrichtung (sodaß die Stränge fast rechtwinkelig zur Schulter wirken) 56½ kg.

Wir müssen demnach die theoretisch und nur für **beste** Straßen vorteilhafte **waagerechte Zugrichtung** mit der **Unmöglich-**

keit, sie wegen der schrägen **Pferdeschultern** herzustellen, vereinigen. Im Königlichen Marstall mußte bei den Kaiserschimmeln ein unschöner Ausweg benutzt werden, um ihnen das Hinaufrutschen der Kumte zu ersparen. Da die Sprengwaagen an den 1905 vorhandenen Wagen zu hoch lagen, um die richtige, etwas ansteigende Stranglage herzustellen, wurde der Schlaggurt (ähnlich wie es bei einem Coupégeschirr ist) auf dem Bauchgurt festgenäht, wodurch wenigstens verhindert wurde, daß er hinter den Ellbogen kniff und scheuerte. Beim Ziehen drückte aber der Bauchgurt von unten gegen den Brustkasten, die Strangstutzen (Seitenblätter) gingen vom Kumt stark abwärts, von der Strangschnalle bis zur Docke waagerecht. Jedenfalls ist das ein leidlicher Ausweg, um Pferde an zu großen Wagen einigermaßen bequem arbeiten zu lassen.

Falsch ist, die Züge fast in der Mitte der Kumtbügel anzubringen, sie haben dort keinen Angriffspunkt, kneifen aber die Schulterblätter zusammen.

Die **zweite vorkommende Reibung** ist die schleifende. Sie entsteht, wenn sich das Rad mit der Büchse um die Achsschenkel dreht, erstens an der **unteren Seite des Achsschenkels**, zweitens an der **Stoßscheibe** und drittens an der **Vorlege- oder Stellscheibe** in der Büchse. Die Achsschenkel stehen nicht horizontal, man gibt ihnen vielmehr „**Unterachse**" (Abb. 160), d. h. die Spitze des Schenkels steht (bis zu einem Achtel der ganzen Schenkellänge) tiefer als der Ansatz an der **Stoßscheibe**, die den Schenkel von der Mittelachse trennt. Die **Stoßscheibe** (schwarz) steht **rechtwinkelig zum Schenkel, schräg zur Mittelachse** M. Ständen der Schenkel waagerecht, so müßte das Rad nur durch äußeren Zwang an der Stoßscheibe erhalten werden. Um das zu vermeiden und Verschleiß und Gefahr zu beseitigen, verleiht man dem Achsschenkel durch seine schräge Stellung die Fähigkeit, dauernd das Rad zum Wagen an die Stoßscheibe zu drücken (Abb. rechts). Gerade gebaute, sogenannte Scheibenräder, würden durch die geneigten Achsschenkel unten viel näher zusammenstehen als oben, sodaß die Radreifen nur mit ihrer **äußeren Kante den Boden berühren** und die **Speichen nicht senkrecht die Last tragen würden.** Das ist aber unbedingt notwendig. Die Räder bekommen deshalb **Sturz,** d. h. die Speichen werden **schräg in den Block** (Nabe) gesetzt, sodaß sie **unten senkrecht** unter der Mitte des Achsschenkels tragen, oben dagegen nach **außen abweichen.** Die Spur wird dadurch oben breiter — „Schlagweite" — als unten, sodaß der Wagenkasten weniger Gefahr läuft, bei **Schwankungen von den Rädern gestreift** zu werden; außerdem wird der vom Rade **mitgenommene Schmutz nach außen** — vom Wagen weg — geworfen. Bei allen besseren Wagen baut man jetzt **doppelt gestürzte Räder,** d. h. die Speichen sind in der Nabe „**versetzt**". Die Räder erhalten dadurch erhöhte **Festigkeit und Haltbarkeit.** Sie sind besonders beim Neuaufziehen der Reifen in Reparatur befindlicher Wagen vorteilhaft, weil sich der **Sturz** dabei nicht so verstärkt wie bei einfach gestürzten Rädern. (Bei einem herrschaftlichen Omnibus müssen Sturz und Unterachse das Höchstmaß erreichen, wenn man ihn mit preußischer Spur bauen soll. Die „Deutsche Fahrzeug-Technik", Gera (Reuß), bringt in Nr. 7, 1919, folgende Tabelle:

Gesetzliche Spur:

Preußen 1,360 m von Mitte zu Mitte der Reifen,
Bayern 1,120 m zwischen den Reifen,
Bayerische Pfalz 1,230 m, über den Reifen gemessen,
Sachsen und Reuß 1,120 m, zwischen den Felgen gemessen,
Württemberg 1,160 m, zwischen den Felgen gemessen,
Baden 1,160 m, zwischen den Felgen gemessen,
Beide Mecklenburg 1,440 m, über den Felgen gemessen,
Braunschweig und Oldenburg 1,440 m, über den Felgen gemessen,
Holstein-Lauenburg 1,360 m, über den Felgen gemessen,
Hamburg 1,410 m, über den Felgen gemessen.

Für Bremen, Frankfurt und Lübeck hat man keine bestimmten Spurbreiten, ebensowenig für die nichtbenannten Länderteile, da diese sich entweder nach den Nachbarstaaten richten, oder willkürlich die Spurbreite enger oder weiter anfertigen.

Man glaubt vielfach, **kurze Anspannung** sei vorteilhaft, verlange weniger Zugkraft als lange. Diese Ansicht ist irrig. Stellt man einen Wagen auf einen möglichst horizontalen, harten Boden (um Zufälligkeiten zu vermeiden) und befestigt an der Deichselspitze (um Hin- und Herlaufen des Vorderwagens zu vermeiden) einen Strick, den man über eine Rolle führt, daran z. B. einen Eimer Wasser, so zeigt sich, daß das Gewicht des Eimers gleich stark wirkt, ob er kürzer oder länger vorgespannt wird. Ein kleiner Unterschied tritt nur dann ein, wenn der Eimer so weit entfernt wird, daß das Gewicht der Schnur nicht mehr horizontal, sondern **abwärts** ziehend wirkt. Eine so lange Anspannung kommt aber in der Praxis, um die allein es sich handelt, nicht vor. Hieraus ergibt sich, daß **Unterschiede von 10—20 cm, die bei Luxus- und Arbeitsfuhrwerk in Betracht kommen könnten, ganz bedeutungslos sind**. Einen Fehler, dem man bei Luxusgespannen oft genug begegnet, daß nämlich **zu kurz angespannt** wird, sollte man sorgfältig vermeiden ohne deshalb lang anzuspannen. Auf Wegen mit sehr tiefen Gleisen ziehen sich **kurze Anspannung und kurzer Wagen in den Kurven leichter**, weil die Räder, besonders die Hinterräder, sich nicht immer eine ganz neue Spur schneiden müssen, vielmehr oft nur von dem Rande der alten etwas abbröckeln. Auf guter Straße macht das nichts aus. **Maßgebend für richtige Anspannung — die Länge betreffend — ist, die schnellste Gangart entwickeln zu können**, ohne daß die Pferde mit den Hinterfüßen an die Radreifen stoßen. Wo und wann es auch sei, man muß **immer in der Lage sein, ohne besondere Vorbereitung so schnell zu fahren**, wie die Pferde laufen können. Traber

dürfen daher im äußersten Tempo ebensowenig gegen die R ä d e r
st o ß e n wie andere Pferde im l a n g e n G a l o p p. Aehnlich muß
beim T a n d e m und V i e r e r z u g der Raum zwischen V o r d e r -
u n d S t a n g e n p f e r d e n in j e d e r G a n g a r t ausreichen, auch
wenn die Vorderpferde n i c h t z i e h e n. Endlich darf das Fußbrett
eines hohen Wagens weder in schnellster Fahrt noch bei Unebenheiten
des Bodens die Hinterpferde berühren.

Abb. 161. Denkbar ungünstigste Zugrichtung und Vorderräder.

Der Kranz.

Der K r a n z muß bei allen Wagen g u t r e i n g e h a l t e n u n d
w e n i g, a b e r ü b e r a l l g e s c h m i e r t sein. Die wenigsten Kutscher
verstehen es bei der Coach und den übrigen Langbaum=Wagen, obgleich
sie immer das Gegenteil behaupten: „jawohl, frisch geschmiert". Bei
leichten Wagen mit festerer Anspannung tritt das Nichtgeschmiertsein
weniger in die Erscheinigung. Bei schweren Langbaum=Wagen jedoch,
die mit losen Aufhalteketten gefahren werden müssen, gehört eine kleine
Oelkanne in den Wagen (manche Kutscher ziehen fälschlich grüne Seife
vor). Am besten ist ein Oelkännchen, wie es beim Fahrrad benutzt wird.
Auf staubiger oder schmutziger Straße, besonders wenn man eine Strecke
Galopp gefahren hat, wird der Kranz der Langbaum=Wagen trocken,
der Vorderwagen läuft dann ruckartig nach rechts und wieder nach links.
Sobald man das bemerkt, bleibe man halten, schlage den Vorderwagen
ein, lasse mit Putzwolle die trockenen Stellen am Langbaum und
die durch das Einlenken erreichbaren trocken gewordenen, vom Spann=
nagel entfernteren Flächen des Federholzes und Bockschemels sauber
abwischen und etwas ölen. Es dauert gewöhnlich lange Zeit, bis der
Kutscher einzusehen gelernt hat, daß man den Kranz der Langbaum=
Wagen v o r j e d e r und manchmal außerdem während einer Fahrt
schmieren muß. Er hält es zunächst für Nörgelei des Fahrers. Bei
vielen Langbaum=Wagen gleicher Bauart werden die Kränze sehr ver-

schieben trocken. Das liegt daran, daß A ch s h o l z und B o ck s ch e m e l sich an den ä u ß e r e n E n d e n z u st a r k, in der M i t t e z u w e n i g o d e r g a r n i ch t b e r ü h r e n. Nachdem ich die dem Schmutz in allen Wendungen am meisten ausgesetzten Stellen bis zu 2 mm hatte abfeilen lassen, brauchte der Kranz meiner Coach unterwegs nur ausnahmsweise einmal geschmiert zu werden. Hat ein unbelehr= barer Kutscher e i n e i n z i g e s M a l auf n a ss e m A s p h a l t bei unruhigen Pferden, durch t r o ck e n e n K r a n z eine u n f o l g s a m e D e i ch s e l g e h a b t, so ist er für immer geheilt. Ich habe Fahrer erlebt, denen der Angstschweiß von der Stirne rann, bis ich selbst abstieg und die trockenen Stellen ölte. Da jetzt die Deichsel sofort folgte, beruhigten sich Pferde und Fahrer und der Angstschweiß trocknete.

Schmieren der Räder.

Jeder Fahrer, Herr oder Kutscher, muß unbedingt das S ch m i e r e n der P a t e n t= sowie der M a i l = A ch s e n verstehen, er sollte deshalb h ä u f i g dabei sein. Man findet das leider selten, so außerordentlich wichtig es auch ist. Wer gebrauchte Wagen kauft, sollte sich stets mindestens ein Vorderrad abnehmen lassen und dabei den Achsschenkel unten genau befühlen, ob er noch in gutem Zustand, d. h. nicht wellig ausgeschliffen ist. Das Oelen der Patent-Achsen versteht so ziemlich jeder einigermaßen ausgebildete Kutscher. Da aber die Stummel-Achsen (Mail) bei Luxuswagen nur bei Coach, Mail-Phaeton und Tandem-Cart vorkommen und diese nicht mit Oel, sondern mit Kammfett ge= schmiert werden sollen, so ist es wichtig, daß der Herr die Sache genau kennt. Ich empfehle, um die Muttern nicht zu verwechseln, am hinteren Nabenband über 2 Bolzen je einen und zwei Striche e i n s ch l a g e n zu lassen, desgleichen auf die dort befindlichen Muttern, weil Kreide= striche unzuverlässig sind. Ebenso soll die „Mondplatte" (große Lauf= scheibe) ein Merkmal erhalten, damit ihre drei Löcher wieder auf die richtigen Bolzen kommen. Die unbezeichnete Stelle und Mutter er= geben sich von selbst.

Nachdem die Muttern abgenommen sind, zieht man das Rad herunter, reinigt die Platte, Stoßscheibe, Lederscheiben, Achsschenkel und den Teil der Mittelachse, der zwischen Feder und Platte liegt, mit Terpentin oder Petroleum. Gleichzeitig sieht man nach, ob die Muttern der Feder-Lappen festsitzen. Man füllt dann Kammfett in die sauber gemachte Oelkammer und schiebt das Rad ganz langsam — damit durch den Luftzug das Fett nicht herausspritzt — wieder auf den Achs= schenkel, die drei Löcher der großen Laufscheibe vorsichtig auf die zu= gehörigen Bolzen, wischt die Bolzengewinde gut ab und streicht ganz wenig Eisenlack darauf, damit die Muttern gut halten. Dann schraubt man die Muttern möglichst gleichmäßig an, bis das Rad feststeht. Die mit Kammfett geschmierten Räder müssen etwas S p i e l haben, damit sie wirklich leicht laufen und die Stöße gemildert werden, denen Rad und Achse beim Fahren ausgesetzt sind, und damit das steife Fett sich am Schenkel entlang besser verteilt. Der Spielraum bei diesen

Achsen muß (nach dem Gefühl) etwa Strohhalmdicke ausmachen (2—3 mm). Dazu dreht man jetzt die Muttern jede zunächst einachtelmal herum los und versucht kräftig das Rad vorzuziehen und zurückzustoßen. Großer Wert ist auf **g u t e   L e d e r s c h e i b e n** zu legen. Ich empfehle, einige Reservemuttern in der Coach mitzunehmen, deren stark belastete Vorderräder viel mehr zu leiden haben als die des Mail-Phaetons und die ganz großen des Tandems. **B e i   d e n   P a t e n t a c h s e n** braucht man nur so viel Spielraum, daß die Räder weich auslaufen, sich jedoch nicht auf dem Schenkel vor- und zurückziehen lassen. Der Kutscher ist streng zu überwachen, daß er Kapsel, Splint, kleine und große Muttern sowie Vorlegescheibe auf einen ganz reinen Bogen Papier auf einen Stuhl legt; nicht auf eine zerknitterte alte Zeitung, an der vielleicht Sandkörnchen oder Putzsteinreste haften. Es ist eine Unsitte, die gereinigten Teile z. B. auf den Bock, Wagentritt oder die Trittbretter zu legen. **E i n   S a n d k ö r n c h e n** genügt, den polierten Achsschenkel zu verderben. Die Hebe soll an **j e d e m R a d e**, **n i e   i n   d e r   M i t t e   d e r   A c h s e** angesetzt werden, weil dies die schwache Stelle ist, an der man alle Achsen zusammenschweißt. Nachdem beide Muttern, Stellscheibe, Achsschenkel und Büchse mit ihrer Oelkammer sorgfältig gereinigt sind, gießt man Knochen- oder Rizinusöl in die Kammer, desgleichen etwas auf den Schenkel, und schiebt vorsichtig das Rad hinauf. Nachdem man die Stellscheibe aufgesteckt, schraubt man die erste Mutter fest an. Darauf muß das Rad feststehen. Ist das nicht der Fall, so ist die Lederscheibe zu dünn und muß sofort ersetzt werden. Stand das Rad jedoch fest, so schraubt man ruckweise etwas loser, so lange, bis sich das Rad leicht dreht, ohne sich jedoch auf dem Schenkel von und zur Stoßscheibe bewegen zu lassen (wie es bei der Stummelachse sein soll). Vor die erste wird jetzt die zweite kleinere Mutter mit umgekehrtem Gewinde geschraubt, fest angezogen und der Splint durchgeschoben. Reservesplinte müssen immer vorhanden sein. Zum Schluß gießt man etwas Oel in die Kapsel und schraubt sie fest in die Büchse, deren Gewinde ein Lederring abdichtet.

Die modernen **A c h s s c h e n k e l** sind vollkommen zylindrisch, sie haben oben eine Oelrinne. Nach außen zu, an dem der Stoßscheibe entgegengesetzten Teile, ist ein oben abgeflachter Absatz, sodaß sich die dahin gehörige Stellscheibe, die darauf passend gearbeitet ist, nicht drehen kann. Weiter vorne folgen die beiden verschiedenen Gewinde, ein rechtes und ein linkes für die Muttern. Durch die Spitze des Achsschenkels geht der Splint. Die Kapsel, die das Ganze schließt, wird nicht auf den Schenkel sondern in die Büchse geschraubt, sodaß sich die Kapsel mit dem Rade dreht. Am Eingang in die Büchse befindet sich also zuerst dieses Gewinde, dann eine Erweiterung, in die die zwei Muttern und der Stellring gehören. Nahe dem inwendigen Ende der Büchse befindet sich die tief ausgedrehte Oelkammer. Die vor der Stoßscheibe befindliche Lederscheibe muß gut erhalten sein, andernfalls bleibt das Rad trotz fest angezogener Muttern los. Dort, wo die **P a t e n t a c h s e** sich verjüngt, um den Stellring aufzunehmen, **e n d i g t   b e r e i t s d i e S t u m m e l a c h s e ,   s i e   i s t   s o m i t   v i e l k ü r z e r u n d d a h e r** weniger dem Anrennen und Verbiegen ausgesetzt, außerdem nicht durch Abdachungen und Gewinde geschwächt. Die Stummelachse (Mail) hat ihren Namen von der alten „Royal Mail". Fast alle Road-Coaches haben sie, die meisten privaten, fast alle richtigen Mail-Phaetons, Mail-Carts usw. Der Stummelachsschenkel hat entweder oben eine Oelrinne oder häufiger eine abgedachte Fläche. Die Stoßscheibe hat auf der Außenseite einen feinen erhabenen Ring, wie ein feiner aufgelöteter Draht. Dieser schneidet etwas in die Lederscheibe ein und verhütet dadurch das Herauslaufen des Fettes. Die große Laufscheibe (Moonplate) wird in England auf jede Achshälfte geschoben, bevor beide zusammengeschweißt werden, bei uns fügt man diese Platten gewöhnlich aus zwei Teilen zusammen. Eine sehr starke Lederscheibe gleicher Größe, ebenfalls mit drei Löchern zum Durchführen der Bolzen, dichtet hinter der Stoßscheibe, eine andere vor ihr. Es gibt Naben-Bolzen, deren Köpfe an der Außenseite der Räder abgerundet sind (Berliner Omnibusse und schwere Lastfuhrwerke.) In England macht man jedoch durchweg vorne und hinten viereckige Schraubenmuttern (niemals achteckige, von denen der Schraubenschlüssel leicht abgleitet). Die Büchse ist an ihrem hinteren Ende so weit ausgedreht, daß sie vollständig über die Stoßscheibe hinüberreicht und mit ihr abschneidet. An dem hinteren Büchsenende ist, wie an der Stoßscheibe, ein scharfer Rand, der in die große Lederscheibe einschneidet und abdichtet. Beim Vergleich der Patent- und Stummelachsen stellen sich auf beiden Seiten Vor- und Nachteile heraus. Betrachten wir zuerst die bei uns gebräuchlicheren Patentachsen. Ihre Vorzüge sind der leichte Lauf, die gute Dichtung und besonders, daß man nur alle drei Monate schmieren muß. Nachteile sind die große Länge des Achsschenkels, die dadurch größere Gefahr, an anderen Fuhrwerken anzustoßen, und infolgedessen das leichte Verbiegen der Achse. Ist das im mindesten geschehen, so strebt das Rad seitwärts vom Wagen weg und schleift dauernd am Boden, sodaß bei allen Stadtwagen der Radreifen blank wird. Endlich kann sich die Kapsel lösen und verlieren, dann dringen Staub und Sand zwischen Stellscheibe und Achsschenkel in die Büchse. Beim Ankauf gebrauchter Wagen messe man bei mehrmaligem Vor- und Zurückschieben des Wagens die Spur in Achsenhöhe vorne und hinten an den Rädern.

Wegen ihrer häufigeren Umdrehungen werden die kleineren Vorderräder gewöhnlich zuerst trocken, man fange deshalb beim Nachsehen immer mit diesen an. Haben beide noch ausreichend Fett, so kann man sich das Öffnen der Hinterachsen sparen, es sei denn, man entdecke an einem Hinterrad herausgelaufenes Fett. Im Hochsommer kann bei starkem Sonnenschein auf einer Wagenseite auch Kammfett flüssig werden, zwischen älteren Lederscheiben durchdringen und herausfließen. Die Brighton-Coaches, die täglich 53 bis 63 englische Meilen zurücklegen (verschiedene Wege), werden alle drei Tage geschmiert, also nach etwa 250 km. Im Gegensatz zu einigen Wagenbauern empfehlen alle wirklichen Praktiker 2 bis 3 mm Spielraum für Stummelachsen.

Allgemeine Gesichtspunkte
für die
Zusammenstellung herrschaftlicher Gespanne.

Die gebräuchlichsten Arten, anzuspannen, sind: 1. die englische, 2. die amerikanische, 3. die ungarische, 4. die russische. In sich ist jede dieser Aufmachungen — in ihrer Anwendung — nach Ort und Zeit verschieden. (Vergleich: Gala, Promenaden= anzug, Bummelanzug.)

Um ein schönes Gesamtbild zu erzielen, empfiehlt es sich, herrschaftliches Fuhrwerk stilrein nach diesen

Abb. 162.
Galawagen des ehem. Kaiserlichen Marstalls in Wien. Kladruber Hengste.

allgemein anerkannten Formen zusammenzustellen. Ein Durcheinander aus diesen grundverschiedenen Stil= arten kann unmöglich ein gutes Gesamtbild werden.

Man unterscheidet: Gala=, Halbgala=, Stadt=, Park= und Land= Anspann.

Zur Gala und Halbgala eignen sich amerikanischer und Zucker=Stil nicht, weil Wagen, Pferde und Geschirre zu leicht sind und somit keineswegs zum Pomphaften passen.

Zur Großen Gala gehören einfarbige Stepper schwersten
Schlages mit wirklichen Langschweifen (Krönungswagen, Staatskarossen,
vorbildlich in London und Wien). Abb. 162.

Gala und Halbgala

werden gefahren:

entweder 2-, 4-, 6-, 8-spännig vom Sattel, der Wagen ohne Bock,

oder 2-, 4-spännig vom Bock,

oder 6-, 8-spännig vom Bock mit einem Vorreiter (Postillion) auf
dem Sattelpferde des vordersten Paares.

Halbgala auch 6-spännig mit einem Vorreiter auf dem Vorder-
Sattelpferd und einem Stangen-Reiter, der die Mittelpferde
mit l a n g e r Leine führt, oder auf jedem Sattelpferd ein Vorreiter.

Für S p i t z - und V o r r e i t e r : Postillion-Sättel ohne Knie-
wulste (Pauschen) mit schwarzen Ledergurten. Bügelriemen unter den

Abb. 163. Barouche vom Sattel gefahren.   Phot. Delton

Sattelblättern. Die Handpferde haben Sellettes (keine Kammdeckel)
mit Aufsatzhaken, aber o h n e S c h l ü s s e l, K u m t b ü g e l d e r
g e r i t t e n e n u n d d e r z u g e h ö r i g e n H a n d p f e r d e o h n e
L e i n e n a u g e n. Sitzt auf jedem Sattelpferde ein Vorreiter, so
kommen nur lange Stränge in Anwendung. Werden jedoch ein oder
mehrere Paare vom Bock oder die Mittelpferde des Sechserzuges mit
langer Leine vom Stangenreiter geführt, so geht das Paar vor den
Stangenpferden an d r e i t e i l i g e r Vorwaage (mit blanken Metall-
beschlägen). Nur bei der „Post" Anspannung mit Strick-Strängen ist
die Vorwaage aus einem Stück.

Die Pferde der „S p i t z r e i t e r", die dem Gespann vorher-
reiten, tragen Fahrzäume, Schweifriemen und dazu passende Vorder-
zeuge, das Pferd des „P i k ö r s" einen reich verzierten Reitzaum.

Die Vorreiter und Stangenreiter führen nach links-aufwärts
gehaltene K n u t e n. Die H e t z p e i t s c h e n der S p i t z reiter, die
dazu passen müssen, werden rechts-abwärts gehalten, das Ende des
abgewickelten Schlages in der rechten Hand.

Stadt- oder Park-Gespanne.

1. Durch den Kutscher vom Bock zu fahren oder vom Sattel: Viktoria, Vis-à-vis, Barouche, Landauer. Die C-Feder-Wagen mit nichtgestummelten Pferden und Hausdiener (Frack) nicht Bockdiener (Stallmann). Juckergespanne: Viktoria, Coupé, entweder ungarisch oder in englischer Livree mit leichten Kumtgeschirren.

2. Selbstfahrer: Mail-Phaeton, Demi-Mail Phaeton, Stanhope-Phaeton, Spider-Phaeton, Damen-Phaeton, Duc, Drag (coach), Char-à-bancs, Tandem, Governeßcar; ferner einspännig: Cabriolet, Tilbury, Buggy-Gig, Buggy (amerikanisch, vierräderig) usw. Jucker-

Abb. 164. Viktoria vom Sattel gefahren.   Phot. Delton

gespanne: zwei-, vier- und fünfspännig, Esterházy-, Cziráki-Wagen usw.

Herrenfahrer: Kein doppelreihiger Gehrock, keine weißen Handschuhe.

Land-Gespanne.

Alle Landwagen, Reisewagen, Breaks, Wagonettes, Runabout, Tandem, Dogcart, Roadcart, Jagdwagen, Omnibus (f. S. 119, 184, 190).

Zusammenstellung des herrschaftlichen Fuhrwerks.

Bei der Zusammenstellung herrschaftlichen Fuhrwerks ist der Kauf der Pferde das Teuerste und Schwierigste. Wagen, Geschirre und Livreen kosten stilrein und richtig nicht mehr als stillos und falsch; sind sie von bester Beschaffenheit, so halten sie bei sachgemäßer Pflege außerordentlich lange. Man sollte daher bei Neuanschaffungen nur richtige, gute Sachen kaufen und sich nicht erst nach wiederholtem Ärger, kostspieligen Änderungen und Tausch oder Wechsel, zu Gutem emporschwingen.

Bei anständigem herrschaftlichem Fuhrwerk gibt es keine Vorspiegelung falscher Tatsachen, z. B. Schein-Stummelachsen, Schein-C-Federn, Vorderkoffer an Wagen ohne Bock mit blinden Schnallen (die man weder öffnen noch schließen kann), Nachbildungen lederner Stiefelstulpen aus Celluloid, oder statt gut geputzter Kutscherstiefel solche aus Lackleder. Weiße Leinen- oder Kaschmir-

(anstatt Leder=) Kutscherhosen mit Knöpfen, die man nicht knöpfen kann. Durch **Vernickelung vorgetäuschter guter Putzzustand** der Gebisse, Deichselköpfe, Ketten, Ortscheit=Beschläge, die **alle Stahl poliert sein müssen.**

Nur bei Gala=Geschirren sind Deichselhaken, Brillen und Beschläge Gold oder Silber plattiert, bei allen offenen Stadt= oder Park=Wagen, vom Kutscher oder **selbst zu fahren:** Stahl poliert. Bei einfachen geschlossenen Stadt= oder Park=Wagen (Landauer, Coupé) **schwarz lackiert** bevorzugt.

Bei jeder Landanspannung, ob deutsch, englisch, ungarisch, amerikanisch oder russisch, schwarze Deichselhaken und Brillen bevorzugt.

Wagen und Geschirr=Linien sollen übereinstimmen, entweder **alles rund oder alles abgerundet oder alles eckig.** Beschläge des Wagens, des Geschirrs und der Livree entweder **Messing oder Silber.** Tombak, Vergoldung, Nickel usw. nicht erwünscht.

Zu Wagen für die Stadt und den Park, zu denen Promenaden=Anzug paßt: schwarzes, plattiertes Geschirr.

Kumt=, Kammdeckel=Kissen und Innenseite der Scheuleder **schwarz.**

Zur **Land=Anspannung,** deutsch und englisch, besonders zu Naturholz=Wagen, ist gelbes Kumtgeschirr erlaubt (aber unpraktisch).

Herrschaftliche Gespanne.

a) Der Kutscher.

Gute Haltung auf dem Bock. Bockdiener nicht mit untergeschlagenen Armen. Bei Anspannung im englischen Stil: **englische Peitschen= und Leinenführung,** richtiges, fließendes Fahren, Livree zum Gespann passend. **Gespanne mit schnurrbartlosem Kutscher und Diener bevorzugt,** ausgenommen bei russischer oder ungarischer Nationaltracht. Privat=Fiaker Zivil.

b) Ausstattung der Gespanne.

Wagen und Geschirre brauchen **nicht neu zu sein,** haben jedoch auf Grund guter Haltung einen **durchaus herrschaftlichen Eindruck zu machen,** ebenso die Livree.

Die vorzuführenden Pferde müssen **gute Gänge haben,** in Gang und Haltung zueinander passen und **gleichmäßig arbeiten,** als ob sie ganz gleiche Gehlust hätten. **Dieses gleiche Arbeiten soll nicht durch straffes Einspannen vorgetäuscht werden, vielmehr müssen, auch im Halten, die Kumte an der ganzen Schulter aufliegen und die Pferde, auf Grund richtiger Leinen=Schnallung am Kreuz (vor der Hand), gleich viel ziehen.**

Die Pferde müssen zum Wagen in bezug auf Größe und Stil passen. Z. B. können zwei Jucker nicht am Landauer, oder schwere Stepper an einem leichten Selbstfahrer gezeigt werden. Pferde mit verkürzter Schweifrübe passen nicht in die Troika, **ausgesprochen russische Pferde nicht zur englischen Anspannung.**

11*

Jagdpferde kann man, geſtummelt oder nicht, für Coach, Tandem und Phaeton verwenden; keine ſchweren Stepper. Rechtsliegende Mähnen.

c) Beſchirrung.

Sielen (Siedel, Bruſtblatt) finden nur Verwendung bei großer Gala, bei Jucker= oder amerikaniſchem Anſpann, ferner bei Poſtzügen (hier auch braun), auch wohl beim Vorderpferd des Tandems und bei Ponies. Im übrigen entſprechend ſchwereres oder leichteres Kumtgeſchirr. Für Einſpänner: Sellette mit Schlagriemen oder bei ſchwereren Wagen mit Hintergeſchirr. Scheuklappen, die an der Schnalle nicht eingeſchnitten ſein dürfen, ſind notwendig. Fahrtrenſen nur bei Sielen=Geſchirr. Die Strangſchnallen an den Strang= ſtutzen (Seitenblatt), nicht am Ende der Stränge. Bei Kandaren= Kopfſtücken müſſen die Backenſtücke durch den Naſenriemen laufen, ſodaß dieſer beim Verſchnallen mit der Kandare tiefer oder höher zu liegen kommt.

Schweifmetzen überall ohne Schnallen bevorzugt, da dieſe neben dem Schweifanſatz kahle Stellen verurſachen und die Schweifhaare darin hängen bleiben.

Die Leinen=Augen der Kumtbügel müſſen bei Zwei=, Vier=, Mehr= ſpänner= und Tandem=Geſchirren leicht beweglich ſein und ſich flach am Kumt anlegen. Beim Einſpänner iſt dies weniger von Be= deutung. Kumtgürtel=Schnallſtrupfen nach innen gerichtet.

Zu Selbſtfahrwagen im engliſchen Stil ſtahlpolierte Auf= halteketten mit ovalen Gliedern. An einem Ende großer Ring, am anderen einfacher Karabiner. Ganze Länge 90—95 cm. Bei allen übrigen Geſpannen (auch bei engliſchen Land=Selbſtfahrern Leder= Aufhalter. Ausnahme: Roadcoach mit ſchwarzlackierten Ketten, kein Karabiner, ſondern Haken mit Gummiring). Zu jeder engliſchen An= ſpannung Dorn=Bogenpeitſche, zu Juckern im Bruſtblatt Juckerpeitſche. Fahrgerte nur zur amerikaniſchen Anſpannung.

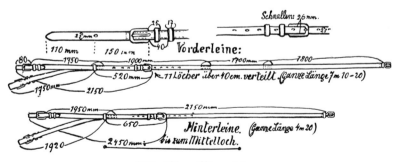

Abb. 164a. Viererleine.

Die Vorderleinen des Sechſerzuges und des Randoms 10 m. Tandem= und Viererleinen haben die gleichen Maße.

Viktoria der Firma J. M. Mayer, München.

Sondergesichtspunkte
für die Zusammenstellung herrschaftlicher Gespanne.

Einspänner-Selbstfahrer.

a) **Damen-Parkwagen** (Duc) usw., auch amerikanische.
Bespannung: Kleines und mittleres elegantes Pferd mit natürlichem Aufsatz, hohem Gang, Mähne, vollendeter Ausbildung.
Beschirrung: Wie Viktoria; Bockdiener weiße oder hellbraune Handschuhe. Dorn-Bogenpeitsche.

b) **Zweirädrige Herren- und Damenwagen:** Cabriolet, Buggy-Gig, Dogcart, Roadcart (amerikanisch), Governeßcar usw.
Bespannung: Nach der Größe des Wagens. (Zum Cabriolet hochedler Stepper leichteren Schlages mit Aufsatzzügel und Burton-Kandare). Mähne. (Selten zweispännig, Abb. 154).
Beschirrung: Im Cabriolet Coupé-Geschirr, fein braunes Leder. Zum Cabriolet und den Wagen mit nicht federnden Scherbäumen, die infolgedessen Parallelogramm-Federn haben, gehören eiserne (Coupé-) Trageösen. Dorn-Bogenpeitsche (s. S. 141).
Die anderen Wagen: Gig-Geschirr mit lose geschnalltem Schwebegurt (lederne Trageösen), schwarz bevorzugt. Bei Roadcarts schwarzes amerikanisches Geschirr erforderlich, wenn Traber mit Langschweif.
Nur dann Fahrgerte.
Fahrer, Kutscher und Bockdiener beim **Herrenselbstfahrer** hellbraune Handschuhe.

c) **Vierrädrige Selbstfahrer:** Spider-Phaeton, Schauwagen, Runabout, dazu englisches Geschirr; wenn Traber mit Langschweif, amerikanisches Brustblatt. Fährt bei Traberanspannung ein Diener mit, so trägt er stets **Zivil-Livree**, also keine Metallknöpfe (schwarzer, runder Hut, keine Mütze).

Einspänner vom Kutscher zu fahren.

Bespannung: Breites Pferd mit hohem Gang und natürlichem hohen Aufsatz, zur Größe des Wagens passend. Gepflegte, nicht abgeschorene Mähne. Die Schweifrübe kann gekürzt, die Haare dürfen aber nicht ganz kurz geschnitten sein.

Beschirrung: Plattiertes Kumt-Sellette-Geschirr. Buxton-Kandare mit, Liverpool-Kandare mit oder ohne Aufsatzzügel, Sprungzügel zum Nasenriemen nicht erwünscht; am Gebiß befestigt fehlerhaft. Strangschnallen an den Stutzen, nicht am Ende der Stränge. (Siehe Seite 188, Jacobi.)

e) Viktoria (Milord): (Siehe Seite 164, 190.)

Bespannung: Pferd der Größe des Wagens angemessen, mit erhabenem Gang. Mähne und Schweif wie oben.

Abb. 165.   Phot. P. Geus.
Coach „Saphir" des Kölner Rennvereins. 1899. Fahrer Verfasser.

Beschirrung: Leichtes Kumt-Geschirr. Leichte Sellette vor Kammdeckel bevorzugt. Buxton-Kandare mit, Liverpool-Kandare mit oder ohne Aufsatzzügel, Strangschnallen an den Stutzen, nicht am Ende der Stränge.

Zweispänner-Selbstfahrer.

Mail-Phaeton, Demi-Mail-Phaeton, Stanhope-Phaeton, Spider-Phaeton, Curricle, vierrädrige Dogcart, amerikanische Selbstfahrer, ungarische Zuckerwagen. (Siehe Seite 190, Zimmermann.)

a) Englischer Charakter.

Bespannung: Pferde mit viel Aufsatz, Gang und Gleichmäßigkeit. Gleiche Farbe und gepflegte Mähne bevorzugt (S. 125).

Beschirrung: Kumtgeschirr (Mail=Phaeton: Coach=Stangen= geschirr oder diesem möglichst ähnlich). Für die übrigen Wagen leichter, besonders für den Spider. Kandaren mit oder ohne Aufsatzzügel. Keine Vierspänner=Deichselhaken.

b) **Ungarischer Charakter**: ungarische Wagen, wie Esterházy Cziráki usw. (Siehe Seite 87, 120, 134, 184, 190, 191.)

Bespannung: Zucker. Gleichmäßigkeit der Farbe nicht erforder= lich, hingegen Schnelligkeit und Gang.

Beschirrung: Sielengeschirre mit oder ohne Ring=Gehänge oder Schalanken. Keine Aufsatzzügel. Zu Sielen stets beweg= liche Ortscheite. Zivillivree oder Nationaltracht. Flache Leinen, Trenfen. Runde Stränge bevorzugt. Strangschnallen am Seiten= blatt, nicht am Ende der Stränge. Lederne Aufhalter. Gekürzte oder gut gepflegte lange Schweife (Stabtanspannung auch englisch.)

c) **Amerikanischer Charakter:**

Einen krassen Gegensatz zum russischen Anspann bildet der amerika= nische. Dort ist alles altmodisch, übrigens höchst malerisch, für unsere hastige Zeit vielfach unpraktisch. Bei den Amerikanern zielt alles auf

Abb. 166. „Roadster" am Buggy.

Leichtigkeit, Einfachheit, Schnelligkeit. Der Anspann ist nüchtern, schmucklos und unmalerisch. Bei den Russen sieht das Fahren mit den stallmutigen, gut gefütterten und steppenden Hengsten sehr schnell aus, bei den Amerikanern ist es wirklich schnell.

Zwei „**Roadster**", mit Langschweifen, den leichtesten Geschirren und der typischen Aufhaltevorrichtung (Yoke=Joch) sind: Abb. 166, die **Anspannung rein amerikanisch**, zweispännig Kumte. Die Originalaufnahme gibt das Wissenswerte wieder. **Die zweite Art amerikanisch zu fahren ist, die leichten amerika= nischen Wagen mit Hackneys** oder sonstigem schnellen Halb= blut **in englischem Geschirr** zu bespannen. Die Pferde gehen dann stets in den zu ihnen passenden Geschirren (Abb. 167). Die dritte Form ist das große Durcheinander, die **englische Art amerikanisiert**. **Die vierte Form ist die für das "heavy harness horse"**: nichts weiter als die englische Art, nur oft mit übertriebenen Zylinderhutformen.

Durch die große Passion der Amerikaner für den Pferdesport wuchsen die Schauen wie Pilze aus der Erde. Natürlich wollte jeder wissen, „wie man anspannen soll", um das beste Gesamtbild zu erzielen. In England gab es darüber keine Bücher, keine Anhaltspunkte, sodaß die Wißbegier nur befriedigt werden konnte, indem die Amerikaner selbst auf jede Weise zu Papier zu bringen suchten, was sie erfahren konnten. Dabei schossen sie vielfach über das Ziel hinaus, verstanden die englische

Abb. 167. Englische Anspannung im „Runabout".

Anspannung, die sich aus der jahrhundertelangen Erfahrung entwickelt hatte, oft nicht, oder falsch, und flochten in sonst vorzügliche Bücher manchen Unsinn ein. An sich ist es sicher nicht von grundlegender Bedeutung, ob ein Riemchen so oder so geschnallt wird, dem Kenner und **Richter** sollte aber alles klar geworden sein, denn er muß Auskunft darüber geben können, sobald er von einem Teilnehmer der Preisbewerbung gefragt wird. **Es gehören aber zu einem tadellosen Gespann außer Pferden das Anspannen und die nie auszulernende Zäumungs- und Fahrkunst.**

d) **Die russische Anspannung.**

Die russische Anspannung hat für uns mehr künstlerisches und vergleichendes Interesse als praktische Bedeutung. Ich bringe sie ihrer Eigenart wegen. Einspännig in Scherbäumen, die durch die Dugá (Krummholz) an den Spitzen ihren seitlichen Halt haben, geht der Traber im Kumt, mit Schweif und Mähne, wie sie die Natur geschaffen hat. Oft geht neben ihm, meistens im Brustblatt, ein Galopin, der an der Schere lang angebunden ist, und nur an **einem** Zügel, der ihm den

Kopf stark nach außen stellt. Ist auf jeder Seite des Trabers (je an einem Ortscheit) ein Galopin gespannt, so heißt das Gespann T r o i k a. Der Fahrer hat vier ganz getrennte Gurtleinen in den Händen, zwei in der Rechten, zwei in der Linken. Wird überhaupt die Peitsche mitgeführt, so hängt ihr ganz kurzer Stock am rechten Handgelenk. Auf den Kruppen verbinden starke Metallknöpfe die Gurthandstücke mit den

Abb. 168. Troika.

vorderen Lederteilen der Leinen. Diese schweren Knöpfe benutzt der Fahrer (möglichst unsichtbar) zum Antreiben. Keine Scheuleder, keine Schweifriemen, keine Kandaren; die Nasenriemen nur in ihrer vorderen Hälfte. „Nur" Trensen mit zwei Ringen wäre nicht genau; die plattierten Trensen bergen oft noch ein Geheimnis im Maul, z. B. einen Strick, der um den Unterkiefer herumläuft, und der diesen, genau verpaßt, nur so weit zusammenquetscht, wie es die Trense erlaubt (Abb. 169).

Abb. 169.

Charakteristisch ist, daß die echten Geschirre nur sehr wenige Schnallen haben, daß fast alle Strupfen in Senkelform endigen und die Pferde mehr angebunden als angeschnallt sind. Richtig gehen die Beipferde mit tiefer Nase weit nach außen gestellt, das rechte Links=, das linke Rechtsgalopp. Das sonst ziemlich einfache Geschirr ist bei der Troika reich plattiert, die Dugá flach und schwer, unten mit Metall beschlagen und meist auf silbernem

Grunde in lebhaften Farben außerordentlich geschmackvoll bemalt. Zwei=
spännigfahren an der Deichsel ist nicht echt russisch. Nach unserem Gefühl
sind die russischen Schlitten und Droschken winzig. Zur Troika trägt der
Kutscher das Federbarett, zum einfachen Anspann den kleinen Filzhut. Die
Naturfahrerei besteht bei zwei und drei Pferden mit **vier einzelnen
Leinen** in weit vorgestreckten und auseinandergehaltenen Händen.

Abb. 170. Russischer Zweispänner.

Selbstfahrer für Damen, englischer Stil:
Damen=Phaeton, Duc, Spider; **amerikanischer:** Damen=
Phaeton und ähnliche Wagen.

Bespannung: Kleinere Pferde, edel und gängig, keine Puller.
Gleiche Farben, Mähnen bevorzugt.

Beschirrung: Leichtes Kumtgeschirr mit Stahl polierten Auf=
halteketten. Dorn=Bogenpeitsche. Bei Juckern mit Sielen
bewegliche Ortscheite und lederne Aufhalter. Juckerpeitsche. Bock=
diener beim Damen=Selbstfahrer weiße oder hellbraune Handschuhe.

Stadtwagen:
Coupé, Coupé=Dorsay, Viktoria (Milord), Vis=à=vis, Landauer,
Berline, Barouche. (Siehe Seite 141, 161, 190, 191.)

Bespannung: Pferde mit viel Aufsatz, Gang und Gleich=
mäßigkeit, möglichst gleiche Farbe, halblange Schweife, gepflegte
Mähnen.

Beschirrung: Schweres Kumtgeschirr, Lederaufhalter (wie stets,
wenn der Kutscher fährt). Kreuzriemen und Deckchen unter den
Kammdeckeln (nicht aus Lackleder) gestattet. Burton=Gebiß be=
vorzugt, dazu Aufsatzzügel. Keine Ellbogen= oder andere Coach=
Gebisse, Liverpool mit Schaumbügel statthaft. Zu Coupé=
Dorsay, 8=Feder=Viktoria, Berline und Barouche gehören seidene

Stirnbänder und dergleichen große Rosetten und Deckchen. Kreuz=
riemen oder Hintergeschirr.

Kutscher und Hausdiener (Frack), im Winter langer Mantel.
Zu diesen Halbgala=Wagen weiße Handschuhe, Kniehosen
(Sommer: Strümpfe, Schnallenschuhe, Winter: Gamaschen).

Tandem (siehe auch Seite 66—71).

Tandemcart, h o h e Dogcart, h o h e s Buggy=Gig, zur Größe der
Pferde passend (Radhöhe und Gewicht hängen lediglich von der Größe
der Pferde ab). Die Cart muß so hoch sein, daß die fast geraden
Gabelbäume bei richtiger Anspannung waagerecht liegen. Bewegliches
Ortscheit, das am besten durch Ketten an der Achse zieht.

B e s p a n n u n g : Gabelpferd kräftig, tief, kurzbeinig. Spitzpferd
schnittig, gängig, lebhaft, möglichst unter 1,60 Stockm. Gekürzter
Schweif. Jagdpferde auch ungekürzt. Das Spitzpferd womög=
lich leichter aber n i c h t kleiner als das Gabelpferd.

B e s c h i r r u n g : Schwarzes Leder, für Landgespanne braunes ge=
stattet. Kumt=Sellette=Geschirr mit Ledertrageöse. Vorderpferd
auch in Siele, aber niemals in halbem Zweispänner mit Kamm=
deckel. Vorderstränge an der Strangschnallen=Öse des Gabel=
pferdes eingehakt. Lange Stränge, für Pferde von 1,68 etwa
3,20 m, oder Doppel=Ortscheit. Die Sellette=Schlüssel des Gabel=
pferdes sichelartig geteilt, sodaß der untere Teil zum richtigen
Einziehen der Hinterleinen genügenden Raum bietet. Hat der
Wagen keine Bremse, so ist Hinterzeug zu empfehlen, andern=
falls Schlagriemen. Kandare, beim Vorderpferd, besonders
wenn in Siele, auch Trense. Die Leinen=Augen der Kumtbügel
müssen beweglich sein und sich am Kumt glatt anlegen, andern=
falls setzen sich die Vorderleinen beim Gabelpferd oft darunter.
Das ist bei empfindlichen Pferden gefährlich, weil die Leine des
Scherenpferdes vor und hinter dem Leinen=Auge leicht festgeklemmt
wird. Bauchgurt gut angezogen, Schwebegurt lose, um das Spielen
der Gabel zu erleichtern. Ringe für Vorderleinen am Kehlriemen.

L e i n e n : Vordere 7,20 m, hintere 4,20 m, aus einfachem, natur=
farbenem Leder, keine angeschnallten Hand=Enden, vier einzelne
Leinen. Coachhorn und Stockkorb nicht erwünscht, kleines
Tandemhorn gestattet.

Vier= und Mehrspänner (siehe auch Seite 73, 74).

S e l b s t f a h r e r.

Drag (private Coach), Road=Coach, Char=à=bancs, Wagonette, Break
und wirkliche Zuckerwagen (keine Pariser Phaetons ohne Verdeck oder
vierrädrige Dogcarts).

B e s p a n n u n g : Für englische Wagen Parkgespanne mit hohem
Gang oder Tourenzüge im Jagdpferd=Charakter, dann auch mit
ungekürzter Schweifrübe. Stangenpferde: stark, tief, kurzbeinig.
Vorderpferde: gleiche Art, leichter, edler, nicht kleiner und

besonders für Drag edel und sehr gängig. Gleiche Farben
bevorzugt. Mähnen rechts.

Für ungarische Wagen: Jucker, edel und sehr schnell; alle Farben.

Beschirrung: Vor den Wagen englischen Stils ebensolches
Geschirr; nicht zwei zusammengestellte Zweispänner-Geschirre,
weil deren hintere Kammdeckel keine Mittelschlüssel
haben und die Stränge zu schwach sind. Die Vorderpferde dürfen weder durch Riemen noch Kette gekoppelt sein.
Die Vorder-Innenstränge kann man umeinander schlingen, man
soll sie aber nicht kreuzen. Die Seiten-Ortscheite müssen frei,
d. h. nicht durch ein Glied oder eine Kette verbunden sein, alle
Schraubenköpfe sichtbar (Abb. 172). Auch an den Vordersträngen.
Um Quietschen und Verschleiß ganz zu vermeiden, gibt man
Deichselhaken und Ortscheitbeschlägen ganz wenig Fett vor dem
Anspannen. Die Ketten sind selbstredend am sichersten, wenn
sie wie Seite 35 völlig doppelt liegen; ich empfehle sie daher bei
1,10 m von der Erde stehender Deichselspitze 90—95 cm zu
nehmen, bei tiefer stehender oder Pferden über 1,70 entsprechend
länger, um die Stangenpferde zu schonen. Der Radschuh
braucht nur für Fahrten mit stärkeren Steigungen mitgeführt zu
werden. Bockbrett-Laternen haben keinen praktischen
Wert, sie stören den Fahrer, weil sie nicht den Weg, sondern
die Stangenpferde beleuchten. Wenn der Zughebel der
Bremse wirklich leicht und gut geht und frei im Zahneisen steht,
dessen vorderer Rand mit Leder umnäht sein soll, so wirkt er
geräuschlos und durchaus sicher. Unausstehlich ist es aber,
daß jedesmal der Hebel falsch, d. h. mit Spannung gegen
die Zähne gerichtet wird, wenn der Wagen wegen
irgend einer Kleinigkeit zum Wagenbauer geht. Wiederholt sind
Zugbremsen wieder in die unsicheren und ungenügenden Druck-
bremsen geändert worden (Abb. 171), nur weil jene durch den starken
Druck gegen das Zahneisen unerträglich schwer zu handhaben
waren. Bei Tage gehören die Coachlaternen immer in den
Wagen, bei Char-à-bancs stehen sie nicht so weit vor, sind daher
den Absätzen beinbaumelnder Mitfahrer weniger ausgesetzt.
Beste, gut passende Kerzen müssen nicht nur in den Laternen,
sondern auch bei den Reservesachen sein (s. S. 114). Bei der
Coach schließt man die Holzfenster nur, wenn der Kutscher
das Gespann vom oder zum Stalle fährt. Der Bockdiener (Groom),
auch eintretendenfalls ein Stalljunge, sitzen dann auf der letzten
Bank. Sind die Sitze über dem Wagenkasten nicht besetzt, so
klappt man die Lehnen herunter. Beim Drag, der privaten
Coach, ruht die letzte Bank (nur für Kutscher und Diener) auf
Eisenstützen, zwischen denen die Leiter hängt. Bei der Road-
Coach, auf der möglichst viele Sitze vermietet werden, wird die
letzte Bank an den Seiten und hinten von Holzstützen getragen
und ist für vier Personen bestimmt, die Leiter befindet sich

zwischen den Hinterrädern. Die auf der Abb. 172 obere Absetzung der Ortscheite ist praktischer, weil sie ein sorgsamer Kutscher mit etwas Liebe, einem kleinen Pinsel und Lack leicht ausbessern

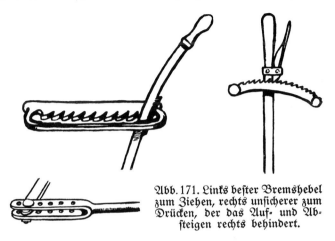

Abb. 171. Links bester Bremshebel zum Ziehen, rechts unsicherer zum Drücken, der das Auf- und Absteigen rechts behindert.

kann, wo vom Polieren die Farbe gelitten haben sollte. Die gleiche, etwa 10 mm breite Absetzung gehört auch auf die Naben, Felgen, Federn, überhaupt Untergestell und Bockbrett. Alle diese Teile, einschließlich Deichsel und Ortscheite, haben stets ein und dieselbe Farbe, die hintere Tafel diejenige des Kastens. Kissen und Ausschlag: Tuch oder Moquette. Leder, weil teuer und sehr unpraktisch, nicht erwünscht. Deichseln etwa 2,80 m von Sprengwaage bis einschließlich Brille.

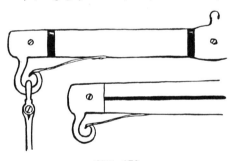

Abb. 172.

Vorderleine 7,20 m, Hinterleine 4,20 m, Vorderaußenstrang mit Zugöse 1,80 m, Innenstrang 50 mm kürzer, Hinteraußenstrang aufgestreift 2 m, der innere 25 mm kürzer, nicht unter 43 mm breit, Hinterstränge für Schwengel etwa 15 cm kürzer. Viererringe außen, an den Kehlriemen der Stangenpferde.

Kutscher und Bockdiener: Hellbraune Handschuhe. (Kutscher rechts sitzend und beim Halten am rechten Stangenpferde stehend, Bockdiener vor den Vorderpferden und beim Abfahren an der linken Seite vorbeigehend.) Dorn-Bogenpeitsche.

Zuckergespanne: Leichte, sehr schnelle edle Pferde; alle Farben.

Beschirrung: Angarisch, Strangschnallen am Seitenblatt, nicht am Ende des Stranges, Trensen, flache Leinen. Runde

Stränge bevorzugt; Zuckerpeitsche, bewegliche Ortscheite, lederne Aufhalter. Zivil-Livree oder Nationaltracht, als Stadtanspann auch englisch (Kumte, volle Livree). Viererringe außen oder Dreiringsystem.

Landanspannung.

Vom Kutscher zu fahren. Landauer, Vis-à-vis, Viktoria, Break, Wagonette, Jagdwagen, Omnibus.

Bespannung: Vier sichere, gut gehende Pferde. Zuckerstil auch fünfspännig.

Abb. 173. Drag des Herrn v. Friedlaender-Fuld.
Fahrer Verfasser. 1. Preis Kunstfahren Berlin 1900.

Zu beachten: Richtige Kopfstellung und Arbeitseinteilung. Schleife, und beide rechten Leinen mit der vollen Hand zum Verkleinern der Wendung. Das innere Stangenpferd, stramm im Zuge, hat lose Kette und geht auf die Lute zwischen den Vorauspferden. Die Radbremse am Dienersitz ist nicht schön, die Türen sollten sich nach vorn öffnen lassen. Die Viererringe sollten tiefer sitzen (s. S. 72, 73, 88, 107), sodaß die Vorderleinen unterhalb der Scheuklappen laufen.

Abb. 174.
Schlecht gefahrene Wendung. Die Vorderpferde werden nicht vom Fahrer mit der Leine herumgeführt, sondern von den Stangenpferden mit den Strängen herumgeschoben.

Herr L. Borchard †, Baden-Baden.   Tandemcart von Holland & Holland

Anmarsch zum Turnier.

Man sollte annehmen, daß alle Besitzer, Fahrer und Kutscher sich die größte Mühe geben würden, möglichst gut und rein herauszukommen. Es muß selbstverständlich sein, daß Kutscher und Stalleute das nötige P u t z e u g mitbringen, um vor der Bewerbung nochmals alles „blitz= blank" machen zu können. Wurzel=, Kleider=, Stiefel=, Zylinderbürsten, Zylinder=Samtkissen, Wischtücher, Schwämme und Fettlappen oder weiche Bürste zum Einfetten allen Stahlzeugs und der Viererpeitschen= schnur, sobald es zu regnen anfängt. Das alles und eine winzige Oel= kanne, zum Schmieren des Kranzes bei Langbaumwagen, hat in einem l e i n e n e n T r ä n k e i m e r Platz (s. S. 114). Daß die Kutscher zum Arbeiten Hut, Rock und Handschuhe in den Wagen legen und sich S c h ü r z e n v o r b i n d e n, ist selbstverständlich. Hört der Regen auf, so müssen S t a h l und das übrige M e t a l l mit trockenen Tüchern gründlich übergeputzt werden. Die Mähnen können, g e r a d e b e i N ä s s e, nicht oft genug mit der W u r z e l b ü r s t e glattgelegt, die Schweife ausgebürstet und die naßgewordenen zusammengeklebten Haare verlesen werden. Während dieser Arbeit muß man prüfen, ob nicht die äußere Scheuklappe eines Stangenpferdes durch die Vorderleine zu tief heruntergezogen wurde, ob Sprungriemen, Schlaggurte usw. richtig und gleichmäßig verpaßt sind, ob die Schnallstrupfen ordentlich in den

Schlaufen stecken, ob Nasen-, Kehl- und Schweifriemen passen (keine Haare eingeklemmt sind), die S t r ä n g e sich im beabsichtigten Loch befinden, kein äußerer mit innerem Strang vertauscht ist, ob die K u m t g ü r t e l richtig eingezogen sind, sich bei Vorderpferden nicht etwa Aufhalteringe in den Langringen und alle Schraubenköpfe an den Ortscheiten aufwärts befinden. Reserve: Hauptortscheit oben, Seitenortscheit darunter. Es ist schon dagewesen, daß das linke Geschirr auf dem rechten Pferde lag, natürlich kann man auch das rechte Menschenbein in das linke Hosenbein stecken, es soll aber weder praktisch noch hübsch sein. Unkultur ist es, mit nicht eingefettetem Stahlzeug im Regen zu halten und mit rostigen Beschlägen, Ketten, Deichselköpfen und Kandaren oder Trensen, wild herumhängenden Mähnen a n s p r u c h s v o l l vor dem Publikum und den Richtern, die durch bessere Stallpflege verwöhnt sind, zu erscheinen. Bei den ersten Regentropfen müssen die Wagenkissen umgedreht, bei voraussichtlich stärkerem Regen im Wagen verstaut oder durch große Wachstücher (meterweise käuflich) geschützt werden. Solche Wachstücher, etwa braune oder graue, sind der beste und billigste Schutz für die Pferde bei Nässe von oben. Wer Herz für Pferde hat, sie auch glatt im Haar vorführen will, wird sie bei Regen eindecken. Der Beschlag muß tadellos sein. Es ist Unordnung, wenn bei nebeneinandergehenden Pferden das eine zollhohe neue Strickeisen, das andere dünn- und schiefgelaufene zieren, bei denen Nieten vorstehen. Durch neu eingezogene Nägel kann man verbrauchte Eisen nicht vor dem Verlieren schützen, weil die Nagelköpfe nach wenigen Kilometern abgelaufen sind. Es ist noch gefährlicher, mit einem ganz losen Eisen zu fahren, als ohne, denn bei dem sich verschiebenden losen kann leicht ein lebensgefährlicher Nageltritt dem Pferde wie dem Geldbeutel große Schmerzen verursachen. Ich darf damit renommieren, daß in meiner langen Turnierpraxis seit 1892 kein Pferd ein Eisen verloren hat, oder trotz der vielen strammen Galopps lahm geworden ist. Ich würde mir auch die kleinste Verletzung eines Pferdes, besonders eines fremden (die ich immer außerhalb Berlins fuhr), schwer zu Herzen genommen haben. — Alles oben Erwähnte gehört zur F a h r k u n s t, hauptsächlich aber, daß kein Pferd in anderem Besitz lahm oder gar durch dauernden S c h a d e n e n t w e r t e t wird. Das wäre keine K u n s t, auf die man stolz sein könnte. — Hat man Gäste auf dem Wagen, so muß man auch für diese peinlich schön fahren. Diese Herrschaften verstehen zwar meistens wenig, passen aber auf, wenn sie beim Tandem oder Viererzuge mitkommen dürfen und beobachten schärfer, als mancher Fahrer annimmt. Kann oder darf man nicht überholen, so muß man i n d e r R e i h e bleiben, gerade deswegen ist das Vorbeifahren bei Hin- und Rückfahrten von Rennen und dergl. verboten. — Es darf aus Gründen der einfachen Ordnung, der Fahrkunst, der Tierliebe und der Beobachter wegen nicht vorkommen, daß die Vorauspferde gegen einen Wagen geraten, sich an den Vorder-, Hinterbeinen, Hüften oder sonstwo stoßen, sie verlieren dadurch das Vertrauen zum Fahrer, werden selbständig und unaufmerksam gegenüber dem Zügel, weil sie ihre Aufmerksamkeit anderen Dingen zuwenden. Sie gehen dann ungehorsam, wie es bei Anwen-

dung zu kleiner Schleifen in den Wendungen der Fall ist. Unaufmerk=
sames unsauberes Fahren macht einen schlechten Eindruck und beweist
Mangel an feinem Gefühl. Es ist Handwerk, nicht Kunst. —
    Unverständlich ist, daß heute noch Leute des Fahrsports, die
durchaus keine Neulinge sind, ganz unordentlich und liederlich angespannt
auftreten, nichts vorher angesehen haben, aber sich nicht schämen, ihr
Gespann sogar in „Gespannprüfungen", T. B. § 11, den Richtern
und Zuschauern mit dem Anspruch auf den ersten Preis vorzuführen.
Siegen sie wegen grober, ja lebensgefährlicher Nachlässigkeiten nicht, so
kann man obendrein über lange Gesichter sein blaues Wunder sehen.
Man staunt ja leider oft über „Sportsleute", die nicht verlieren können.
    — Zweispännig sind zwei kleine unscheinbare Riemchen,
die Kumtgürtel von größter Bedeutung für die Sicherheit, wunder=
barerweise findet man sie hierzulande sehr selten einwandfrei in
Ordnung. Vierspännig kommt ein ähnlicher, ebenso schmaler und
kleiner sehr wichtiger Riemen dazu. Es ist der kleine Deichsel=
haken=Riemen, der das freie Ende des Hakens mit dem durch
die Stange geführten Bolzen verbinden muß, um die verschiedensten
möglichen Unfälle zu verhüten. Kürzlich hing in der
Vorführung auf einem großen Turnier bei einem
Gespann mit hervorragenden Pferden dieser Riemen zerrissen an
der Deichsel herum. Weder Besitzer noch Kutscher hatten einen Blick
dafür, weder war ein neuer Riemen bestellt worden noch ein Reserve=
Deichselhakenriemen noch =Kumtgürtel vorhanden. Ich mußte dies als
Preisrichter rügen und tat es. Die sehr gut tretenden Pferde gingen
dauernd sehr verstellt, da ihnen keine Aufmerksamkeit an den Tagen
vorher geschenkt worden war, ihr Gefahrensein genügte den Anforderungen
der T. B. ebensowenig wie die Anspannung. Als der Fahrer nach
beendeter Bewerbung, „stark verschnupft" über den zweiten Preis, den
Viererzug heimwärts lenken wollte, waren die nicht richtig ge=
messenen Vorderleinen zu lang. Die Vorauspferde zogen an dem
fehlerhaften Deichselhaken stärker, als sein nicht gehärteter Stahl ertragen
konnte und bogen ihn, da der Riemen fehlte, zu einem kleinen Bugspriet,
von dem die Vorwaage abgeglitten und den Pferden in die Hinterfesseln
gefallen wäre, hätte ich nicht aus Leibeskräften und händeringend Halt!
gebrüllt. Das Unglück wurde verhütet, das nur darin bestehen konnte,
daß die sehr temperamentvollen Spitzenpferde — von den stahlbeschlagenen
Ortscheiten gegen die Hinterbeine geschlagen — in die Zuschauer, die
Spring= und Dressurpferde endlich in die Stacheldrähte gejagt worden wären
und großen Schaden angerichtet hätten. Die Möglichkeit, die Pferde mit
der Leine zu halten, gab es nicht, weil ihr Fahrer seine Leinen an den
Enden nicht zusammenzuschnallen pflegt; eine schlechte Angewohnheit,
die wir dem Ausland überlassen wollen, die gar keinen Sinn
hat, nur gefährlich ist. Da der Deichselhaken, senkrecht auf=
oder abwärts stehend, die Stangenpferde an den Köpfen oder Beinen
hätte verletzen können, so bog ich ihn, weil es kein anderer tat, wieder
zurecht, was weniger für meine Kräfte als gegen den Stahl spricht.
(Vgl. S. 128.)

Sachregister

Abdeichseln 15, 16, 96 ff.
Abfahren 36, 39, 106
Abschirren 13
Achsen 149, 154
Ahlers, Wilh. 75, 76
Amerik. Anspann. 124, 131, 132, 148, 167, 168
Anecken 22
Anhaltspunkte 160–174
Anheftungspunkte 113
Anlegen der Peitsche 9, 50, 51
Annehmen und Nachgeben 16
Anspannen 9 (kurz 155)
Antraben 106, 110
Anzen-Scherbäume 69
Anziehen 111
Arbeitseinteilung 20, 52, 117
Asphalt 22, 112
Aufhalten 124
Aufhalter 12, 13, 35, 74, 163, 172
Aufsatzhaken 128
Aufsatzschlaufentrense 141, 161, 162, 197
Aufsatztrense 11, 186
Aufsatzzügel 12
Aufschirren 9
Aufsteigen 16, 17, 36, 59, 60
Ausholen 22, 24
Ausruhen 65
Ausspannen 13, 34
Ausweichen 40, 108
Autodidakt 106

Bandage, Binde 6
Barouche 130, 141, 161
Basalt 105
Bauchgurt 9, 13, 14, 128
Beinahmezügel 93
Benedict 123, 138, 140
Bergab 69
Bergauf 70
Beschirrung 160 ff., 170, 172
Beschlag 105, 112
Blendriemen 11, 127
Block, Nabe 154
Bockbrett 13

Bockdiener 13, 17, 59, 106, 137
Bogenpeitsche 6, 7, 131
Bordschwelle 41, 106
Break, Einfahrwagen 135
Bemse, Bremshebel 12, 20, 21, 27, 34, 40, 41, 69, 105, 172, 173
Brustblatt, Siele 114, 118, 135
Buggy 168
Burton-Kandare 99

Cabriolet 141
Changieren, Handwechsel 6
Chisnen-Kandare 100
Coach, Drag 47, 72, 88, 107, 114, 133, 174
Coupé, Kupee 111
Couvreur 145

Deichsel, Stange 128, 132, 148
Deichsel, Köpfe 93, 128
Deutsche Fahrzeug-Technik 155
Deutsche Leine 75, 76
Docken 12, 129, 148
Dogcart 70
Doppel-Ortscheit 67
Drag, priv. Coach 47, 107, 114, 133, 174
Draht-Bürsten 105
Drängen 16, 96
Dreischlag 21
Dreispännig, Einhorn, Random 72
Dugá 168
Dunkelheit 52
Durchfahrt, enge 64
Durchparieren 24

Eckenfahren 21, 50, 107, 109
Einfahren 5, 29, 70
Einhorn, Unicorn 72
Einschlagen 32
Einseitigkeit 103
Einspänner 162, 165
Eisenreifen 153
Ellbogen-Gelenk 18, 84, 110
Ellbogen-Kandaren 93, 118
England 64, 129, 131
Engl. Leine 14, 75 ff., 88 ff., 118
Erb, Berlin 108

— 179 —

Fahrapparat 15
Fahren mit 2 Händen 18
Fahren mit 1 Hand 26
Fahrgerte 131
Faultier 15, 20, 110
Feder 157
Fesselschere 143
Festziehen 82
Fiaker 78
Frankreich 132, 133, 148
Fröschl 75 ff., 135
Fußstellung 18

Gabelpferd 69
Gala=Gespann 160
Galoppieren 12, 21, 47, 169
Gebisse 11, 97, 99, 109
Gebrauchshaltung 39, 65
Geduld 94
Genickdruck 101
Geräuschlos 106, 110
Gerte 131, 167
Geschirrbock, Geschirr=Reinigen 146
Geschmacksregeln f. Stil 125
Gewinde=Bohrer 93, 97
Gleichgewicht 70
Steife 24, 108
Gleiten 19, 36
Göbeltrense 93
Grüßen 21, 60
Gummitrense 12, 87

Haarwechsel 142
Halbverdeck=Viktoria 164
Hamelmann 75, 76
Hand 38, 42, 84, 102, 109, 110
Handpferd 16
Handstellung 18
Handstück 14, 75, 168
Hängen am Zügel 29
Hartwerden 82
Heftig 12
Heimweg 36, 85
Hemmschuh 115
Heydebrand, v. 75, 76
Hintergeschirr 10, 69
Hintergewicht 70
Hinterleine 37, 79

Hohlgebiß 100
Holland und Holland 133
Howlett 64, 77, 102, 109, 112
Hüfte 18

Innenstrang 13

Jagdwagen 119
Jochbein 126
Jucker=Anspann. 129, 131, 134
Juckerleine 75
Juckerpeitsche 53, 57

Kälte 38
Kammdeckel 9, 10, 68, 127
Kandaren 13, 93, 97 ff., 110
Karabiner 67, 129
Kehlriemen 11, 13, 127
Kehrtmachen 6, 23
Keilen 5
Ketten 35, 136
Kindermädchen 18, 64
Kinnkette 11, 12, 13, 102
Kinnkettenhaken 100
Kinnriemen 102
Kissen 10
Kitzlig 5
Knopf 93, 95
Kokarde 152
Kopfschlagen 12
Korksohlen 105
Kotflügel 40
Kranz 52, 105, 156
Kreuzleine 12, 75, 85
Kreuzriemen 10, 69
Kreuzschnalle 11, 14, 17
Kronentritte 22, 32, 33, 109
Kühlstein 68, 108, 114
Kumt 9, 10, 118, 128, 135
Kumt=Anspannung 100, 126
Kumtbügel 126, 127, 154
Kumtgürtel 9, 127, 128, 130

Laden 10, 86
Ladendruck 12, 86, 110
Landanspannung 100, 111, 118, 130
Landauer 131, 132
Langbaum 59, 156

Laterne 40, 148
Ledersohle 115
Leine 11 ff., 35, 105, 171, 173
Leinenauge-Kumtring 11, 101, 126
Leiter 60
Lilienhof 72
Linkswendung 22 ff., 43, 46, 49 ff.
Liverpool-Kandare 99
London 111, 112

Mähnen 145
Mailphaeton 125
Mayer, München 111, 141, 164
Mehrspänner 72, 171
Messen der Leinen 16 ff., 101
Michelin 153
Morin 151

Nabe-Block 154
Nachgeben 16, 22, 31, 34, 47, 58, 84, 109, 110
Nacht 65
Nasenriemen 11, 13, 127
Nebel 65
Neuß 68, 181

Oberblattstrupfe 10, 128
Omnibus-Gesellschaft, Berliner 153
Ortscheit 39, 129

Parieren 21, 29, 42, 106, 109
Patentachse 157
Peitsche 6, 7, 17, 20, 31, 38, 64, 105, 110
Peitschenbrett 93
Peitschenschnur 56 ff.
Peitschenzeichen 22, 28, 107
Pinseln 80
Pneumatik 151 ff.
Pullen, scharfes Herangehen der Pferde an die Zügel 12, 101, 102
Pullerriemen 93, 103
Pumpgebiß 93, 98
Putzen 146

Querstraße 107

Räder 148 ff.
Radschuh 115

Random 72
Rauch, v., Marstall 77
Rechtswendung 24, 25, 28 ff.—43
Reserveteile 114
Richtung 19, 26
Roadster 167
Rosette 11
Rückenriemen 93
Rückwärtsrichten 7, 32, 61
Runabout 168
Russischer Anspann 64, 136, 168

Sackgasse 63
Sattelpferd 13
Sechsspännig 72, 73, 74
Segundo 93, 102
Seitenortscheit 13
Seitenzügel 94
Selbstfahren 165
Sellette (Sättelchen) 68
Short wheel reins 79, 80
Siele 114, 118, 135
Spider 133
Spielwaage 30
Spitzer Winkel 45
Spitzreiter 161
Sprengwaage 12, 29, 37, 40, 129, 148
Spritzbrett 17
Sprungriemen 9, 128
Spur 69, 109, 151, 153
System 83, 105

Schalanken (ung. Gehänge) 134
Scharnierbügel 127
Schaumbügel 5
Schaumloch 99
Scherbaum (Unze) 69, 70
Scheiben 93
Scheren 142
Scheuen 9, 10, 11
Scheuklappe 11, 118, 126, 127
Schläfenbein 11, 126
Schlaggurt (kl. Bauchgurt) 5
Schlagriemen 69
Schlaufzügel 8
Schleifen (4 sp.) 34 ff., 50, 67
Schlagweite 154
Schlußring-Langring 128

Schmieren 157
Schönbeck 75, 76, 100
Schönburg, Prinz Friedr. 78
Schrecken der Schrecken 135
Schritt 6, 21, 43
Schulter 18, 84, 52–154
Schultergelenk 84, 110
Schulterherein 7
Schweifriemen 10, 14, 69, 93, 130
Schwengel 129
Schwung 6, 109

Stadt 21, 27, 105, 170
Steife Seite 103, 104
Stift 93, 95
Stil 65, 125 ff.
Stollen 112
Stoßscheibe 154
Strangbürste 93, 95
Stränge 13, 15, 129, 136, 173
Strangstutze 10
Strangträger 69, 141, 160, 162
Streichlappen 117
Strickeisen 105
Stummelachse 158 ff.
Sturz 154

Tandem 67, 171
Tandem-Ortscheit 67, 129
Temperament 15, 32, 75, 79, 101
Tempo 19, 26, 29, 91, 108, 115, 135, 156
Tiegel v. Lindenkron 78
Tilbury-Kandare 99
Torweg 103
Trabanspannung 131, 136, 167
Trensen 94, 99, 169
Tourenfahren 114 ff.
Tourengeschirr 116
Troika 169

Übergreifen 64
Überholen 41, 108, 111
Umgang-Hintergeschirr 10
Umsehen 22, 24, 25
Ungarische Anspannung 78, 120, 134
Ungarische Leine 75 ff.

Verdeckte Hand 19, 20
Verkriechen 7
Verkürzen (Leinen) 19, 38, 39, 40
Verlängern 19, 39
Versammlung 6, 31
Verschnallen 15, 87, 90 ff.
Viererpeitsche 52 ff.–58
Viererring, Ohrbügel 12, 34, 173, 174
Viktoria-Halbverdeck-Milord 164
Vorauspferde 37, 71
Vordergewicht 70
Vorderleine 34, 37, 164, 171, 173
Vorderstränge 13, 136, 173
Vorfahren 13
Vorreiter 161
Vorwaage, Vorderbracke 52, 93

Wagenbau (Räder, Kranz) 148
Wagenreinigen 147
Wagonette 124, 135
Waldlaufen 93, 103, 107, 123
Walzenkandare 93, 102
Warten des Kutschers 59, 71
Wendungen 21
Wendungen (4 sp.) 42 ff.–51, 107, 109, 110
Widerstand, Opposition 46, 47, 49
Wiener Leine 75
Wildbrücke, Schoßkelle 119
Wrangel, Graf 75, 76

Yote-Joch 167

Zaum 10 ff.
Zeiteinteilung 115
Ziehen 36, 37
Zimmermann 68, 114, 119, 133
Zügel siehe Leine
Zugkraft 148, 152
Zugrichtung 153, 154, 156
Zungenriemchen 93, 99
Zurücksetzen 32, 33, 61, 111
Zweispänner 160 ff., 166
Zwischenstück 21, 25, 64